Liebe Leserin, lieber Leser

Die vorliegende Ausgabe von GEO*EPOCHE KOLLEKTION* ist der erste von vier Bänden über die „Geschichte der Deutschen". Dieses Kompendium, das anlässlich des 20-jährigen Jubiläums von GEO*EPOCHE* erscheint, soll die gesamte Historie unseres Landes vom Mittelalter bis in die Gegenwart darstellen.

Aber wann beginnt sie eigentlich, die Geschichte der Deutschen? Wir haben in diesem Heft Karl den Großen an den Anfang gestellt. Dafür gibt es gute Gründe – auch wenn zu Karls Zeiten weder ein deutsches Volk noch ein deutscher Staat existierten. Doch das Wirken des Frankenkönigs schuf die entscheidenden Voraussetzungen für die Entstehung des einen wie des anderen.

Denn der Herrscher, der nur in zwei seiner 46 Regierungsjahre keinen Krieg führte, eroberte die Kerngebiete der später so genannten „deutschen Lande": die Territorien zwischen Nordseeküste und Elbe sowie das Voralpenland. Dabei unterwarf er Bayern, Friesen und Sachsen. Über Alemannen, Franken und Thüringer gebot er bereits – und so waren zum ersten Mal alle deutschen Stämme, wie Historiker diese Verbände einmal nennen sollten, unter einer Herrschaft vereint.

Und als Karl sich Weihnachten 800 n. Chr. in Rom vom Papst zum Kaiser krönen ließ, bekräftigte er nicht nur seinen Anspruch auf das ruhmvolle Erbe der antiken Imperatoren. Sondern legte den Grundstein für das, was unter seinen Nachfolgern einmal das Heilige Römische Reich sein würde. Jenes Staatswesen, das im 15. Jahrhundert den Namenszusatz „deutscher Nation" bekam.

Natürlich war Karl kein Deutscher – ihn dazu zu erklären ist schon deshalb unsinnig, weil niemand weiß, wo er geboren wurde. Aber er war der Begründer des zukünftigen Deutschlands.

Kaum 30 Jahre nach Karls Tod war das dann schon zu erkennen: Denn als 843 das riesige Frankenreich zerfiel, ging der östliche Teil (der sich von Dänemark bis nach Kärnten und von Mainz bis Magdeburg erstreckte) an Karls Enkel Ludwig – den seine Zeitgenossen *rex Germaniae* nannten, den König Germaniens. Bald darauf erschien das Evangelienbuch des Dichters Otfrid von Weißenburg, das erste Werk in deutscher Sprache, dessen Autor bekannt ist. Der Begriff „deutsch" (in der althochdeutschen Form *diutisc*), der zunächst vor allem eine sprachliche Gemeinsamkeit bezeichnete, tauchte um das Jahr 1000 auf. Und noch einmal einige Jahrzehnte später kam dann der Begriff *regnum teutonicum*, „deutsches Reich", für alle deutschsprachigen Territorien in Gebrauch.

Erst ab dann ist also ganz eindeutig von einer deutschen Geschichte zu sprechen.

Wo liegen die Wurzeln der deutschen Geschichte?

Von diesem Prolog und dem anschließenden Werden der Deutschen erzählen wir auf den folgenden gut 190 Seiten: neben Karl auch von den großen Kaiserdynastien des Mittelalters, den Ottonen, Saliern, Staufern und Habsburgern; dem Leben in den Metropolen Lübeck und Köln, der damals bevölkerungsreichsten Stadt Deutschlands. Von Rittern und Nonnen, Heilerinnen und Edelleuten.

Und schließlich vom Ende jener langen Epoche, eingeläutet durch Johannes Gutenberg, der um 1450 den Buchdruck mit beweglichen Metall-Lettern entwickelte und damit eine nie da gewesene Kommunikationsrevolution in Gang setzte – sowie durch Martin Luther, dessen Reformation ab 1517 die katholische Kirche spaltete und damit das mittelalterliche Weltbild sprengte.

Welche Folgen das hatte, lesen sie im zweiten Band unserer Geschichte der Deutschen, der am 12. Februar 2020 erscheinen wird: Er beginnt mit dem Ausbruch des Bauernkrieges im Jahr 1524 – der größten Erhebung der europäischen Geschichte vor der Französischen Revolution.

Herzlich Ihr

Michael Schaper

Alle **Fakten**, Daten und Karten in dieser Ausgabe sind vom GEO*EPOCHE*-Verifikationsteam auf ihre Richtigkeit überprüft worden.
Titelbild: Die Krönung Karls des Großen zum Kaiser im Jahr 800 (Ölgemälde von Friedrich August von Kaulbach, 1861)
Redaktionsschluss: 15. November 2019

Anfänge
Mit Klugheit, Brutalität und Hinterlist steigt der fränkische König Karl um 800 n. Chr. zum mächtigsten Herrscher des Abendlandes auf. **Seite 6**

Burgleben
Eintönig ist der Alltag in den steinernen Festungen, hier die Burg Eltz. Doch zuweilen erstrahlen sie in höfischem Glanz: wenn ein hoher Herr zu Besuch kommt. **Seite 70**

Reichsgründung
Der ostfränkische König Otto I. lässt sich 962 zum Kaiser krönen – und begründet damit jenes Reich, das man später das »Heilige Römische« nennen wird. **Seite 22**

Pestausbruch
1349 erreicht die aus Asien eingeschleppte Seuche das heutige Deutschland. Die verheerende Pandemie ist die größte Katastrophe des Zeitalters. **Seite 110**

Ritter
Wie kein anderer Stand im Mittelalter verkörpern die adeligen Panzerreiter die Tugenden Mut und Treue. **Seite 48**

Goldene Bulle
Die Regelung der Königswahl, initiiert von Kaiser Karl IV., ist das wichtigste Verfassungsdokument in der Geschichte des Heiligen Römischen Reiches. **Seite 126**

Erfindung
Um 1450 macht Johannes Gutenberg eine Erfindung, die die Geschichte verändern wird: den Buchdruck mit beweglichen Metall-Lettern. **Seite 142**

Martin Luther
Der Wittenberger Theologe löst mit seiner Kirchenkritik eine religiöse Revolution aus – und zerstört die Einheit der mittelalterlichen Glaubenswelt.
Seite 158

INHALT

N°17 Die Deutschen – Band 1

• Die mit diesem Symbol versehenen Beiträge finden Sie auch links bebildert.

AM **ANFANG** IST KARL

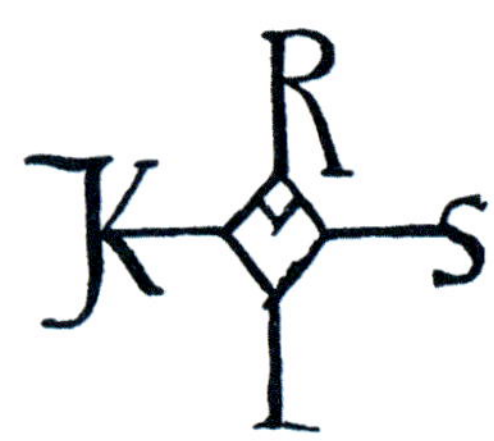

Mit Klugheit, Brutalität und Hinterlist steigt Karl, der Herrscher der Franken, ab 768 zum mächtigsten König Europas auf. Doch der ehrgeizige Monarch will mehr: Sein Ziel ist der ruhmvolle Titel der antiken Cäsaren. Zu Weihnachten des Jahres 800 erfüllt sich sein Streben. In Rom lässt er sich vom Papst zum Kaiser erheben – und wird so zum Urvater für das Reich der Deutschen

Text: CAY RADEMACHER, Illustrationen: ALFRED RETHEL

Karl formt sein Imperium mit Waffengewalt und im Namen Christi. Schwert und bekreuzter Reichsapfel (rechts) sind allerdings erst später kaiserliche Insignien. Schreiben konnte der Kaiser vermutlich nicht. Sein Monogramm (oben) setzten Notare unter die herrscherlichen Urkunden. Von Karl selbst stammt nur der winzig kleine Strich durch die untere Ecke der Raute in der Mitte

Rom, Santa Maria Maggiore, 25. Dezember 800, Mitternacht. Die ersten Stunden des Geburtstags Christi verbringt der Papst im Gebet, wie es die Tradition verlangt. Hymnen wehen durch die Basilika auf dem Esquilin, einem der legendären sieben Hügel der Tiberstadt.

Kerzen flackern, kostbare Lichtspender in einer Welt der Düsternis. Ihr rötlicher Glanz umspielt Seine Heiligkeit Leo III. vor dem Altar. Im Kirchenschiff knien Bischöfe und Grafen, Mönche, Gelehrte, Handwerker, Diener, Pöbel, das Volk von Rom. Die Gläubigen werden, auch wenn das keiner so überliefert hat, aufmerksam aus dem Dämmer starren, vielleicht sensationslüstern, vielleicht in stummer Scheu – doch nicht auf den Papst, nicht auf das Kreuz.

Sondern auf den geheimnisvollen, schrecklichen Fremden.

Der Mann überragt die Römer und selbst die Angehörigen seines eigenen Gefolges um Haupteslänge. Graue Haare, auffallend große Augen, Stiernacken; die geschmeidigen Bewegungen eines Schwertkämpfers und der Gang eines Mannes, der die meisten seiner 52 Jahre im Sattel verbracht hat.

Der Frankenkönig Karl aus dem Geschlecht der Karolinger, der übermächtige Verbündete des Papstes, ist mit Prinzen, Beratern und einem Heer seiner Panzerreiter aus dem Norden gekommen, und er wird Weihnachten in Rom feiern.

Jede seiner Gesten werden die Gestalten im Kirchendämmer beobachten. Spürt Karl die tausend Blicke? Die Verse der Psalmen spricht er mit tiefer Frömmigkeit auf Latein. Zur Messe steigen Papst und König hinab in die Geburtsgrotte unter Santa Maria Maggiore.

Anschließend führen Leo III. und Karl die Gläubigen in einer Prozession zu Santa Anastasia. Das Gotteshaus steht am Fuße des Palatin, eines anderen der sieben Hügel Roms. Vorbei geht es an Ruinen des Imperium Romanum. Oben auf dem Palatin, im Dunkel des Wintermorgens noch verhüllt, Klippen aus Ziegeln und Marmor, selbst im Verfall noch ehrfurchtheischend: die Reste der römischen Kaiserpaläste.

Karl wohnt, in angemessener Demut, auch dem Gottesdienst in Santa Anastasia bei. Dann eine weitere Messe der Weihnacht. Papst und Herrscher führen das Gefolge quer durch die Tiberstadt. Überall schäbige Häuser, hineingezwängt in antike Theater und Thermen. Viehweiden und Rebstöcke, wo früher Pflastersteine den Boden versiegelten. Der Fluss, überspannt von Brücken, die noch die antiken Römer schlugen. Am jenseitigen Ufer eine Basilika aus Konstantins Zeiten: Sankt Peter.

Das Innere der Kirche ist eine Allee polierter Säulen. Der Altar errichtet an jener Stelle, wo der Überlieferung nach die Gebeine Petri ruhen.

Der König betet die Oratio, liegend auf dem winterkalten Boden vor dem Hochaltar, wie es die Tradition verlangt.

Dann aber brechen Herrscher und Heiliger Vater die Tradition in grundstürzender Weise: Als Karl sich wieder erhebt, setzt ihm Leo III. eine kostbare Krone aufs Haupt.

Unmittelbar darauf bricht im Kirchenvolk ganz und gar unfrommer Lärm aus. Dreimal brandet dem Gekrönten ein Satz entgegen, hallt wider zwischen Säulen und Altären: „Dem erhabenen Karl, dem von Gott gekrönten großen und friedenstiftenden Kaiser der Römer, Leben und Sieg!“

Mit dieser Formel akklamieren die Römer den Franken zum Kaiser Roms.

Es sind Worte, wie sie seit Jahrhunderten nicht mehr vernommen worden sind. *Renovatio imperii* werden schon Zeitgenossen dies nennen, die Wiedererrichtung des Imperiums.

Karl begründet ein neues Zeitalter. Er wird durch die Krönung des Papstes und die Akklamation der Römer zum Erben der antiken Cäsaren, zum ersten abendländischen Kaiser des Mittelalters.

Er wird damit zum Vorbild all jener Dynastien – der Ottonen, Salier, Staufer und Habsburger –, die ihm Jahrhunderte später im Heiligen Römischen Reich deutscher Nation nacheifern werden.

Und er wird eine Tradition begründen, die einem tausendjährigen Reich Glanz und Fluch sein wird.

DABEI SIND DIE FRANKEN keine Deutschen, sie hätten einen Begriff wie „Deutschland“ nicht einmal verstanden. Sie treten noch in der Antike, etwa um das Jahr 250 n. Chr., aus dem Dunkel der Geschichte, als römische Chronisten erstmals ein Germanenvolk bei diesem Namen nennen – wahrscheinlich sind es mehrere Stämme, die ursprünglich zwischen Rhein und Weser siedeln.

Als die Herrschaft der Römer im heutigen Frankreich um 400 n. Chr. mehr und mehr zusammenbricht, dringen kriegerische Verbände der Franken bis an die Somme vor. Unter König Chlodwig I. aus der Dynastie der Merowinger erobern sie später weitere Regionen im Norden Frankreichs sowie Gebiete zwischen Rhein und Donau.

Die Franken übernehmen die antiken Städte, die Garnisonen, die Münzen, die Waffenmanufakturen und schließlich auch die Religion der Besiegten: Um 500 n. Chr. lässt sich Chlodwig taufen.

Er ringt die Alamannen nieder, er schlägt die Westgoten, einer seiner Nachfolger gewinnt 537 die Provence und erlangt so den Zutritt zum Mittelmeer. Kein anderes Germanenvolk rafft sich aus den Trümmern Westroms ein so großes Reich zusammen.

Um 560 beherrschen die Franken große Teile des heutigen Frankreichs, Österreichs, Deutschlands und der Schweiz – ein Territorium, das sich von der Nordsee bis zum Mittelmeer, vom Atlantik zum Oberlauf der Donau erstreckt. Ein Imperium jedoch mit einer fatalen Schwäche: der Nachfolgeregelung.

Bald nachdem er mit 20 Jahren König der Franken geworden ist, weitet Karl sein Reich durch Krieg aus. 772 greift er die als Barbaren geschmähten heidnischen Sachsen an und zerstört deren Säulen-Heiligtum. Hier – wie auf den folgenden Seiten – ein Druck von 1870 nach einem Motiv von Alfred Rethel

Das Reich wird nach dem Tod eines Königs unter dessen Söhnen geteilt, jeder Erbe herrscht über ein Teilreich – theoretisch. Tatsächlich jedoch ist Machtgier stärker als Familienbande, und so zerfleischen sich die Könige in Bruderkämpfen, da neue Erben stets das ganze Reich für sich beanspruchen.

In den mörderischen Wirren büßt die Merowinger-Dynastie ihre Autorität ein: Statt der oft jugendlichen Könige bestimmen nun einflussreiche Adelige als „Hausmeier", als herrschaftliche Verwalter, die Geschicke des Reiches. Vor allem die Männer einer Familie reißen das hohe Amt immer wieder an sich und führen die Reichsgeschäfte, als wären sie die rechtmäßigen Monarchen: die Karolinger.

Karl Martell (nach dem die Dynastie später benannt wird) ist der erste Hausmeier, der zur Legitimation seines Regimes keinen Schattenkönig mehr braucht. Er lässt nach dem Tod des Herrschers im Jahr 737 den Thron unbesetzt.

Der Karolinger führt Feldzüge von Friesland bis Bayern, er schlägt die Araber, die Spanien erobert haben und über die Pyrenäen bis nach Aquitanien vorgedrungen sind – ein gewaltiger König in allem, bloß dem Titel nicht. Kurz vor seinem Tod teilt er das Reich unter seinen Nachkommen auf.

Doch schon wenige Jahre später hat sein Sohn Pippin die anderen Erben von der Macht verdrängt. 748 wird ihm ein Sohn geboren, der nach seinem kriegerischen Großvater den Namen Karl erhält. Dieser Knabe ist drei Jahre alt, als Pippin sich, mit Zustimmung des Papstes, zum König der Franken erhebt.

768 wird Karl Nachfolger seines verstorbenen Vaters. Er ist 20 Jahre alt, nach den Maßstäben der Zeit ein gestandener Mann. Der neue Herrscher hat gelernt, scharfe Eisen zu führen: Er ist gewandt

Mit seinen Panzerreitern nimmt Karl im Jahr 774 die Stadt Pavia ein und erobert das italienische Langobardenreich. Der Papst im nahen Rom betrachtet ihn nun als Schutzherrn – eine folgenreiche Verbindung

im Schwertkampf wie in der gefährlichen Eberjagd mit der Lanze. Er kann lesen, allerdings wohl nicht schreiben. Er beherrscht Latein und ist, trotz seiner hohen Stimme, ein erfahrener Redner.

Mit sechs Jahren ist Karl das erste Mal dem Papst gegenübergetreten, mit 13 ritt er auf seinem ersten Feldzug mit, wohl mit 15 heiratete er erstmals und zeugte einen Sohn: Pippin, den Chronisten später „den Buckligen" nennen.

Der Mann, der nun die Königswürde annimmt, ist in der Welt des Hofes und des Krieges groß geworden. Er ist gut vorbereitet auf sein Erbe.

Doch es ist ein lebensgefährliches Erbe, denn es kann zum Fluch werden, König der Franken zu sein.

Am selben Tag nämlich wird noch ein weiterer Karolinger zum König erhoben: Karlmann, der jüngere Bruder Karls. Denn es ist ja fatale Tradition, das Reich unter den Söhnen aufzuteilen. Karl beherrscht ungefähr den nordwestlichen Teil des Frankenreiches, der Rest untersteht nun seinem Bruder.

Es ist keine Verwünschung Karls über diese Teilung überliefert, kein einziges Zorneswort. Man kann das, was Karls Geist bewegt, nur durch seine Taten erahnen, nicht durch seine Worte: Denn drei Jahre später ist die Familie des Bruders so gut wie ausgelöscht.

Es sind bloß Namen (und manchmal nicht einmal das), die eine Ahnung geben vom rücksichtslosen Machtkampf hinter Residenzmauern: Karl hat seinen Erstgeborenen Pippin genannt, nach dem Vater, dem Alleinherrscher. Und Karlmann tauft seinen später geborenen ersten Sohn auf den gleichen Namen.

Eine Provokation? Ein Zeichen, dass jeder Bruder für sich und die Seinen die alleinige Macht beansprucht?

Karl hat zudem seine erste Gattin Himiltrud ins Kloster abgeschoben und statt ihrer eine Tochter des Langobardenkönigs in Norditalien geheiratet.

Die Prinzessin, deren Namen kein Chronist überliefert, bedeutet ihm nichts. Diese Ehe ist für Karl ein strategisches Bündnis mit einem mächtigen König an der Südgrenze der Territorien seines Bruders. Denn irgendwann könnten er und Karlmann Heere gegeneinander schicken.

Doch der Tod kommt schneller als der Krieg: Kurz vor Weihnachten 771 stirbt Karlmann überraschend, wohl auf natürliche Weise. Seine inzwischen zwei kleinen Söhne müssten nach fränkischem Brauch seinen Reichsteil erben.

Stattdessen proklamieren die mächtigsten Gefolgsleute des Verstorbenen Karl zum Herrscher. (Gut möglich, dass er die Männer schon vor dem Tod des Bruders auf seine Seite gezogen hat.)

Damit aber ist das Bündnis mit den Langobarden für Karl wertlos geworden. Und so schickt er die Langobardenprinzessin wie eine nutzlos gewordene Sache zurück an ihren Vatershof – und nimmt eine junge Adelige zur Gemahlin, deren Vater großen Einfluss im ehemaligen Reichsteil seines Bruders besitzt.

Wieder eine Ehe als strategischer Zug: Durch diese Verbindung festigt Karl seine Macht. (Hier, immerhin, berichten die Chronisten knapp: Kaum 13 Jahre alt ist seine Braut Hildegard. Fast jedes Jahr wird sie ihm ein Kind gebären, bis sie, man möchte sich ihren körperlichen und seelischen Zustand kaum vorstellen, mit 26 ins Grab sinkt.)

Nun sucht die Witwe Karlmanns Schutz bei einem starken Herrscher, und zwar ausgerechnet bei den Langobarden: Mit ihren Kindern flieht sie, nichts Gutes ahnend, über die Alpen an den Hof von Karls früherem Schwiegervater.

Es wird sie nicht retten. Denn Karl offenbart nun erstmals jene Eigenschaften, die ihn weit über die halb barbarischen Germanenkönige erheben werden: effiziente Brutalität, strategischen Weitblick, eine fast fanatische Beharrlichkeit.

Anderthalb Jahre rüstet er, dann führt er eine Armee über die Alpen, gegen die Langobarden, die nun seine Feinde sind. Seine Panzerreiter verheeren Norditalien, die Verteidiger ziehen sich in die Städte zurück. Doch Karl lässt die

Festungen belagern, Monat um Monat um Monat. Im Sommer 774 kollabiert das Langobardenreich, die ausgehungerten Verteidiger strecken die Waffen.

Rex Francorum et Langobardorum lässt sich Karl fortan nennen, „König der Franken und Langobarden“.

Die Besiegten liefern ihm die Witwe seines Bruders und deren Söhne aus, lebend. Was Karl mit der Schwägerin und seinen Neffen macht, weiß niemand: Kein Zeitgenosse schreibt auch nur ein Wort. Es ist, als hätten sie nie existiert.

Mit 26 Jahren ist Karl unangefochtener Alleinherrscher der Franken; sein Einfluss erstreckt sich zudem nun bis an die Pforten Roms, denn bis dorthin reicht das Territorium der Langobarden.

Der Karolinger wird zum übermächtigen Nachbarn des Papstes.

Doch falls er sich nun von Gott erwählt fühlt, wird er bald eines Schlimmeren belehrt: Im Osten seines Reiches lodert ein uralter Konflikt wieder auf, und der wird jahrzehntelang brennen.

Teutoburger Wald, Sommer 783. Karl reitet durch eine Welt der Vorzeit, durch ein riesiges Gehölz, in dem schon Roms Legionen für immer verschwunden sind.

Der Herrscher verfolgt mit seinen Fußsoldaten und Reitern die Kämpfer einer wilden Völkerschar. Der König und seine Reiterkrieger sind eisenbewehrt, ihre Häupter sind halb unter Helmen verborgen, die Leiber von schweren Kettenhemden geschützt, in den Fäusten tragen sie Schilde, Lanzen, Schwerter.

Hier, zwischen Rhein und Elbe, siedeln die Sachsen. In den Augen der christlichen Franken sind sie „Heiden“, Anhänger eines „Dämonenkults“. Seit mehr als zwei Jahrhunderten ringen die Franken mit den Nachbarn.

Schon 772 ist Karl in ihr Land eingefallen, ein Angriffskrieg ohne Vorwarnung. Wahrscheinlich wollte er Beute machen – und Gottes Wort verbreiten.

Denn der Herrscher ist auf brutale Art fromm: „Unsere Aufgabe ist es, Christi heilige Kirche vor der Zerstörung durch Ungläubige nach außen mit Waffen zu schützen, im Innern durch die Erkenntnis des katholischen Glaubens zu stärken“, schreibt er einmal an den Papst.

Er predigt das Christentum, so ein Zeitgenosse, „mit eiserner Zunge“: Missionsstationen richtet er im Heidenland ein, schickt Truppen, presst den Besiegten den Kirchenzehnten ab.

Bei seinem Feldzug 772 zerstörte er die Irminsul, das bedeutendste Heiligtum der Sachsen, vielleicht ein großer Baum, der ihnen als „Weltensäule“ galt, die alles trägt. Ein Triumph, so mag er geglaubt haben, der dem Gegner mit einem Schlag das Rückgrat brechen würde.

Doch die Sachsen wehrten sich. Während Karl etwas später gegen die Langobarden kämpfte, drangen sie auf fränkisches Gebiet vor, plünderten und zerstörten Kirchen.

Voller Zorn schwor der Frankenkönig, die Sachsen so lange zu bekämpfen, bis sie sich unterwerfen und taufen ließen oder „gänzlich ausgerottet“ seien.

Und er machte die Drohung wahr: Als ihm einige Sachsenstämme, die er niedergezwungen hatte, vermeintliche „Aufrührer“ aus ihren eigenen Reihen auslieferten, ließ er diese angeblich 4500 Gefangenen an einem einzigen Tag köpfen. Hier, immerhin, hat ein Chronist einmal eine Zahl überliefert. Doch waren es wirklich so viele? Auf jeden Fall färbte sich die Erde rot vom Blut.

Zudem deportierte Karl Männer, Frauen und Kinder, ganze Dorfgemeinschaften ins Frankenreich, erließ für die, die bleiben durften, Gesetze, die schon bei geringen Vergehen den Tod vorsahen.

Nun, im Teutoburger Wald, will er den Feind zu einer Entscheidungsschlacht stellen.

Einzelheiten dieses Kampfes werden zwar nirgendwo niedergeschrieben. Doch wie die Reiterkämpfer aufeinander einschlagen, das beschreibt das althochdeutsche Hildebrandslied, eine Sage, die zur Zeit Karls entsteht: „Sie strafften ihre Panzerhemden und gürteten ihre Schwerter über die Eisenringe, als sie zum Kampf ritten. Dann ließen sie die Eschenlanzen gegeneinanderrasen, mit einem so harten Stoß, dass sie sich fest in die Schilde gruben. Darauf ließen sie ihre laut dröhnenden Schilde selbst aufeinanderprallen. Sie schlugen voll Ingrimm auf die weißen Schilde ein, bis ihnen das Lindenholz zu Spänen zerfiel.“

Einhard, ein fränkischer Gelehrter und Vertrauter Karls, bilanziert: „Die Feinde wurden so niedergeworfen, dass sie es danach nie wieder wagten, den König selbst herauszufordern, wenn sie nicht durch eine Befestigung geschützt waren.“

Wird Karl wie besinnungslos mit dem Schwert um sich hauen? Oder wird er selbst auf einem scheuenden Ross und unter den Hieben der Feinde kühlen Kopf bewahren? Einhard lobt jedenfalls „die Ausdauer und das große Kriegsglück des Königs“, und verletzt wird er offenbar nicht. Die Sachsen, die nicht unter den fränkischen Schwertern fallen oder in Gefangenschaft geraten, fliehen in die Düsternis des Waldes.

Doch sie werden noch mehr als 20 Jahre weiterkämpfen.

KARL IST 24, als er die Irminsul zerstört. Er ist 56, als vor ihm, endlich, die letzten Sachsen ihre Waffen strecken – „und sich mit den Franken zu einem Volk zusammenschließen“, wie Einhard bilanziert.

Ein sanfter Satz für die brutale Realität, dass die Sachsen ihre Religion, ihre Traditionen, ihre Lebensart, ihre Unabhängigkeit aufgeben, um im Frankenreich aufgesaugt zu werden.

Während der mehr als 30 Jahre andauernden Schlächterei im Sachsenland hat Karl unfassbarerweise auch noch Willen und Kraft, an anderen Fronten zu kämpfen: Herzog Tassilo von Bayern, seinem eigenen Vetter, raubt er das Land und lässt den Besiegten hinter Klostermauern verschwinden. Er schickt Heere gegen die Mauren und entreißt ihnen

Nordostspanien um Barcelona. Die Awaren, ein heidnisches Reitervolk, besiegen seine Truppen im heutigen Ungarn.

Er bezwingt Aufstände in Aquitanien und der Bretagne. Gut möglich, dass sich Karl zum Krieg verdammt fühlt.

Er, der Herrscher einer neuen Dynastie, gewinnt mit jedem Sieg Ansehen und Beute – Raubgut, das er an die Adeligen verteilt, um sich deren Loyalität zu erkaufen.

Doch ausgerechnet dieser Kriegerkönig, der wohl mehr als drei Jahrzehnte im Sattel sitzt (rechnet man alle Feldzüge und Reisen durch sein Imperium zusammen) und auf dem Pferderücken eine Strecke zurückgelegt hat, die um die ganze Erde reichen würde: Ausgerechnet dieser rücksichtslose Totschläger ahnt, dass man auf Dauer mit dem Schwert allein kein Reich zusammenfügen kann.

S

Schon die Frage nach den Grenzen dieses Reiches kann niemand beantworten. Wo genau liegen sie? Manchmal am Meer, das ist noch einfach. Doch oft genug verlaufen sie – im Norden, Osten, in Spanien, in Italien – im Ungefähren. Kein Mensch weiß also, welche Ausmaße dieses Imperium überhaupt hat.

Eine Million Quadratkilometer groß könnte es gewesen sein, werden Gelehrte später schätzen. Wohl 180 Diözesen gibt es auf diesem Territorium, 700 Abteien und mehr als 250 Grafschaften.

Vielleicht 20 Millionen Menschen verlieren sich in den Weiten dieses Reiches. Man kann wochenlang auf den verschlammten Wegen, den unregulierten Flüssen unterwegs sein, ohne eine ein-

Das Schwert gezogen, reitet Karl eine Attacke gegen ein muslimisches Heer in Spanien. Doch der Frankenkönig festigt seine Macht nicht allein durch Waffengewalt. Konkurrenten unter der Verwandtschaft schaltet er kompromisslos aus, Hochzeiten folgen politischem Kalkül

zige Seele zu sehen. Karl träumt davon, Schneisen durch dieses Dickicht zu schlagen. Er lässt einen Kanal vom Main zur Donau graben, doch in unendlichen Regenfällen rutscht die Erde weg, sodass die Arbeiter bald erschöpft aufgeben.

Er lässt bei Mainz eine hölzerne Brücke über den Rhein bauen, „die zehn Jahre schwerste Arbeit gekostet hatte", berichtet Einhard. „Durch ein zufällig entstandenes Feuer wurde sie dann binnen dreier Stunden vollkommen eingeäschert, sodass nicht einmal ein Holzspan von ihr übrig blieb."

Alle drei bis fünf Jahre, das verraten Skelettbefunde aus der Zeit, suchen Hungersnöte einige der Regionen heim.

WIE ES DEN MENSCHEN GEHT? Karl, der privilegierteste, am aufmerksamsten umsorgte Mann im gesamten Reich, hat 18 Kinder von diversen Ehefrauen und Konkubinen – doch drei Königskinder sterben schon als Säuglinge, die meisten anderen holt der Tod im zweiten, dritten, vielleicht vierten Jahrzehnt, eine einzige Tochter und ein Sohn werden älter als 60.

Für Karls Untertanen schweigen die Quellen, doch sicher ist wohl, dass der Tod in den Hütten noch früher erscheint als in den Palästen.

Was an Städten noch aufragt, sind die Reste römischer Gründungen: Paris und Arles, Köln und Trier, Mainz und Regensburg. Karl ist der erste Franke, der in die Wälder systematisch Siedlungen setzt: Königsresidenzen wie Frankfurt, Klöster wie Fulda, Bischofssitze wie Münster, Handelsplätze wie Bremen.

Ganz langsam verschiebt er so das politische und geistige Zentrum seines Reiches nach Osten an den Rhein. Und neben den alten Römerprovinzen Galliens und Germaniens tritt nun das Land bis zur Elbe in die Geschichte ein.

Die Frankenherrscher sind Reiseherrscher. Niemals bleiben sie mehr als ein paar Wochen an einem Ort.

Zwar erlässt Karl Dutzende Gesetze, lässt die bis dahin nur mündlich überlieferten Rechte von Franken, Friesen und Sachsen erstmals aufschreiben, verwalten Grafen für ihn noch die entlegens-

Im Jahr 785 ergibt sich der Sachsenführer Widukind (Mitte) und lässt sich taufen. Karl missioniert aus Überzeugung. Doch er erkennt auch, dass das Christentum hilft, sein Riesenreich zusammenzuhalten

ten Regionen, ziehen adelige Königsboten als Oberaufseher durch das Reich.

Doch in einer Welt, in der selbst der König oft Wochen warten muss, bis er auf einen Brief eine Antwort erhält; in der kaum je ein Untertan ein Wort äußert (denn wer könnte schon schreiben, wer strapaziöse lange Reisen auf sich nehmen?); in der sogar Adelige noch der archaischen Blutrache verpflichtet sind und Grafen ob ihrer Brutalität von Mönchen als „Freunde Satans“ geschmäht werden – in dieser Welt der Finsternis also reicht die Macht des Herrschers nur so weit wie sein Augenlicht.

Da, wo Karl ist, beseitigt er Missstände, sitzt zu Gericht, verwaltet seine Güter, setzt Gefolgsmänner auf vakante Grafenposten. Hat er in einer Region Ordnung geschaffen, muss er weiterziehen und weiter und weiter – gut 150 Königshöfe stehen zwischen Ebro und Elbe. Manche dieser „Pfalzen“, etwa Worms, sind bedeutender als andere, hierhin werden die Adeligen des Reiches zu Versammlungen einbestellt.

Die meisten Pfalzen sind kaum mehr als große Gutshöfe: Holzhaus für den Herrscher, Kapelle, Schmieden, Ställe, Speicher, eine Mühle, Werkstätten.

Für eine Pfalz nahe der französischen Kanalküste hat eine Liste des Viehbestands die Zeiten überdauert: Zu dem Hof gehören in jenen Jahren unter anderem 51 ältere Stuten, fünf dreijährige, sieben zweijährige, sieben einjährige Stuten, zehn zweijährige und acht einjährige Füllen, drei Hengste, 16 Ochsen, zwei Esel, 50 Kühe, 88 Kälber, drei Stiere, 260 Schweine, 100 Ferkel.

Karl wird morgens mit Pferdewiehern aufwachen, und in den Duft nach Wein und Braten mischt sich der Gestank von Dung und feuchtem Stroh.

Der Zug von Pfalz zu Pfalz ist beschwerlich. Und er ist auch gefährlich, denn manchmal wissen nicht einmal Grafen und Vertraute, wo der Herrscher sich gerade aufhält. Wäre da ein zentraler Ort, komfortabel und prächtig, nicht eines Königs angemessener?

Aachen, Marienkirche, 796. Eine Messe zur Einweihung der noch unvollendeten Kirche. Schon der Rohbau lässt erkennen: Dieses Gotteshaus wird ein Gebet in Stein, ein gelehrtes Buch, das nur der Eingeweihte zu lesen versteht.

Der Baumeister Odo von Metz hat das Gebäude mit der höchsten Kuppel nördlich der Alpen überwölbt, 30 Meter über den Häuptern der Gläubigen. Er hat eine byzantinische Kirche in Ravenna zum Vorbild genommen, in der Karl einige Jahre zuvor gebetet hat. Antike Säulen und anderen wertvollen Schmuck für den Innenausbau lässt der König aus Italien ins Frankenreich holen.

Der Grundriss der Kirche folgt einer mystischen Logik, bei der es vor allem um die Zahlen 6, 8, 16 und 144 geht.

Die 6 gilt Theologen als vollkommene Zahl, denn Gott schuf die Welt in sechs Tagen. Die 8 ist das Zahlzeichen der Auferstehung und Erlösung, nach Matthäus zudem die Zahl der Seligpreisungen, und acht Mühen muss der Gläubige nach einem Brief des Petrus auf sich nehmen, um Jesus Christus zu erkennen. 16 Eigenschaften hat die Liebe, so schreibt Paulus. Und 144 000 Gläubige werden gemäß der Bibel am Tag der Apokalypse als einzige Menschen gerettet werden.

Daher formen im Zentrum des Gotteshauses acht Pfeiler ein Oktogon.

Der Durchmesser dieses Achtecks beträgt sechs mal acht karolingische Fuß (ein Fuß entspricht gut 32 Zentimetern), darüber wölbt sich in sechs mal acht Fuß Höhe die Kuppel. Umschlossen ist dieses Achteck von einem 16-seitigen Umgang.

Die Länge der Kirche misst 144 Fuß, und in der Höhe leuchtet ein Bild des Weltenrichters, um den 144 Sterne glänzen. Drei Bogenfelder sind unter dem Bild errichtet, Symbol der Heiligen Dreifaltigkeit. Und drei mal sechs mal acht ergibt wiederum 144: Die Zahl der gelehrten Anspielungen im Gotteshaus ist so unendlich wie im Text der Bibel.

Aus Jerusalem lässt Karl antike Marmorplatten aus der Grabeskirche nach Aachen bringen und sie zu einem gewaltigen Thron zusammenfügen. Der kostbare Stein zeigt noch Einritzungen aus dem Altertum. An einer Stelle hat jemand eine Kreuzigung in die Oberfläche gegraben, anderswo erkennt man noch das Feld eines Mühlespiels. Haben nicht die Soldaten am Kalvarienberg unter dem Gekreuzigten gewürfelt?

In der Aachener Kirche verdichtet sich die Kraft des Riesenreiches auf wenigen Quadratmetern unter einem einzigen Dach: Karl schafft die wertvollsten Materialien aus dem Reich, ja von jenseits des Meeres heran. Und er fordert die intellektuelle Kraft der Baumeister bis zum Äußersten, sie zu entwerfen. Der König errichtet hier mehr als nur eine Kirche: Er baut ein Abbild des Himmlischen Jerusalem ins Zentrum seines Reiches.

Zwar wird er niemals offiziell eine Pfalz zur alleinigen Hauptstadt erheben. Doch nach und nach, je gesicherter seine Herrschaft ist und je älter er wird, hält er sich immer länger in Aachen auf. Die Kirche ist bloß der monumentalste Ausdruck seines Willens.

Aachen mit seinen bis zu 60 Grad heißen Quellen ist, einmal mehr, ein Relikt der Antike. Auf den Trümmern der römischen Bäder hat schon Karls Vater eine Pfalz erbaut. Der Sohn, ein begeisterter Schwimmer, entspannt sich im Thermalwasser und lässt die Quellen in Becken fassen. In den Wäldern von Ardennen und Eifel stellt er Ebern nach. Schon sein erstes Weihnachtsfest als König zelebriert er in Aachen. Wohl von da an baut er die Pfalz dann Zug um Zug aus. Die Königshalle und die meisten anderen Bauwerke werden in späteren Zeiten allerdings wieder verschwinden – nur seine Kirche, die wird bleiben.

WIE LEBEN, WIE ARBEITEN Karl und seine Gefolgsleute in Aachen? Wenig weiß man von seinen Höflingen, nicht viel von den meisten Ehefrauen, Konkubinen, Kindern. Wohl 2000 Menschen umschwirren den Herrscher, vom Seneschall, dem obersten Hofbeamten, bis hinunter zum Küchengesinde.

Der Mächtige genießt es, überliefert Einhard, mit seinen Getreuen in den heißen Quellen zu baden. Wird dort ein Graf in wohligen Nebelschwaden über den nächsten Feldzug flüstern? Wird eine seiner Frauen auf irgendeiner Schlafstatt irgendeiner Pfalz durch ein wohlgesetztes Wort einen Günstling auf einen wichtigen Posten hieven? Scharen sich um die erbberechtigten Söhne Anhänger, Opportunisten, Unzufriedene?

Denn Pippin, dem ersten Sohn Karls mit Himiltrud, sind drei Sprösslinge mit Hildegard gefolgt, der dritten Gattin, sodass sich nun vier junge Männer Hoffnung machen dürfen, einen Teil von Karls Reich zu erben – oder gar das ganze Imperium? Planen sie oder ihre Einflüsterer schon die Machtduelle nach dem Hinscheiden Karls?

Ganz selten zerrt ein Chronist einmal für einen Moment an jenem Schleier, der über den Hofintrigen liegt. Nur so viel ist bekannt: Im Jahr 792, so raunt Einhard, sei Pippin der Bucklige zum Kopf einer Verschwörung gegen den eigenen Vater geworden. „Führende Franken" hätten sich um den Prinzen geschart. Die

Von rücksichtsloser Härte ist Karl, aber gleichzeitig auch von ungewöhnlichem Bildungseifer. So lässt er beispielsweise das neue Gotteshaus in seiner Hauptresidenz Aachen von Gelehrten akribisch planen

„Grausamkeit“ seiner Stiefmutter Fastrada, Karls inzwischen vierter Gattin, habe sie zur Rebellion getrieben.

Was genau sich zugetragen hat und weshalb, das berichtet Einhard nicht. Möglich, dass Pippin aufbegehrt, weil der Vater die drei jüngeren Söhne aus der Ehe mit Hildegard bereits vor Jahren zu Königen in verschiedenen Teilen seines Reiches erhoben hat.

Möglich aber auch, dass Karl ihn nun doch an der Regierung beteiligen will. Und dass Fastrada – in der Hoffnung auf einen eigenen Sohn – Pippin nun durch Intrigen beiseiteschaffen will.

Sicher ist nur, dass der Herrscher zuschlägt, wie stets rasch und gnadenlos: Pippin wird zum Mönch geschoren und nach Prüm gebracht. Das Kloster liegt bloß wenige Tagesreisen von Aachen entfernt, und doch verschwindet der Älteste für immer aus der Welt.

18 Jahre wird er noch hinter Mauern leben, und falls Fastrada wirklich seinen Sturz betrieben hat, dann wird ihm wenigstens die Befriedigung vergönnt, sie überdauert zu haben. Denn die Königin stirbt, kinderlos, schon zwei Jahre nach der Verschwörung.

Dass überhaupt ein paar Zeilen jener mörderischen Hofintrigen durch die Jahrhunderte wehen, verdankt sich einer Tat von Karl, die folgenreicher ist als jeder seiner Feldzüge: Er holt sich, als erster Frankenherrscher überhaupt, Gelehrte an den Hof, Männer der Schrift und nicht des Schwertes.

Als Karl an die Macht gelangt, sind seine Franken eine Bande rücksichtsloser Analphabeten, von den Nachbarn gefürchtet, aber nicht bewundert. Der Herrscher muss sich von jenseits der Grenzen gelehrte Männer des Wissens holen, er ernennt sie zu Beratern und Lehrern am Hof, lässt sie Schulen gründen, antike Manuskripte retten, Klöster und Bistümer leiten.

Es sind Männer wie der Angelsachse Alkuin von York und der Westgote Theodulf (der vor den Mauren aus Spanien ins Reich geflohen ist), wie Paulinus von Aquileia und Paulus Diaconus von den Langobarden, wie der Ire Dungal.

All diese Gelehrten haben die Bildung von einst bewahrt. Sie haben antike Klassiker studiert und die Texte von Kirchenvätern wie Augustinus, sie beherrschen neben den rohen Volkssprachen auch Latein, sie interessieren sich für Philosophie und Astronomie.

An Karls Hof und in Klosterschulen erziehen die Neuankömmlinge die erste Generation gebildeter Franken, darunter Einhard, Karls Berater, sowie Adalhard, den Abt des bedeutenden Klosters Corbie in der Picardie. Dort wahrscheinlich entwickeln Mönche die karolingische Minuskel, eine schöne, gut lesbare Schrift mit Groß- und Kleinschreibung, Ober- und Unterlängen, deutlich voneinander getrennten Wörtern.

Die Männer um Alkuin von York retten von der Antike, was noch zu retten ist: Denn die im Altertum verfassten Millionen Textrollen sind vor allem auf Papyrus geschrieben worden, einem vergänglichen Material – Kopien der „Germania“ des Tacitus etwa existieren vermutlich nur noch in zwei Klosterbibliotheken, in Fulda und in Hersfeld.

Nun wird das Werk wieder abgeschrieben, auf wesentlich haltbarerem Pergament. Was von der römischen Literatur heute noch existiert, das wird unter anderem in jenen Jahrzehnten der „karolingischen Renaissance“ geborgen.

Die Gelehrten hämmern ihren Schülern die Kunst der Rhetorik in die Köpfe, die Finessen der Grammatik sowie die auf Aristoteles zurückgehende Logik des Denkens. Die Ausbildung soll dem Seelenheil der jungen Männer dienen. Denn die antike Weisheit, davon sind die Lehrer überzeugt, befähigt zum wahren Glauben, zur Erkenntnis der von Gott gestifteten Weltordnung und damit auch zur rechten Herrschaftsverwaltung im Dienste des Königs.

Karls Männer des Wissens schreiben neue Bücher, die über die Antike hinausgehen: Einhard wird eine Vita des Herrschers verfassen, eine einzigartige Quelle als mittelalterliche Biografie.

Theodulf wird eigenhändig in winziger, gestochener Schrift die gesamte Bibel in einem einzigen Band aufschreiben, die erste einbändige Heilige Schrift überhaupt.

Und Adalhard wird in seinem Kloster den *Liber Glossarum* zusammenstellen lassen, eine Art Lexikon, 368 Blatt dick (gut 200 Schafen oder Ziegen werden allein für dieses eine Buch die Häute abgezogen und zu Pergament verarbeitet). 10 000 Bände, so schätzt man, entstehen unter Karls Regentschaft.

Weshalb ordnet Karl an, was keiner seiner Vorgänger je angeordnet hat?

Wieso nimmt er, zwischen all den endlosen Zügen von Schlachtfeld zu Schlachtfeld, die intellektuellen Mühen auf sich, über Philosophie oder Astronomie zu disputieren? Warum verschafft ein Herrscher, der mit brutaler Hand und zynischer Ehepolitik gerade riesige Ländereien erobert hat, militärisch nutzlosen Fremden reiche Pfründen?

Prius tamen est nosse quam facere, diktiert der Herrscher in einem Brief: „Das Wissen geht dem Handeln voraus.“ Das ist es, was ihn über seine Zeitgenossen heraushebt: Er sieht, dass die antiken Wissenschaften der Schlüssel zum Verständnis der Welt sind. Und nur wer die Welt versteht, kann sie beherrschen.

Gelehrte verfassen in offiziellen Annalen die Reichsgeschichte so, wie Karl es sich wünscht. Sie schreiben mündlich überlieferte Gesetze der Untertanen auf, auf dass fortan Karls Grafen und Boten leichter zu Gericht sitzen können.

Und diese Gelehrsamkeit weist über das Weltliche ins Spirituelle. Karl, tief religiös, glaubt auf nahezu magische Weise an die Korrektheit des Gotteswortes: Nur wenn Gebete und Evangelien, Hymnen und Psalmen fehlerfrei gesprochen werden, sind sie wirksam vor Gott.

Von früh an trachtet Karl danach, die anderen Fürsten und Könige zu überflügeln, von Gottes Gnaden an der Spitze zu stehen. Als der Papst ihn am Weihnachtstag 800 zum Kaiser krönt, ist es so weit

Hat Gott ihn, Karl, nicht wegen seiner Frömmigkeit zum mächtigsten Mann des Erdkreises werden lassen – und weil er den rechten Glauben verbreitet? Hat er ihn damit nicht schon über all die anderen weltlichen Herrscher erhoben?

Und gebührt ihm nicht auch das höchste weltliche Amt: das des Kaisers?

NIEMAND KANN SAGEN, wann in Karls Geist die Idee heranwächst, er könnte sich zum Imperator aufschwingen. Seit dem Untergang Westroms in den Wirren der Völkerwanderung ist kein Fürst auf den Gedanken gekommen, sich den legendären Cäsarentitel anzumaßen. In Byzanz, in Ostrom, residiert ja weiterhin ein Kaiser, der allein gilt Griechen, Italienern und auch den Eroberern aus dem Norden als legitimer Erbe antiker Pracht.

Folgen schon Karls schier endlose Kriegszüge dem Traum vom Imperium? Giert er schon am Beginn seiner Eroberungen nach dem Kaisertitel? Erobert er, soweit seine militärische Kraft reicht, die Ländereien Westroms, damit er dann auch dessen Titel beanspruchen kann?

Oder steht das Kaisertum nicht am *Beginn*, sondern am *Ende* jener Eroberungen? Rafft Karl zusammen, was er bekommen kann – und macht sich dann erst, als Sieger, Gedanken, wie er seine Beute nun regieren soll? Und entscheidet er sich dann erst für den alten Titel?

Kein Wort von ihm ist dazu überliefert, doch von anderen sehr wohl – und sie deuten an, dass Karl schon zu Beginn oder jedenfalls sehr früh während seiner Eroberungen vom Kaisertum träumt.

Als der 26-Jährige die Langobarden in Italien vernichtet und damit Papst Hadrian vor deren Übergriffen bewahrt hat, besucht er erstmals Rom.

Rom! Antike Tempel, prachtvolle Kirchen, Paläste und Thermen, die noch als Ruinen glänzender sind als jede Pfalz. Als *patricius Romanorum* empfängt der

Mehr als ein Jahrzehnt lang regiert Karl als Kaiser, erlässt Dutzende Gesetze. Kurz vor seinem Tod erhebt er seinen Sohn Ludwig zum Nachfolger (oben). Doch bald darauf bricht das Imperium auseinander

Heilige Vater den jungen König: als „Schutzherrn Roms“. In einem Brief von 778 redet Hadrian dann Karl bereits als *novus christianissimus Dei Constantinus imperator* an, als „neuen, Gottes allerchristlichsten Kaiser Konstantin“.

Auch Alkuin, der angelsächsische Hofgelehrte, beschreibt Karls Herrschaft 796 als *imperiale regnum*, als „kaiserliche Königsherrschaft“.

Schon lange predigen Geistliche zudem, dass im 6000. Jahr nach der Schöpfung ein Zeitalter zu Ende gehen wird. Entweder dämmert dann die vernichtende Apokalypse herauf – oder ein neues Zeitalter beginnt. Wann wird sich dieser Zyklus vollenden?

Bischof Hildebald von Köln, einer der engsten Berater Karls, lässt 798 mehrere christliche und jüdische Weltaltersberechnungen zusammenstellen. Zumindest einige davon erwarten den Beginn einer neuen, der letzten Ära, an deren Ende Christus als Weltenrichter erscheint, für die nächste Zukunft. Genauer: für Weihnachten im Jahr 800. Womit aber könnte eine neue Ära sinnfälliger beginnen als mit einem neuen Kaiser?

Um die Zeit, als der Bischof die Berechnungen der Weltzeitalter kompiliert, schickt Karl Gesandte bis zum Kalifen Harun al-Raschid nach Bagdad. Warum?

Al-Raschids Vorgänger haben Chronisten stets als *sarracenus* beschrieben – er jedoch wird in Reichsdokumenten „Perser“ genannt. Weil, so kann man heute spekulieren, die Perser lange Zeit machtvolle Gegner des Römischen Reiches waren, weil der Großkönig des Mittleren Ostens dem Kaiser von Gleich zu Gleich gegenübertrat.

Wenn Karl nun mit dem Kalifen von Gleich zu Gleich Gesandtschaften austauscht, so diese Logik, dann meldet er den Anspruch an, der Erbe der Cäsaren zu sein.

Bischof Hildebald erwähnt gar in einer Schrift, im Jahr 798 hätten „Gesandte aus Griechenland“ angeboten, „Karl die Kaisergewalt zu übertragen“.

Offizielle Chroniken der Franken schweigen zwar darüber, auch die Geschichtsschreiber des Papstes oder des Kaisers von Byzanz erwähnen nichts davon. Trotzdem ist es möglich, dass Karl nicht bloß mit dem Kalifen, sondern auch mit Byzanz, der anderen Hochzivilisation der Epoche, Geheimverhandlungen aufgenommen hat, um sich vielleicht abzusichern, dass seine bevorstehende Kaiserkrönung dort nicht als Kriegsgrund gesehen wird.

In den Gemächern des Papstes wie in den Hallen der Pfalzen und vielleicht auch in den Palästen von Konstantinopel und sogar von Bagdad ahnt man wohl spätestens 798, dass sich der Karolinger zum Kaiser erheben will.

Es spricht alles dafür, dass auch Karl selbst sich so sieht, als Wiederhersteller alter Größe, als jemand, der dem Verfall entgegentritt: dem Verfall des antiken Glaubens der Kirchenväter, der antiken Straßen und Städte, der antiken Gesetze, der antiken Literatur und Gelehrsamkeit, des antiken Lateins.

Daher führt er nicht bloß Kriege, sondern gründet Schulen, fördert Gelehrte, sammelt Manuskripte, lässt Brücken und Kanäle bauen, errichtet in Aachen eine Kirche nach antiken Vorbildern, gründet Bistümer und Klöster, überschüttet seine Untertanen mit Gesetzen.

Weil Karl Kaiser sein will, regiert er wie ein Kaiser. Und weil er wie ein Kaiser regiert, hat er irgendwann das Anrecht auf den Kaisertitel.

Am Ende ist es der Papst selbst, der zum Anrecht auch noch den passenden

Anlass liefert. Leo III. ist der Nachfolger Hadrians – und ein Niemand, ein Aufsteiger, der es 795 irgendwie bis auf den Stuhl Petri geschafft hat. Bei den alten stadtrömischen Adelsfamilien, die bislang das Papsttum unter sich verschachert haben, ist er verhasst.

Genaueres weiß man, wie so oft, nicht über die Intrigen hinter Palastmauern. Nur dies: Bei einer Prozession zum Markustag, dem 25. April 799, wird der Heilige Vater mitten in Rom von Schlägern überfallen, verprügelt und in den Kerker geworfen. Seine Gegner aus den alten Adelsfamilien werfen ihm „Meineid" und „Ehebruch" vor.

Doch der Papst kann aus der Haft entkommen und rettet sich zu Karl auf dessen Pfalz Paderborn.

Welche Seite in der Seele des Herrschers mag in den kürzer werdenden Tagen des verwehenden Jahrhunderts nun die Oberhand gewinnen?

Zum einen ist da seine tiefe Frömmigkeit: Leo III. von den Römern gestürzt und entehrt – ist das möglicherweise ein Vorzeichen der Apokalypse, die Karl selbst in seiner Aachener Kirche so mächtig heraufbeschworen hat?

Wird, wie in Bischof Hildebalds Berechnungen, am 25. Dezember 800 tatsächlich ein neues Zeitalter beginnen?

Zum anderen ist da der kühle Machtmensch Karl: Sieht er nicht die Endzeit heraufdämmern, sondern vielmehr eine günstige politische Gelegenheit? Der Papst ist ja nahezu machtlos in seiner Hand. Wenn Karl nun nach dem Kaisertitel griffe – wer würde es noch verhindern können?

So oder so: Seine Getreuen flüstern ihm jedenfalls ein, die Tat zu wagen. „Auf Dir allein beruht das ganze Wohl der Kirche Christi", versichert Alkuin.

„Du führst die Schlüssel der Kirche", souffliert Theodulf.

Noch im Herbst 799 lässt Karl den Papst von einer Eskorte heim nach Rom geleiten. Er selbst macht sich mit seinen Kämpfern ein Jahr später auf den Weg.

In der Tiberstadt leiten König und Papst gemeinsam eine Versammlung hoher Geistlicher und Laien, an deren Ende Leo III. durch einen Eid beschwören muss, dass alle gegen ihn gerichteten Vorwürfe erfunden sind. Karl ist derjenige, der die Kirche ordnet, der Papst tritt vor ihn, als wäre er sein Gefolgsmann.

Dann ist es Weihnachten, und ein neues Zeitalter dämmert herauf.

WAS GENAU WÄHREND jener Messe am Abend des 25. Dezember 800 zu Rom geschieht, wird wohl niemals ganz geklärt werden, obwohl, nein gerade weil vier Berichte darüber vorliegen: zwei fränkische Annalen, eine Chronik der Päpste sowie Einhards Zeugnis.

Quo tempore imperatoris et augusti nomen accepit, schreibt Einhard in erstaunlicher Lakonie: „Bei dieser Gelegenheit erhielt er den Kaiser- und Augustustitel." Dann fügt der Biograf bloß noch hinzu, dass Karl dieser Titel „anfangs so zuwider war, dass er erklärte, er würde die Kirche selbst an jenem hohen Feiertage nicht betreten haben, wenn er die Absicht des Papstes geahnt hätte".

Karl, der Herr des Abendlandes und Beschützer der Kirche, vom Papst überrumpelt? Ein Titel zuwider, den er doch offenbar seit Jahren anstrebt?

Nein, vielmehr hat sich Einhard, der Verehrer der Antike, an der Augustus-Biografie des Sueton orientiert. Darin berichtet der Schriftsteller, dass der legendäre Kaiser sich zierte, als ihm die Römer den Titel „Vater des Vaterlandes" antrugen – um vor dem Volk als rechtschaffen zu erscheinen.

Tatsächlich wird jene Weihnachtsmesse bis ins kleinste Detail mit Karl abgesprochen worden sein. Zwar sind genau jene Einzelheiten nicht überliefert, doch klar ist, dass Karl bewusst in Rom und zu Weihnachten den antiken Kaisertitel annimmt.

Anders jedoch als in der Antike spielt der Papst bei der Kaiserkrönung nun eine herausragende Rolle: Kaisertum und Papsttum ketten sich an diesem Wintertag für Jahrhunderte aneinander.

Beide, Kaiser wie Papst, sind fortan, zumindest in der Theorie, die Köpfe der Christenheit: sind durch ihr Amt aus dem normalen Irdischen hinausgehoben und in eine sakrale Aura gehüllt.

Aber kann ein Leib zwei Köpfe tragen? Sind Kaiser und Papst gleichrangig?

Ist nicht der Papst, wie jeder andere Bischof im Kaiserreich, dem Herrscher letztlich Gefolgsamkeit schuldig?

Oder muss nicht umgekehrt der Kaiser vor dem Papst das Haupt beugen, denn ist nicht der Nachfolger Petri der alleinige Herr der Kirche und der Kaiser bloß dessen mächtigster Diener?

Jahrhunderte werden über solche Dispute vergehen, Kriege werden geführt, Gegen-Päpste eingesetzt werden, es wird der Fluch des späteren Heiligen Römischen Reiches sein, fast während des gesamten Mittelalters: Kaiser oder Papst? Wem gebührt die höchste Macht?

Für Karl (und wohl auch für Leo) stellt sich diese Frage noch gar nicht: Der Papst ist froh, in seiner eigenen Stadt wieder sicher zu sein. Alles, was er hat, sein Amt, seine Würde, sein bisschen Macht, verdankt er dem Franken.

Der Herrscher aus dem Norden wiederum, Sohn eines Hausmeiers, ist auf dem Zenit abendländischer Größe.

Fortan führt er den Titel „Serenissimus augustus a Deo coronatus magnus pacificus imperator Romanum gubernans imperium qui et per misericordiam Dei ex Francorum et Langobardorum" – „Erhabener Augustus, von Gott gekrönt, großer, friedebringender Kaiser, der das Römische Reich lenkt und der durch die Gnade Gottes König der Franken und Langobarden ist".

Der das Römische Reich lenkt …

Karl hat etwas Neues geschaffen, das mittelalterliche Kaisertum. Mehr noch: Eigentlich beginnt erst mit und durch ihn das Mittelalter wirklich.

Doch gerade der Herrscher selbst sieht seine Schöpfung nicht als etwas Neues, sondern als die Wiederaufrichtung des Alten: Das Imperium der Kaiser – und zwar das der spätantiken, weströmischen Kaiser – ist wiedererstanden. *Renovatio Romani Imperii.*

Und Karl macht sich nun auch jenseits aller Politik und Symbolik daran, das Reich zu renovieren.

Statt Soldaten schickt er fortan Paragrafen. Vorschriften regnen auf die Untertanen herab: 14 Gesetzessammlungen hat Karl in den 31 Jahren seiner Kö-

Das Reich Karls des Großen

Frankenreich um 800

Frankenreich

Kirchenstaat

Marken (Grenzländer)

Quellen für diese und die folgende Karte:
Großer Historischer Weltatlas, Bayerischer Schulbuch-Verlag
Putzger Historischer Weltatlas, Cornelsen Verlag
Institut für Europäische Geschichte Mainz, IEG-Maps

Karl führt das Frankenreich zu größter Machtfülle. Als er im Jahr 800 vom Papst zum Kaiser gekrönt wird, gebietet er über ein Imperium, das von der Nordsee bis ans Mittelmeer, vom Atlantik bis an die Donau reicht. Mehr als 300 Jahre hat niemand im Abendland den Kaisertitel getragen. Karls Wiederherstellung des höchsten weltlichen Amtes wird zur Grundlage für das spätere Heilige Römische Reich deutscher Nation

nigsherrschaft erlassen – in den 13 Jahren seiner Kaiserschaft werden ihnen nun 55 weitere folgen.

Mit ihnen will der Herrscher „Fehlendes ergänzen, Widersprechendes ausgleichen und alles Falsche und Verkehrte verbessern", wie Einhard lobt.

Milder werden die Strafen freilich nicht: „Leugnet jemand den Mord", so bestimmt es ein Gesetz, „so soll er sich dem Gottesurteil der neun glühenden Pflugscharen unterziehen."

Wer also einer solchen Tat bezichtigt wird, hat nur eine Möglichkeit, der Hinrichtung zu entgehen: Er muss über neun glühende Pflugscharen laufen; eitern die fürchterlichen Brandwunden danach nicht, gilt er als unschuldig.

Wie viele Männer werden je den Höllenweg über die Pflugscharen gehen? Kümmern sich die Grafen in den Pyrenäen oder in Friesland um das, was der mit den Jahren hinfälliger werdende Kaiser in Aachen dekretiert?

Niemand vermag es zu sagen. Doch Karl selbst wird wohl ahnen, auf wie tönernem Sockel sein Kaiserthron steht.

Im Frühjahr 801 erschüttert ein Erdbeben Italien, das Dach der Basilika Sankt Paul stürzt ein. Ein böses Omen?

Dann verheert „Pestilenz" das Reich, wie Chronisten notieren. Und an den Küsten von Nordsee und Atlantik tauchen urplötzlich „Nordmänner" auf: Wikinger, deren Raubzüge seit 799 ins Frankenreich führen. Karl lässt bald darauf in Flussmündungen und Häfen Wachposten stationieren, die vor herannahenden Wikingern warnen sollen.

Dennoch überfallen die skandinavischen Krieger mit ihren Drachenbooten immer wieder fränkische Siedlungen an den Küsten und Flussläufen.

Der Tod holt sich auch manche aus Karls Vertrautenkreis und der Familie.

Die letzte der Ehefrauen ist schon vor der Kaiserkrönung ins Grab gesunken. In den folgenden Jahren stirbt der Vertraute Alkuin, die Äbtissin Gisela als letzte aller Geschwister Karls, es stirbt eine Tochter und dann ein Sohn mit 33 und dann noch ein Sohn und dann auch Pippin der Bucklige, der ins Kloster Verbannte.

Und dann, im Jahr 810, auf einem Feldzug gegen den Dänenkönig, stürzt Karl vom Ross. Ein epileptischer Anfall? Danach wird er, so jedenfalls Einhard, immer wieder „vom Fieber" geschüttelt und verlässt kaum je noch seine geliebte Aachener Pfalz.

Dort stirbt er am 28. Januar 814, nachdem er 46 seiner 65 Lebensjahre mit Schwert und Pergament, mit Hinterlist und Bildungsgier geherrscht hat. Noch auf dem Sterbelager kreuzt er mit schwindender Kraft selber die Arme über der Brust zur Todesgeste: ein souveräner Herrscher bis zum letzten Atemzug.

Doch das Reich, das er seinem einzig noch lebenden (und legitimen) Sohn Ludwig hinterlässt, ist zu groß für einen Mann mit bloß durchschnittlichen Qualitäten wie ihn.

Zu lang und zu beschwerlich sind die Wege, einander zu fremd die vielen unterworfenen Völker, viel zu dünn ist die Elite der Gebildeten, die mit Verstand und kaltem Herzen ein Imperium verwalten könnte und nicht bloß mit der Faust im Eisenpanzer und einer Gier, die nur bis zum nächsten Tag denkt. Allein Karl hat es mit seinen außerordentlichen Fähigkeiten, mit seiner Zähigkeit, mit seiner Langlebigkeit vermocht, dieses Imperium aufzubauen, zusammenzuhalten und – bei der Kaiserkrönung – zum Gipfel zu führen.

In den Jahrzehnten darauf erschüttern Thronwirren, Rebellionen sowie die Reichsteilungen unter den Erben – der ewige Fluch der Franken – das Imperium, das zudem unter den immer heftigeren Schlägen der Nordmänner erbebt.

Das Reich zersplittert in drei mittelgroße Territorien, es kommt zu weiteren Intrigen, Machtkämpfen; Grenzen werden gezogen und wieder verschoben, das Erbe des großen Karl verkommt.

Es zerfällt in lokale Herrschaften, in Italien, Nord- und Südfrankreich – sowie in jene Regionen, aus denen später einmal Deutschland erwachsen wird.

Und auch wenn es immer noch Herrscher gibt, die sich als „Kaiser" ansprechen lassen, verliert der Titel nun an Bedeutung, denn keiner dieser Monarchen hat sonderlich viel Einfluss.

Karls mächtiges Reich ist bald nur noch eine ferne, blasse Erinnerung.

UND DOCH LEUCHTET aus dem Dunkel der Geschichte das Kaisertum wie eine Verheißung.

Renovatio Romani Imperii: Es ist möglich, die allerchristlichste Macht wiederauferstehen zu lassen – hat Karl das nicht bewiesen? Es ist möglich, den Glanz der römischen Cäsaren wieder zum Scheinen zu bringen.

Es ist möglich, Beschützer, ja Herr der abendländischen Christenheit zu sein. Es ist möglich, ein Reich zu errichten, das Europa überspannt.

Carolus Magnus, „Karl den Großen", werden bereits Zeitgenossen ihren Herrscher nennen. Und schon bald werden andere Dynastien Teile seines einstigen Reiches übernehmen, ihn sich zum Vorbild erküren und davon träumen, Karl und die Cäsaren zu beerben.

Und sie werden sich daran machen, ein noch bedeutenderes Imperium zu errichten als das des legendären Karolingers: das Heilige Römische Reich deutscher Nation.

Das Erbe zerfällt

Karls Sohn und Thronfolger Ludwig kann die Kaiserherrschaft nicht festigen: Die eigenen Söhne erheben sich gegen ihn. 843 teilen sie das Reich unter sich auf. Aus dem Westen wird später Frankreich entstehen, aus dem Osten Deutschland. Das Mittelfränkische Reich existiert bis 870, dann wird es weiter aufgeteilt

Bald nach dem Tod Karls des Großen zerbricht sein Imperium. Doch 962 nimmt ein Sachse das Erbe Karls auf: Otto I., König des Ostfränkischen Reiches, lässt sich ebenfalls in Rom zum Kaiser krönen – und begründet damit jenes Reich, das man später das »Heilige Römische« nennen wird. Elf Jahre darauf lädt der Monarch Fürsten und Gesandte zum Hoftag nach Quedlinburg: Die Zusammenkunft soll eine Demonstration seiner Macht sein

Text: REYMER KLÜVER, Illustrationen: DAVID AUBERT

Europas **MÄCHTIGSTER** *Herrscher*

Der Kaiser ist kein Alleinherrscher über das Reich: Otto I. muss im Konsens mit seinen wichtigsten Vasallen regieren, die er zum Quedlinburger Hoftag einlädt, um sich dort mit ihnen zu beraten – so ähnlich wie in dieser Szene. Die Illustrationen zu diesem Beitrag zeigen höfisches Leben im Mittelalter. Gefertigt hat sie der französische Buchmaler David Aubert um das Jahr 1460

Gerade sind die letzten Zeilen des „Te Deum“ verweht. Gregorianische Melancholie. Feierlich. Demütig.

In te, Domine, speravi, haben die Kleriker und die Stiftsdamen in der kalten, hohen Kirchenhalle gesungen – „auf Dich, oh Herr, hoffe ich“.

Weihrauchschwaden liegen schwer in der Luft. Kerzenlicht erhellt das Dunkel der Osternacht in der Quedlinburger Servatius-Kirche am Nordrand des Harzes. Die Besucher des Gottesdienstes schließen den prächtig gekleideten Mann in ihre Gebete ein, der erhöht auf einem Thron an einem Ende des Kirchenschiffs sitzt: der König des Ostfränkischen Reiches, der römische Kaiser Otto I.

Mitten unter den Menschen und doch in höhere Sphären entrückt – das ist die Botschaft des Monarchen an die Teilnehmer dieser heiligen Ostermesse am 23. März 973.

Die Jahre sind nicht spurlos an dem Herrscher vorübergegangen, die Feldzüge, die Schlachten, die Strapazen der Reisen zu Pferd bei Wetter und Wind, die vielen Nächte in Zelten (und ja, auch die zahllosen Saufgelage). Im Sommer erst hat er die Alpen überquert, ist nach sechs langen Jahren in Italien nach Sachsen, in seine Stammlande, zurückgekehrt.

Mit 60 Jahren ist Otto nun ein alter Mann. Das lichte Haar und der lange, spitz zulaufende Bart sind ergraut. Der Schritt wirkt vielleicht nicht mehr ganz so fest, so entschlossen wie einst. Seit Jahren plagen ihn chronische Schmerzen. Aber seine Augen schauen noch immer hellwach. Hart, erbarmungslos können sie blicken, aber offenbar auch gütig und barmherzig, wenn sie sich, wie immer wieder von den Chronisten berichtet, in aller Öffentlichkeit mit Tränen füllen.

In eine feine Seidenrobe ist er gehüllt, die Ränder mit Goldbändern besetzt. Darüber trägt er einen schimmernden Umhang, prachtvoll bestickt und an der Schulter von einer Spange zusammengehalten. An den Füßen Lederschuhe, funkelnd vor Edelsteinen. Niemand in der Kirche trägt so kostbare Kleider.

Gut möglich, dass Kölns Erzbischof die Stoffe aus Konstantinopel mitgebracht hat, wohin er 971 in einer delikaten Angelegenheit gereist war: Am Hof des

Um ihre Macht für alle sichtbar werden zu lassen, inszenieren mittelalterliche Herrscher ihr politisches Handeln oft wie ein großes Fest. Am Anfang steht dann der prachtvolle Einzug des Monarchen in den Ort einer Zusammenkunft mit anderen Fürsten. Und so präsentiert sich auch Otto I. bereits eine Woche vor dem eigentlichen Treffen zum Quedlinburger Hoftag mit einer feierlichen Prozession in der Stadt Magdeburg

byzantinischen Kaisers hatte er eine Braut werben sollen für Ottos gleichnamigen Sohn und designierten Nachfolger.

Die Mission war erfolgreich. Denn nun sitzt Theophanu, wohl 13 Jahre alt, nur wenige Schritte von ihrem Schwiegervater entfernt an der Seite ihres 17-jährigen Mannes. Sie ist eine Nichte des Kaisers von Byzanz und – nun für alle sichtbar – ein Beweis für die gegenseitige Anerkennung der beiden mächtigsten Herrscherhäuser der christlichen Welt.

Otto präsentiert sich im Kreis seiner Familie: Bei ihm sind seine selbstbewusste Frau Adelheid, die die italienische Krone der Langobarden mit in die Ehe eingebracht hat, und ihre gemeinsame Tochter Mathilde, 18 Jahre alt und bereits Äbtissin des neben der Kirche gelegenen Kanonissenstifts.

In Zeiten, in denen kaum jemand lesen kann, in denen Rituale mächtiger sind als das geschriebene Wort, ist nichts Zufall, hat alles öffentliche Tun und Sein des Kaisers, seiner Entourage und seiner Familie größte Bedeutung.

Und das gilt immer: ob der Herrscher wie jetzt Ostern feiert, das höchste, bedeutsamste Kirchenfest des Jahres, oder ob er sich gerade auf Jagd befindet. Ob es sich um einen hochoffiziellen Akt handelt oder um ein scheinbar zwangloses Gelage mit anderen Männern.

Nichts ist nebensächlich; jede Handlung, jede Äußerung, jedes Kleidungsstück kann eine besondere Bedeutung haben. Es sind Zeichen, die anderen zu verstehen geben, welchen Platz man in der gesellschaftlichen Rangfolge einnimmt und wie der Kaiser zu einem steht.

Selbst Gefühle werden nicht spontan gezeigt, sondern in Szene gesetzt: Tränen signalisieren Reue, Lachen bedeutet Einverständnis und Harmonie.

In den Wochen zuvor hat Otto gefastet, so wie er es als frommer Christ vor Ostern immer tut, aber wohl auch vor anderen festlichen Anlässen, bei denen er die Reichskrone trägt. Um Geist und Körper vorzubereiten für den wichtigen Moment, wenn ihm der schwere, goldene Reif auf seinen Kopf gesetzt wird.

Die Krone ist das Zeichen seiner von Gott verliehenen Herrschergewalt. Ihre acht Ecken spielen auf Gottes Bund

Die Insignien der römisch-deutschen Kaiser, die Otto I. hier trägt, symbolisieren den Anspruch der Monarchen auf universale christliche Weltherrschaft

mit den Menschen an, die Acht ist eine bedeutende Zahl für die Christen, die Zahl der Auferstehung und Erlösung. Je zwölf große und kleine Steine schmücken die goldene Stirnplatte. Sie verweisen auf die Zahl der Apostel Christi und der Stämme des Volkes Israel.

Schon oft hat der Kaiser das Osterfest hier in St. Servatius begangen, am Steilhang des Schlossbergs von Quedlinburg. Hinter dem Altar liegen Ottos Eltern in einer Krypta bestattet.

Wie an den großen Kirchenfesten üblich, hat der Herrscher nicht nur zur Osterfeier in den Harz geladen, sondern auch zum Hoftag: zur Versammlung der weltlichen und kirchlichen Vornehmen und Mächtigen seines Reiches, das sich von der Schelde im Westen bis zur Oder im Osten ausdehnt und von Nord- und Ostsee bis nach Mittelitalien reicht.

An Hoftagen fasst der Kaiser gemeinsam mit den führenden Männern des Reiches Beschlüsse, vergibt Lehen an Gefolgsleute, bestätigt neue Bischöfe in ihrem Amt, verkündet Feldzüge oder schlichtet Streitigkeiten unter Adeligen.

Doch der Osterhoftag zu Quedlinburg übertrifft alles bislang Dagewesene. Zu Hunderten sind sie angereist. Manche waren wochenlang unterwegs auf Straßen und ungebändigten Flüssen: Bischöfe, Herzöge und Grafen, Adelige aus allen Reichsregionen mit ihrem Gefolge. Otto hat gerufen, und sie alle sind gekommen.

Zudem haben sich Sendboten und Würdenträger aus Territorien jenseits der Grenzen des Imperiums auf den Weg gemacht – dem Kaiser und der gesamten Christenheit zum Beweis, dass er der mächtigste Mann im Abendland ist.

Unter den Gästen sind zwölf ungarische Adelige, zwei Fürsten aus Bulgarien, der Sohn des Herzogs von Polen sowie der Herzog von Böhmen, dazu Gesandte des Papstes. Der Dänenkönig Harald Blauzahn hat eine Abordnung geschickt, und Pandulf Eisenkopf, der Fürst von Capua und Benevent, hat sich aus seinen Ländern südlich von Rom auf die Reise über die Alpen gemacht.

Sogar der Kalif von Cordoba, islamisches Oberhaupt von al-Andalus auf der Iberischen Halbinsel, und der nun mit Otto verwandtschaftlich verbundene Kaiser von Byzanz haben Delegierte auf den langen Weg entsandt. Es ist das größte internationale Treffen, das es nördlich der Alpen jemals gegeben hat.

Mit dieser Zusammenkunft will Otto sein Lebenswerk besiegeln. Allen will er seine Machtfülle vor Augen führen, im Reich und jenseits davon.

Der Hoftag soll die Größe des Reiches bestätigen, das er im Laufe seiner langen Regierungszeit geschaffen hat, mit ihm, dem Kaiser, dem Patriarchen, als ordnender Kraft über allem.

Und die Kunde davon sollen die Teilnehmer dieses Treffens hinaus bis in die fernsten Regionen der damals bekannten Welt tragen: Otto ist der würdige Erbe Karls des Großen.

DIE NACHKOMMEN des großen Frankenherrschers haben Karls Reich nach dessen Tod im Jahr 814 nicht zusammenhalten können. 843 wird es dreigeteilt:

- in das ostfränkische Territorium, die Kernlande des späteren Heiligen Römischen Reiches deutscher Nation;
- das westfränkische Gebiet, aus dem Frankreich hervorgehen wird;
- und ein mittleres Reich, das sich anfangs von der Nordsee bis zum Mittelmeer erstreckt (siehe Seite 21).

Dutzende Würdenträger mit Gefolge sind 973 zum Hoftag angereist. Vermutlich finden nicht alle geistlichen und weltlichen Herren Platz innerhalb der Mauern Quedlinburgs. Etliche Besucher müssen in Zelten außerhalb der Stadt übernachten

Im Ostfränkischen Reich wird 919 Herzog Heinrich I. zum König erhoben, wahrscheinlich (so behaupten es jedenfalls die seiner Familie nahestehenden Chronisten) vom kinderlosen Vorgänger als einzig geeigneter Thronfolger ausersehen. Doch Heinrich ist kein Franke: Mit ihm wird vielmehr ein Sachse zum Herrscher – ein Angehöriger jenes Volkes also, das Karl der Große nur wenige Generationen zuvor brutal unterjocht und zwangschristianisiert hatte.

Heinrich übernimmt ein zerbrechendes Königreich. Das ostfränkische Gebiet wird immer wieder von ungarischen Reiterkriegern heimgesucht, und im Inneren weigern sich die mächtigen Herzöge der Bayern und der Schwaben, den neuen Monarchen anzuerkennen. Er muss seine Stellung militärisch durchsetzen, droht dem Schwaben mit einem Feldzug und belagert den Bayern. Doch nachdem sich beide unterworfen haben, söhnt er sich mit den Besiegten aus und lässt ihnen ihre Herzogwürde – so ist ihm ihre künftige Unterstützung gewiss.

Heinrich versteht sich durchaus als fränkischer König und beruft sich auf die Nachfolgeregelung durch Karl den Großen: Die vom Adel durch einen Wahlakt vergebene Königswürde soll in der Familie bleiben. Doch anders als bei den Franken bislang üblich, will Heinrich I. das Reich nach seinem Tod nicht unter seinen männlichen Nachkommen aufgeteilt sehen, sondern bestimmt seinen Sohn Otto zum alleinigen Thronfolger.

Gefestigt ist Ottos **EINFLUSS** *anfangs nicht, er muss ihn sich erkämpfen*

Am 2. Juli 936 stirbt Heinrich I. Einen Monat später wird sein Sohn Otto in Aachen von den Großen des Reiches zum König erhoben, gekrönt und gesalbt – mit dem Krönungsort zieht Otto eine direkte Traditionslinie zu Karl dem Großen, der in Aachen bestattet liegt.

Vor der Kirche setzen die versammelten mächtigen Grafen und Herzöge Otto auf einen Thron. Formal ist diese Akklamation der Wahlakt – tatsächlich aber hatten die Fürsten bereits vorher signalisiert, dass sie Heinrichs Regelung zustimmen würden.

Dann schwören die Herzöge und Grafen Otto die Treue.

Es ist ein Pakt auf Gegenseitigkeit: Als Gefolgsleute sind sie fortan zum Kriegsdienst für den König verpflichtet, müssen auf Verlangen zu den Hoftagen erscheinen, ihrem Herrn mit Rat und Hilfe zur Seite stehen. Dafür gewährt der Herrscher ihnen Beistand, wenn sie bedroht werden. Nur diese persönlichen Bande zwischen den Männern halten das Ostfränkische Reich zusammen.

Dieses Reich ist kein Staat im modernen Sinn, es ist ein lockerer Verbund von Anführern, die über eine Vielzahl an Gebieten herrschen. Es gibt keine Institutionen, keine Reichssteuer, keine Hauptstadt: Dort wo sich der König gerade aufhält, ist das Zentrum des Reiches. Wie Karl der Große ist auch Otto ständig unterwegs, um den Untertanen zu beweisen, dass er fähig und stark genug ist, sie zu schützen und für sie zu sorgen.

Ottos Herrschaftsgebiet ist rückständig, lange nicht so entwickelt wie Italien oder Byzanz oder das muslimische Spanien. Die meisten der wohl vier Millionen Einwohner leben entlang des

Immer wieder wird das Quedlinburger Treffen von Feierlichkeiten unterbrochen – unter anderem von mehreren Gottesdiensten täglich. Für die Festmähler des Kaisers, seiner Familie und seiner hohen Gäste müssen die Bauern aus der Umgebung Gemüse und mehrere Sorten Fleisch herbeischaffen, Getreide zum Brotbacken und große Mengen an Bier und Wein

Rheins; nur einige Überlandstraßen führen von dort zu wichtigen Siedlungen und verbinden Klöster und Pfalzen miteinander. In den Mittelgebirgen sind weite Regionen von Wäldern bedeckt. Für den Hof sorgen Adelige, die mit dem König von Pfalz zu Pfalz ziehen: Sie überwachen die Finanzen, ziehen Erkundigungen aus dem gesamten Reich ein.

Schon bald zeigt sich, dass Ottos Herrschaft noch keineswegs gesichert ist. Aufstände im Inneren und äußere Feinde bedrohen den König und sein Reich.

ALS ERSTE ZIEHEN die eigenen Brüder gegen ihn zu Felde. Sein älterer Halbbruder Thankmar erhebt sich, weil Otto seiner Familie ein Lehen entzogen hat, wird aber in einer Kirche hinterrücks von dessen Männern umgebracht.

Auch der jüngere Bruder Heinrich kämpft gegen ihn und findet 939 etliche Verbündete im ostfränkischen Adel, darunter Herzöge und Bischöfe, denen Ottos Herrschaftsstil nicht passt.

Später erhebt sich Ottos Sohn Liudolf, der (nach der Wiederheirat seines Vaters und der Geburt eines Halbbruders) um seine Thronfolgerechte fürchtet.

Doch der König kann beide Konflikte nach blutigen Kämpfen für sich entscheiden. Zum Zeichen ihrer Unterwerfung fallen sein Bruder und sein Sohn jeweils in einem sorgfältig choreografierten Ritual barfuß und unter Tränen vor ihm auf die Knie. Otto erhebt sie zu sich, verzeiht ihnen weinend und gewährt ihnen seine Freundschaft.

Diese Versöhnungsgeste erlaubt es allen Beteiligten, das Gesicht zu wahren. Denn obwohl der König niemanden neben sich dulden kann und entschlossen Krieg mit seinen Kontrahenten führt, weiß er doch, dass er auf Dauer nicht gegen die eigene Familie und die führenden Adelsgeschlechter regieren kann.

Erst als sein Heer 955 die Ungarn, die seit Jahrzehnten immer wieder raubend und mordend in das Ostfränkische Reich eingebrochen sind, auf dem Lechfeld bei Augsburg schlägt, hat Otto die vereinten Fürsten auf seiner Seite.

Zugleich steigt er mit diesem Sieg zum mächtigsten König Europas auf.

Bei Gottesdiensten führt der Kaiser den Untertanen seine göttliche Auserwähltheit vor. Otto I. lässt sich während der Osterfeiertage in Quedlinburg von Klerikern (hier in golddurchwirkte Prunkgewänder gehüllt) dreimal am Tag zur Messe geleiten. Für den Monarchen ist die Demonstration seiner besonderen Nähe zu Gott von größter Bedeutung: Er wurde vom Papst gekrönt und begreift sich selbst als Stellvertreter des Herrn

Und nun strebt er nach Höherem: nach der Kaiserkrone Karls des Großen.

DENN WIE SEIN VORBILD glaubt Otto an die Vision eines christlichen Imperiums unter der Obhut eines mächtigen Kaisers, der als Schutzherr über die Kirche und die Gläubigen wacht.

Dreimal wird er zu langen Feldzügen gen Süden aufbrechen, um seine Ansprüche durchzusetzen. Am 2. Februar 962, während des zweiten Italienzugs, krönt ihn Papst Johannes XII. in der Peterskirche zum Kaiser.

Fast ein Jahrtausend lang, bis zur Niederlegung der römisch-deutschen Krone durch Franz II. 1806, wird die Kaiserwürde nun mit dem ostfränkischen, später dem deutschen Königtum verknüpft bleiben. Diese Verbindung, die Otto geschaffen hat, gilt als die Geburtsstunde jenes Reiches, für das die Zeitgenossen zunächst noch gar keinen eigenen Namen haben, das man viel später aber das „Heilige Römische Reich deutscher Nation" nennen wird.

Das von Karl dem Großen restaurierte und nun von Otto übernommene Kaisertum wird sich – zumindest nördlich der Alpen – als die Idee erweisen, die das Reich der Franken, Sachsen und vieler anderer Stämme zusammenhält und im Zentrum Europas allmählich die Nation der Deutschen entstehen lässt.

Schon Karl der Große hat im Jahr 800 seinem Herrschertitel den Zusatz „von Gott gekrönter Kaiser" hinzugefügt. Otto nennt sich nun „durch göttliche günstige Gnade erhabener Kaiser".

Eine höhere Legitimation für den Herrschaftsanspruch gibt es im christlichen Abendland nicht.

Daher ist es für Otto unerlässlich, dass Papst Johannes XII. als Stellvertreter des Apostels Petrus ihn in der Peterskirche zum Kaiser krönt. Mit der Nachempfindung der Kaiserkrönung Karls des Großen durch den Papst führt Otto eine Tradition fort, die das ganze Mittelalter über Bestand haben wird.

Aber auch der Papst braucht Otto. Daher ist die Krönung das Ergebnis einer Waffenbrüderschaft. Denn Johannes erbittet den militärischen Schutz Ottos, um sich als Herr von Rom gegen einen für ihn bedrohlichen König aus Oberitalien zu behaupten.

Der Kaiser lässt sich als **ERLÖSER** *porträtieren*

Freilich: Otto verbindet noch mehr mit dem Kaisertitel, und dieser Anspruch wird Europa in Atem halten. Denn er wird sich bald „Stellvertreter" des Herrn nennen – ähnlich wie die Kaiser im Osten, zu denen er nun engere Beziehungen sucht. Und wie die Herrscher von Byzanz lässt sich Otto in Bildern nun immer unverhohlener als Christus darstellen.

Dieser Anspruch wird unter Ottos Nachfolgern zum Machtkampf zwischen dem weltlichen und dem religiösen Oberhaupt des Abendlandes führen: Wer steht höher, Papst oder Kaiser?

Und wie viele seiner späteren Nachfolger sieht sich Otto gezwungen, wiederholt in Italien einzugreifen, um die Machtansprüche als Kaiser auch südlich der Alpen durchzusetzen.

Während eines dritten Feldzugs lässt der neue Imperator seinen zwölfjährigen Sohn Otto am Weihnachtstag des Jahres 967 zum Mitkaiser erheben (Liudolf ist bereits gestorben).

Das alles dient der dynastischen Vorsorge. Und zugleich ist es Weltpolitik.

Denn mit der weihnachtlichen Krönung schafft Otto die Voraussetzung für den dauerhaften Verbleib der Kaiserwürde in seiner Familie – sollte ihm etwas zustoßen, hat sein Sohn nun ein unbestreitbares Recht auf die Nachfolge.

Zudem untermauert er damit nochmals seinen Anspruch, mindestens den gleichen Rang einzunehmen wie der Herrscher von Byzanz, der sich nach wie vor als einzig legitimer Nachfolger der christlichen Kaiser des antiken Imperium Romanum sieht. Daraus erwächst eine machtpolitische Konkurrenz zwischen den beiden Kaiserhäusern.

Otto sucht jetzt beides zugleich: den Ausgleich und den Streit mit Konstantinopel. Er beginnt jahrelange Verhandlungen mit dem Ziel, in Byzanz eine passende Braut für seinen Sohn finden zu lassen. Zur gleichen Zeit aber führen die beiden Herrscher in Italien erbittert Krieg gegeneinander um Apulien und die Gebiete südlich von Rom.

Doch die Hochzeit seines Sohnes Otto mit Theophanu im Jahr 972 führt zu einer Annäherung der zwei Kaiserhäuser und besiegelt de facto den Aufstieg Ottos zum machtvollen Imperator im Herzen Europas.

M

Mit dem spektakulären Treffen in Quedlinburg will der Kaiser all das nun der Welt vor Augen führen. Der Herrscher demonstriert seine neue, fast den gesamten Kontinent umspannende Autorität.

Die Inszenierung beginnt bereits ein paar Tage vor der eigentlichen Zusammenkunft in Magdeburg.

Die Elbestadt hat Otto einige Jahre zuvor mit Zustimmung des Papstes zum Sitz eines Erzbistums gemacht und die prächtige, mit Marmor, Gold und Edelsteinen geschmückte neue Kirche als seine Grablege bestimmt.

Mehr als 20 Mal hat er sich dort bereits aufgehalten, 57 Urkunden allein dieser Kirche gewidmet. Viele betreffen die Überführung von Reliquien.

Knöcherne Überreste von Heiligen haben für Otto wie für seine Zeitgenossen eine fast magische Bedeutung. In ihrer Gegenwart spüren die Menschen besonders die Nähe Gottes.

Und in den Urkunden verspricht sich Otto Schutz von den Verehrten: persönlich für Leib und Leben, aber auch für sein gesamtes Imperium. Vor allem jedoch für sein Seelenheil im Jenseits und das seiner Familienangehörigen.

„Aus Liebe zu Gott und wegen des Heils unserer Seele", so heißt es in einem der Dokumente, habe er die Kirche in Magdeburg errichtet; in anderen Diplomen hofft er auf „eine Belohnung durch Gott" und „Vergebung der Sünden".

Magdeburg ist für Otto eine Art bevorzugte Residenz, ein Ort, der in Zeiten des Reisekaisertums einer Hauptstadt vielleicht am nächsten kommt.

Am Palmsonntag des Jahres 973 zieht der graubärtige Herrscher feierlich in Magdeburg ein. Seine Ankunft an diesem Tag hat eine Parallele, die jeder Zeitgenosse sofort versteht: Christi Einzug ins irdische Jerusalem, an den am Sonntag vor Ostern stets gedacht wird.

Bereits eine Meile vor den Toren begrüßen die Geistlichen von Magdeburg den hohen Gast. Von überallher ist das Volk zusammengekommen. Gemeinsam mit den anwesenden Adeligen und den Würdenträgern der Stadt geleiten ihn die Kleriker unter Glockengeläut in feierlichem Zug in die Kirche.

Eine ehrfurchtgebietende Szene. Denn der Kaiser trifft in Begleitung seines gewaltigen Hofstaats ein. Der umfasst neben der kaiserlichen Familie seine engsten Gefolgsleute sowie mitreisende Gäste, dazu das Ehrengeleit von einigen Hundert Reitern, die den Kaiser auf seinen Wegen beschützen und ein Zeichen seiner Bedeutung und Würde sind.

Zum Gefolge gehören auch die Hofkapellane. Sie feiern mit ihm Gottesdienste, verwahren die Reliquien, die Otto stets begleiten, und agieren gemeinsam mit einem Kanzler als seine Notare, die des Königs Dokumente ausstellen.

Hinzu kommen Hunderte von Bediensteten. Die gepanzerten Reiter brauchen Waffenschmiede und Waffenknechte und Hufschmiede für die Pferde. Zeltmeister gehören zum Tross und Stallknechte, Jäger und Bäcker und Köche, Boten, Diener und Mägde. Auch Heilkundige fehlen nicht. Fahrendes Volk schließt sich dem kaiserlichen Zug an, Musiker, Sänger, Gaukler.

Schon bald wird man **OTTO** *»den Großen« nennen*

Wohl weit mehr als 1000 Menschen kommen an diesem Sonntagmorgen in Magdeburg an, mit Pferden und Lasttieren, Fuhrwerken und Karren. Vermutlich schlagen sie auf den Wiesen vor den Mauern Zelte auf, Lagerfeuer brennen. Zwischen den Zelten herrscht reges Treiben, die Truppe muss versorgt werden.

Bereits tags darauf setzt sich der Tross wieder in Bewegung. Das Ziel Quedlinburg liegt noch knapp drei Tagesreisen entfernt. Der Einzug in Magdeburg war nur das Präludium zur Feier der Auferstehung des Herrn, die Otto am Grab seines Vaters zelebrieren will.

Von Weitem schon ist der Schlossberg von Quedlinburg für die Reisenden sichtbar. Ottos Vater hat das Plateau mit einer Ringmauer aus mächtigen Quadern versehen lassen. Die kleine Burgkapelle wurde in den Jahrzehnten seit seinem Tod durch die Stiftskirche ersetzt, dem heiligen Servatius geweiht.

Direkt daneben befinden sich die Klosterbauten für die Kanonissen, denen Ottos Tochter als Äbtissin vorsteht. Und unten im Tal, nicht einmal 500 Meter entfernt, liegt die kaiserliche Pfalz, von einem Seitenarm der Bode umflossen.

In der Umfriedung sind seit 961 auch ein Dutzend Kleriker untergebracht: Geistliche, die oben auf dem Berg in der Kirche die Messe lesen. Hier wird das Gefolge Ottos unterkommen, hier wird der eigentliche Hoftag stattfinden.

Nahrungsmittel in großer Menge müssen die Bauern herbeischaffen, deren Höfe zum Besitz des Quedlinburger Stifts zählen. Acht Ochsen, Hunderte Schweine und Schafe, dazu Hühner, Ferkel, Fische, Eier und Gemüse sowie Karrenladungen voller Getreide und Hunderte Liter Wein und Bier verzehren Otto, seine Gäste und das Gesinde während des Treffens Tag für Tag. Die Kosten: 30 Pfund Silber täglich.

Am Mittwoch, dem 19. März 973, trifft die kaiserliche Familie ein. Am Tag darauf, Gründonnerstag, beginnen die Osterfeierlichkeiten wie immer mit der Weihe jener heiligen Salböle, die den Rest des Kirchenjahres verwendet werden: des „Katechumenen-Öls" für die Täuflinge, des „Oleum Infirmorum" für die Kranken sowie des „Chrisam" für die Firmlinge und verschiedene Weiheakte.

Es sind Tage der geistigen Einkehr, aber auch prunkvoller Prozessionen, die Rang und Geltung des Herrschers zeigen.

Denn bis zur Ostervigil, dem Gottesdienst in der Nacht der Auferstehung, lässt sich Otto nun dreimal täglich von Bischöfen und Priestern, von Herzögen und Grafen hinüber in die Servatius-Kirche geleiten, in einem feierlichen Zug mit Kreuzen, Reliquien und Räucherfässern: zur Vesper am Abend, zur Mette in der Nacht, schließlich zum Hochamt der Messe – und jeweils wieder zurück.

Die Ostervigil, die große Auferstehungsfeier, beginnt um Mitternacht und dauert bis in die Morgenstunden des Sonntags. Zur Segnung der Osterkerze singen die Kleriker „Frohlocket, ihr Chöre der Engel". Stunden nun verharren die Großen des Reiches, der Kaiser an ihrer Spitze, in Andacht und Gebet.

Und nach dem „Te Deum" am Ende folgt zum Abschluss die Eucharistiefeier mit der Segnung der Osterspeisen.

Otto trägt während der Messe die Reichskrone. Wieder ist es ein hochsymbolischer Akt. Sie soll zeigen, dass die Gnade Gottes auf ihm ruht – ein Zeichen der besonderen Verbundenheit des Kaisers mit dem Herrscher aller Welten.

So wird der Ostergottesdienst vor den Augen der wichtigsten Würdenträger des Reiches und Zeugen aus weiten Teilen des Abendlands zum Staatsakt. Er unterstreicht den Herrschaftsanspruch Ottos als König von Gottes Gnaden.

AM NUN ANBRECHENDEN TAG, dem 23. März, beginnt nach einer weiteren Prozession vom Schlossberg hinab zur Kaiserpfalz der eigentliche Hoftag, der sich bis weit nach Ostern erstrecken wird.

Und das heißt zunächst einmal: Es ist Zeit für Geschenke. Denn keiner der weitgereisten Gesandten ist mit leeren Händen gekommen. Alle haben kostbare Präsente mitgebracht, um Otto zu huldigen oder ihm Tribut zu zollen. Je wertvoller die Gabe, umso mächtiger das Zeichen ihrer Achtung vor dem Kaiser.

So bringen die Gesandten des Dänenkönigs Harald Blauzahn zum Beweis seiner guten Absichten eine vereinbarte Tributzahlung – denn schon länger vermuten die Berater des Kaisers, dass er sich gegen das Reich erheben will: Erst wenige Jahre zuvor ist Otto mit seinem Heer nach Dänemark gezogen und hat die Bekehrung des wilden Nordmanns zum Christentum erzwungen.

Doch nun beteuern Blauzahns Diplomaten dessen Friedensliebe, die Ruhe jenseits der nördlichen Grenzen scheint gesichert zu sein. (Erst nach Ottos Tod wird Blauzahn den Angriff wagen, jedoch scheitern: Im Gegenzug erobert Otto II. einen Teil des Dänenreichs.)

Anschließend versammeln sich Reichsfürsten und Gesandte zu einer Sitzung, in welcher der Kaiser als höchste Instanz einen Streit schlichten soll.

Im Osten hat es eine blutige Schlacht gegeben zwischen dem Markgrafen der Lausitz und seinem Nachbarn, dem Herzog von Polen. Noch von Italien aus hat der Kaiser verlangt, die Kämpfe ruhen zu lassen, und beide nach Quedlinburg einbestellt, um sie zu hören und einen Schiedsspruch zu fällen, denn beide erkennen Ottos Oberhoheit an.

Der Herzog von Polen erscheint nicht persönlich, sondern schickt seinen sieben Jahre alten Sohn als Geisel, als lebendes Unterpfand seiner Treue. Deutlicher kann er sich nicht der Gnade des Kaisers unterwerfen. Von dem erbittet er nicht Gerechtigkeit, sondern Milde – und beugt sich seiner Autorität. Auch der Markgraf ist erschienen.

So sind die Voraussetzungen geschaffen für Verhandlungen. Gut möglich, dass Otto die Vertreter der Kontrahenten in Rede und Gegenrede ihre Streitpunkte darlegen lässt – Chronisten berichten von solchen Verfahren bei früheren Hoftagen. Am Ende jedenfalls ist der Streit geschlichtet, denn von dem Konflikt ist in den Quellen, die die Zeiten überdauert haben, keine Rede mehr.

Der Markgraf behält sein Amt. Und das Kind, das sich als Geisel in Ottos Hand begeben hat, wird zu seinem Vater in die Heimat zurückkehren, ihn später beerben und schließlich der erste König von Polen werden.

Während der Hoftage hält der Herrscher Gericht, bespricht Fragen der Innen- und Außenpolitik mit den anderen Großen des Reiches, schlichtet Streitereien zwischen seinen Gefolgsleuten und empfängt die Abgesandten fremder Länder, die Geschenke oder Tributzahlungen überbringen. Die Autorität Kaiser Ottos I. ist so groß, dass ihn ausländische Fürsten sogar als Vermittler in Grenzkonflikten akzeptieren

17 Tage lang bleibt Otto I. in Quedlinburg, dann zieht er mit seinem Hof weiter. Eine feste Residenz hat der Kaiser nicht, das Reich regiert er vom Sattel aus. Doch nur vier Wochen später stirbt der Herrscher. Das mit seiner Kaiserkrönung 962 begründete Imperium indessen, das später einmal das »Heilige Römische Reich deutscher Nation« genannt werden wird, übersteht den Tod seines Schöpfers um mehr als 800 Jahre

Höchstwahrscheinlich legt zudem der Herzog von Böhmen einen Treueeid ab: Kniend faltet er vor dem Kaiser seine Hände. Der legt seine Hände auf die des Herzogs – ein Versprechen gegenseitiger Verbundenheit. Der Herzog schwört als Vasall dem Kaiser Gefolgschaft, Otto verspricht seinem Untertan Schutz.

Auf solche Gesten versteht sich Otto. Schließlich braucht er seinen Gefolgsmann: Der Herzog soll die Schaffung eines neuen Bistums in Prag unterstützen, um die Christianisierung der Slawen voranzutreiben, eines der großen Anliegen Ottos. (Das Bistum wird wenige Jahre später tatsächlich gegründet.)

Zudem sieht sich der Kaiser als Schutzherr des Papstes und der Kirche. Während des Hoftages stellen seine Kapellane eine Urkunde aus, die dem Bischof von Cremona die weltlichen Rechte an dem italienischen Bistum überträgt – denn auch Nachfolger im Bischofsamt müssen vom Kaiser bestätigt werden.

Dann werden die Beratungen überschattet von einer traurigen Nachricht: Am 27. März stirbt plötzlich Hermann Billung, der Herzog von Sachsen, einer der engsten Vertrauten Ottos und sein Stellvertreter in diesem Teil des Reiches.

Das Verhältnis der beiden war nicht ohne Spannungen: Ein Jahr zuvor, am Palmsonntag, ist Hermann anstelle des noch in Italien weilenden Kaisers wie ein König in Magdeburg eingezogen, hat sich dort bei einer festlichen Tafel auf dessen Platz gesetzt und für die Nacht gar das kaiserliche Bett usurpiert.

Otto hatte diese Amtsanmaßung Billungs zunächst sehr erzürnt. Es muss ihm eine Warnung gewesen sein, so schnell wie möglich nach Sachsen zurückzukehren, um seine Herrschaft zu sichern. Doch offenbar hat er seinem Vertrauten verziehen – denn als er von dessen Tod erfährt, trauert er offen um den alten Weggefährten. Und vielleicht überkommt ihn auch die Erkenntnis, wie einsam es um ihn geworden ist, nun auf dem Höhepunkt seiner Macht.

SEHR VIEL MEHR DETAILS des Hoftages lassen sich den schriftlichen Quellen aus jener Zeit nicht entnehmen. Ausführlich aber listen die Chronisten auf, wer alles gekommen ist, und betonen, wie weit die Delegationen gereist sind – quer durch den Kontinent. Sie berichten von Geschenken aus Gold und Silber, die dem Kaiser dargebracht wurden. Und sie erwähnen auch jene kostbaren Gaben, die Otto wiederum bereitwillig verteilen ließ, um seinem Ruf als großzügiger Herrscher alle Ehre zu machen.

Der Kaiser absolviert die geschäftigen Tage ohne erkennbares Zeichen von Schwäche. Er ist ein disziplinierter Mann, der für gewöhnlich die Frühmesse besucht und persönlich Almosen an die Bittsteller verteilt, die auf seine Freigebigkeit hoffen. Den Tag widmet er den Gesprächen und Beratungen. Abends tafelt er im Kreis der anwesenden Fürsten und besucht stets noch die Abendvesper.*

Anfang April geht der Hoftag zu Ende. 17 Tage bleibt Otto selbst in Quedlinburg, so vermerken es die Chroniken. Dann zieht sein Gefolge weiter.

Doch nur vier Wochen später ist der große Sachse tot: Er stirbt nach kurzer Krankheit am 7. Mai 973 in der Kaiserpfalz von Memleben, etwa 100 Kilometer südlich von Quedlinburg. Sein Leichnam wird einbalsamiert und seinem Wunsch entsprechend in Magdeburg bestattet.

Nachfolger wird sein 17-jähriger Sohn Otto II., dem die Großen des Reiches am Morgen nach dem Tod seines Vaters huldigen. Die Kontinuität der Herrschaft bleibt gewahrt.

Schon den Zeitgenossen ist klar, dass der Hoftag von Quedlinburg etwas Besonderes war: ein Großtreffen, wie es bis dahin kein vergleichbares gegeben hat. Es ist ein Beweis dafür, dass Ottos Autorität weit über sein eigentliches Herrschaftsgebiet hinausreicht.

Die Herrscher Polens und Dänemarks haben sich ihm unterworfen. Byzanz, Rom und selbst der Kalif von Cordoba haben diplomatische Missionen geschickt, weil sie in dem Sachsen den Ordnungsfaktor im Herzen des Kontinents sehen. Vor allem aber: Wie sein Vorbild Karl der Große hat sich der Sachse zum Kaiser erhoben.

Dies war eine ungeheure Herausforderung, es war geradezu eine Anmaßung. Denn als Kaiser reklamierte dieser raue Krieger vom Rand der zivilisierten Welt für sich nicht weniger als die Nachfolge der römischen Cäsaren – die Nachfolge des römischen Imperiums, jenes Weltreiches, das in heilsgeschichtlicher Deutung den Raum geboten hatte für die Ausbreitung des christlichen Glaubens.

Otto war gottesfürchtig und hochfahrend zugleich. Und so war es nur passend, dass er als Kaiser auch die Schirmherrschaft über die gesamte Christenheit übernahm – und für sich einen höheren Rang als alle Könige des Abendlandes forderte. Und er konnte diesen Anspruch durchsetzen, mit eisernem Willen und brutaler militärischer Macht: einen Anspruch, an dem sich alle seine Nachfolger messen werden.

Otto erhält den Beinamen „der Große“, weil er die Umrisse jenes Imperiums schafft, aus dem nach und nach das erste Reich der Deutschen erwachsen wird. Es ist ein Reich, das nicht durch seine Grenzen bestimmt wird, sondern durch die persönlichen Bindungen seiner mächtigen Männer an den Kaiser, der dem Ganzen symbolisch seine Einheit verleiht. Denn die Krönung zum Herrscher der Herrscher überträgt dem jeweiligen Kaiser keine reale Macht, sondern verleiht lediglich höhere Autorität.

Es gibt auch keine staatlichen Institutionen, auf die sich Ottos Nachfolger stützen könnten, keine Reichsverwaltung, kein stehendes Heer.

Vielmehr ist der Kaiser das Haupt, und das Reich sind die Glieder. Er ist oberster Lehnsherr, oberster Richter, oberster Krieger, alles in einem. Aber er ist kein absoluter Herrscher, sondern stets auf Rat und Zustimmung, auf den Konsens der Großen im Reich angewiesen – so wie es der Hoftag in Quedlinburg gezeigt hat, wo er sich mit seinen Gefolgsleuten immer wieder beraten hat und aus dem sich in einem allmählichen Prozess über ein halbes Jahrtausend nach und nach die Reichstage entwickeln werden, eine der ersten festen Institutionen des Imperiums der Deutschen.

Und noch etwas versucht Otto zu verankern, nicht zuletzt auf dem Hoftag, auf dem er Sohn und Schwiegertochter den Großen des Reiches als Mitkaiser und Mitkaiserin präsentierte – das Prinzip der dynastischen Nachfolge: Nicht die anderen Fürsten sollen König und Kaiser bestimmen, sondern das soll de facto die Erbfolge. Für seinen Sohn kann er seinen Willen durchsetzen.

Auch sein Enkel folgt noch auf dem Kaiserthron. Doch auf Dauer wird das Reich zur Wahl-, nicht zur Erbmonarchie. Und nach dem Tod Heinrichs VI. im Jahr 1197 werden König und Kaiser auf die Bestätigung durch Wahlmänner angewiesen sein: die Kurfürsten.

Ottos Griff nach der Kaiserwürde und sein Anspruch, als Stellvertreter Christi gesehen zu werden, beschwören zugleich einen der großen abendländischen Konflikte herauf, der Jahrhunderte währen wird: den Kampf um den Vorrang päpstlicher oder kaiserlicher Gewalt.

In den kommenden Jahrhunderten wird aus dem Reich, das Otto geschaffen hat, nach und nach das Imperium der Deutschen entstehen, und es wird im Laufe der Zeit immer mehr Institutionen mit immer klarer gefassten Aufgaben geben.

So wie sich das Reich verändert, verändert sich auch sein Name. Im 12. Jahrhundert, dem Zeitalter der Kreuzzüge, erhält es den Zusatz „sacrum“, heilig.

Und noch einmal 300 Jahre wird es dauern, ehe es erstmals in einer Urkunde den Namen trägt, unter dem wir es noch heute kennen: das Heilige Römische Reich deutscher Nation.

Bis dahin aber wird das einst von Otto dem Großen begründete Imperium ein ganz anderes sein.

* Die Quellen über den Hoftag im Jahr 973 enthalten keine detaillierten Beschreibungen über die Osterfeierlichkeiten und die Beratungen. Doch finden sich in zeitgenössischen Berichten genügend Informationen darüber, wie solche Versammlungen abliefen und wie hohe Kirchenfeste gefeiert wurden. Mithilfe dieser Belege und weiterer Erkenntnisse schildert der Autor, was sich damals wahrscheinlich in Quedlinburg zugetragen hat.

IM STREIT MIT DEM HEILIGEN VATER

Als der letzte König aus dem Haus der Ottonen 1024 ohne Nachfolger stirbt, erlangt eine neue Dynastie die Herrschaft im Reich: die der Salier. Fast 100 Jahre lang ringt sie mit dem Papst und den deutschen Fürsten um die Macht. Erst Heinrich V. wird 1122 der Ausgleich gelingen —— Text: CHRISTOPH RASCH

Es ist der 12. Februar 1111. In feierlicher Prozession erreicht der römisch-deutsche König Heinrich V. die Peterskirche in Rom. Als Geste der Ehrfurcht küsst der Monarch dem Papst den rechten Fuß. Paschalis II. soll den Herrscher aus dem Geschlecht der Salier zum Kaiser des Römischen Reiches weihen.

Gebannt verfolgen Herzöge und Grafen, Bischöfe und Äbte aus allen Teilen des Reiches die Zeremonie. Doch bevor es zur Weihe kommt, wird ein Vertrag verlesen, auf den sich Heinrich und Paschalis in zähen Geheimverhandlungen geeinigt haben: Die „Investitur", die Einsetzung eines Bischofs oder Abtes in sein Amt, werde fortan der Papst vornehmen.

Bislang haben die Könige meist ihnen genehme Kandidaten zu Bischöfen oder Äbten ernannt und mit weltlichen Besitztümern versehen. Die geistlichen Herren, denen Städte, Dörfer und große Ländereien unterstehen, sind treue Gefolgsleute: Sie beraten den Herrscher, stellen im Kriegsfall Bewaffnete – und stehen anders als die weltlichen Fürsten zumeist fest an der Seite der Könige. Dafür, dass der Herrscher auf sein Recht zur Investitur verzichtet, sollen nun aber jene Besitztümer wieder an ihn zurückfallen, die bislang den hohen Klerikern zur Nutzung überlassen waren. Die Bischöfe und Äbte verlören damit einen Großteil ihres Reichtums und ihrer Macht.

Als die geistlichen Fürsten davon nun in der Peterskirche erfahren, protestieren sie laut. Tumult bricht aus. Königliche Wachen gehen dazwischen.

Heinrich V. muss sich entscheiden: Soll er den offenen Bruch mit seinen Kirchenfürsten wagen? Oder sich auf deren Seite schlagen – gegen den Papst?

Der König reagiert: Er nimmt Paschalis II. gefangen. Und eröffnet mit dieser Tat eine weitere Runde in einem schon Jahrzehnte währenden Streit zwischen König und Papst, der die gut 100-jährige Geschichte der salischen Dynastie überschattet.

Deren Herrschaft beginnt im Jahr 1024, als die deutschen Fürsten Heinrichs Urgroßvater Konrad II. zum König wählen, nachdem der letzte Herrscher der Ottonen ohne Nachfolger gestorben ist. Konrad kommt aus einer Familie mit Besitzungen bei Worms und Speyer. Drei Jahre nach seiner Königswahl lässt er sich in Rom zum Kaiser krönen.

Konrad und sein Sohn Heinrich III. (1017–1056) regieren autokratisch. Selten zuvor oder danach üben Könige so viel Macht über das Reich aus wie die beiden

Heinrich V. stürzt 1106 seinen Vater. 1111 nimmt er den Papst gefangen. Am Ende aber muss er sich den deutschen Fürsten beugen

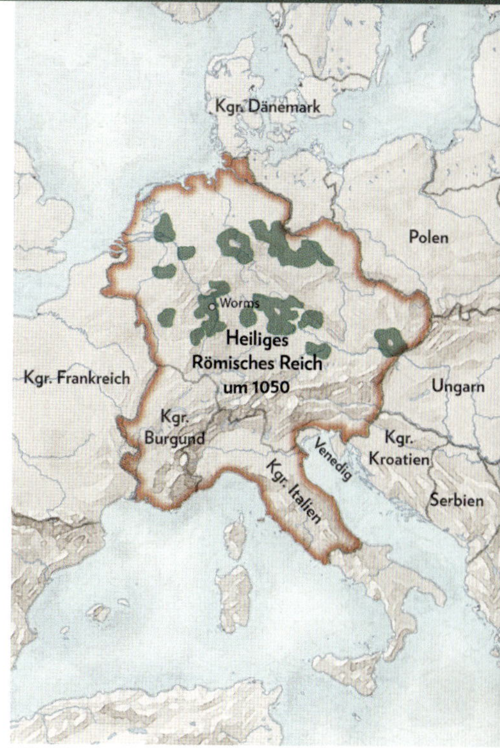

Die Salier stammen aus der Gegend um Worms. Königsgüter halten sie an Maas und Rhein, am Harz, bei Nürnberg und an der Donau (die Gebiete mit hoher Zahl einzelner Güter sind in der Karte dunkel eingefärbt). 1033 erlangt der salische Kaiser Konrad II. die burgundische Krone und herrscht als Erster über jene drei Königreiche, die fortan das Reich des Kaisers bilden – die deutschen Lande, Italien und Burgund

ersten Salier. Doch der gezielte Ausbau ihrer Herrschaft und ihres Besitzes erzürnt die Landesfürsten, und einige lehnen sich auf. Heinrich III. muss gegen sie zu Felde ziehen.

Zudem erwächst den Saliern jenseits der deutschen Lande ein Gegner ganz anderer Art: der Papst.

Denn im 11. Jahrhundert setzen sich in der römischen Kurie Reformer durch, die die korrupte Kirche reinigen und über alles Weltliche stellen wollen. Ein offener Streit entzündet sich schließlich an der Investitur: daran, dass Geistliche von einem Laien eingesetzt werden – denn nichts anderes ist der deutsche König nach Meinung der Reformer.

Nach dem Selbstverständnis der Salier hingegen (seit 1056 steht Heinrich IV. an der Spitze des Reiches) ist der König der Gesalbte des Herrn und damit Beschützer der Kirche, Träger sakraler Würde und Funktion. Und so eskalieren nun die beiden Konflikte der Salier – der mit den Fürsten und der mit dem Papst.

In der Regierungszeit Heinrichs IV. ist die Machtfülle, über die seine Vorgänger noch verfügen konnten, längst geschwunden. Der sächsische Adel und die süddeutschen Fürsten erheben sich gegen den König, und auch das Verhältnis zum Papst erfährt eine dramatische Wendung: 1076 erklären Heinrich und ein Großteil seiner Bischöfe Papst Gregor VII. für abgesetzt. Daraufhin exkommuniziert Gregor VII. den König, verstößt ihn aus der Gemeinschaft der Gläubigen.

Dies aber beraubt den Salier der Grundlage seiner Herrschaft, denn nun gehen auch die Bischöfe auf Distanz – und das zwingt Heinrich im Januar 1077 zu einem Bußgang zur oberitalienischen Burg Canossa, in der sich Gregor aufhält. Und tatsächlich löst der Papst den Bann.

Der Frieden mit Rom währt aber nur kurz; und auch der Kampf gegen die Fürsten geht weiter. An deren Seite rebellieren bald selbst Heinrichs Söhne gegen den König. Der Jüngere setzt 1106 schließlich den Vater ab. Sein Name: Heinrich V.

Dessen Herrschaft ist anfangs von relativer Ruhe im Reich geprägt – auch wenn sich der Streit mit dem Papst in der Investiturfrage fortsetzt. Schließlich begibt sich der König persönlich nach Rom.

Im Januar 1111 beginnen die Verhandlungen mit Paschalis II. Die Kaiserkrone erscheint Heinrich fast sicher.

Da kommt es am 12. Februar 1111 zum Tumult in St. Peter.

Nach dem Aufruhr in der Kirche hält Heinrich V. den Papst einige Wochen lang gefangen und kann ihm schließlich neue Vertragsbedingungen diktieren: Er presst ihm das Recht ab, wie zuvor selber die Reichsbischöfe einsetzen zu dürfen – und erhält zudem am 13. April 1111 aus dessen Händen die Kaiserkrone.

Doch der mächtige Reformklerus ist damit nicht besiegt. Kaum ist Paschalis II. frei und Heinrich V. abgereist, wird die „Schandurkunde" widerrufen – und der Salier exkommuniziert. Viele deutsche Bischöfe fallen nun von dem geschwächten Herrscher ab. Es droht Rebellion.

Daraufhin kommt es erneut zu jahrelangen Verhandlungen zwischen Kaiser und Papst. Sie scheitern allesamt. Und so fordern die Fürsten 1121 von ihrem Herrscher: „Der Herr Kaiser möge dem apostolischen Stuhl gehorchen."

Unter diesem Druck lenkt Heinrich schließlich ein. Am 23. September 1122 treffen sich päpstliche Legaten mit dem Kaiser vor den Toren von Worms, um eine neue Regelung zu besiegeln: Bischöfe und Äbte werden fortan allein durch den Papst in ihre geistlichen Ämter eingesetzt; die damit verbundenen weltlichen Güter und Rechte aber überträgt ihnen weiterhin der König, der auch das Privileg hat, bei der jeweiligen Wahl eines geistlichen Herrn anwesend zu sein.

Das „Wormser Konkordat" ist ein Interessenausgleich, mit dem Kaiser und Papst ihr Gesicht wahren. Tatsächlich aber bedeutet es das Ende jener königlichen Kirchenherrschaft, die Otto I. rund 160 Jahre zuvor begründet hat.

Nach der Verlesung des Konkordats empfängt Heinrich V. in Worms das heilige Abendmahl: die symbolische Wiederaufnahme des Exkommunizierten in die kirchliche Gemeinschaft.

Die Zeit der Salier endet indes unspektakulär. Am 23. Mai 1125 stirbt Heinrich V., ohne einen Sohn zu hinterlassen.

Der sakrale Status der Könige hat durch die Unterwerfung unter den Papst in Canossa großen Schaden genommen. Durch den Vertrag von Worms ist dies nun festgeschrieben worden.

Schwerwiegende Folgen hat vor allem das veränderte Verhältnis der Bischöfe und Äbte zum König. Denn mit dem Wormser Konkordat erhält die Stellung der geistlichen Herren den gleichen Charakter wie die der weltlichen Fürsten.

Und so wie die werden sich in Zukunft auch die Bischöfe verhalten: stets nur auf den Ausbau der eigenen Macht bedacht.

Das **ORAKEL** Gottes

Nur wenige Frauen haben im Mittelalter so viel Einfluss wie Hildegard von Bingen. Verehrt als Prophetin, die den Willen des Höchsten empfängt, möchte die Äbtissin die Welt von Schuld und Sünde befreien und den Menschen den Weg zu Gott weisen. Selbst Kaiser und Könige können sich ihren Worten nicht entziehen

Text: INSA BETHKE und CAY RADEMACHER

Hildegard erforscht die Heilwirkung von Pflanzen, so die der abführenden Euphorbia lathyris (Mitte; Buchmalerei, 15. Jh.)

Rupertsberger Kloster bei Bingen, um 1168. Die alte Äbtissin zürnt. Hat sie den Herrscher nicht gewarnt? Hat sie, Hildegard, Kaiser Friedrich I. nicht bereits in mehreren Briefen geschrieben, dass der Höchste ihn „zu Boden strecken" könne, falls er seine Regierung weiterhin so wie bisher führe? Ihm klar zu verstehen gegeben, dass auch er ein Diener Gottes ist? Aber trotz ihrer Briefe setzt der Monarch seinen seit Jahren andauernden Machtkampf mit dem Papst fort.

Friedrich I. Barbarossa, 1155 zum römisch-deutschen Kaiser gekrönt, versteht sich nicht nur als oberste weltliche Gewalt – er will auch über die Kirche herrschen. Um seine Ansprüche durchzusetzen, hat er den von der Mehrheit der Kardinäle gewählten Papst Alexander III. nicht anerkannt, sondern nach und nach drei ihm ergebene Gegenpäpste unterstützt, zuletzt Kalixt III.

Seit 1159 währt nun schon das Schisma. Krone gegen Tiara. Die Kirche, ja das Abendland: gespalten.

Wohl keine andere Frau würde es wagen, den Herrscher des Heiligen Römischen Reiches derart anzugreifen. Doch Hildegard von Bingen ist keine Frau wie andere: Sie versteht sich als Seherin, die Gottes Wort und Gottes Willen offenbart. Als eine Prophetin, die der Welt die Absichten des Höchsten selbst kundgibt.

Die Äbtissin vom Rupertsberg pflegt einen intensiven Briefwechsel mit Königen und Herzögen, Päpsten und Bischöfen. Sie verfasst prophetische Schriften, predigt in aller Öffentlichkeit. Keine Frau nimmt in diesen Tagen größeren Einfluss auf die Mächtigen in Politik und Kirche als sie.

Dabei hat sie lange Zeit ihres Lebens geschwiegen – aus Angst.

HILDEGARD WIRD 1098 als zehntes Kind einer adeligen Familie in Bermersheim geboren. Das Mädchen ist ständig krank. Die Eltern sorgen sich: Eine Vermählung der Tochter schon in jungen Jahren, wie es Brauch ist, scheint wegen Hildegards schwacher Konstitution kaum möglich.

Sie beschließen, das Mädchen Gott zu weihen und in ein Kloster zu geben.

> Nur in den **KLÖSTERN** wird noch gelesen

Mönche und Nonnen genießen hohes Ansehen, da sie als vollkommene Christen gelten. Mit ihren Gebeten und Gesängen vermitteln sie, so der Glaube, zwischen Himmel und Erde.

Besonders für Frauen hat das Leben im Kloster viele Vorteile: Als Nonnen sind sie materiell versorgt, müssen sich nicht den Ansprüchen der Ehemänner unterwerfen und gefährden ihre Gesundheit nicht durch Schwangerschaften und Geburten.

Die Klöster sind in chaotischen Zeiten entstanden. Denn die Gemeinschaften von Männern oder Frauen, die sich aus religiösen Gründen von der Welt abwenden, finden in einer Epoche zusammen, in welcher der Westteil des Imperium Romanum durch die Invasionen zahlreicher Germanenvölker ins Taumeln gerät.

Es muss um das Jahr 500 gewesen sein, als Benedikt von Nursia, ein junger Studienabbrecher aus begüterter umbrischer Familie, an der Pforte einer dieser Asketengemeinschaften in Mittelitalien klopfte. Einige Jahre später zieht er mit zwölf Getreuen auf den Monte Cassino, einen Berg südöstlich von Rom, und baut auf den Trümmern eines heidnischen Heiligtums ein eigenes Kloster.

Um 540 gibt er seinen Getreuen eine *regula* vor, eine Klosterregel, die in 72 Kapiteln detailliert festlegt, wie Mönche ein gottgefälliges Leben zu führen haben. Diese Regeln werden – wenn auch manchmal abgewandelt oder ergänzt – zur Basis des abendländischen Mönchtums. Sie bestimmen den gesamten Klosteralltag: Gebetszeiten, Ämter und Hierarchien, Arbeit, Kleidung, Speisen, ja sogar den Schlaf. (Erst sehr viel später, um 1200, gründen sich große Mönchsorden mit eigenen Regeln, etwa die Dominikaner und die Franziskaner.)

Vom 6. bis 9. Jahrhundert sind die Klöster weitaus mehr als Refugien mönchischen Lebens und Ausgangsbasen großräumiger Mission: nämlich Bastionen des Wissens. Inseln der Zivilisation in einem Ozean der Barbarei.

Die Archive der antiken römischen Verwaltung, die Bibliotheken der Provinzadeligen sind untergegangen: verbrannt, zerstreut, geplündert. Zerstört durch Feuchte, Fäulnis oder Rattenfraß.

Nur in den Klöstern gibt es zu dieser Zeit noch Texte und Folianten – und Menschen, die sie abschreiben und lesen können.

Doch nicht nur auf den Umgang mit Buchstaben und Zahlen verstehen sich die Mönche, sie ragen in fast allen Bereichen des Wissens hervor. Sie organisieren eine fortschrittliche landwirtschaftliche Produktion, sie bewahren oder entwickeln eine reiche Tradition in Architektur, Malerei und Musik und engagieren, vom Schmied bis zum Bierbrauer, die besten Handwerker, wenn sie nicht gleich selbst Hand anlegen.

Angeblich hilft die Asche der Korkeiche, deren Wurzel hier mit einem Menschenkörper verziert ist, bei schmerzhaften »Goldaderknoten« (Hämorrhoiden)

Das Harz der Cannabis-Pflanze (oben links) wird bei Frauenkrankheiten sowie Gicht und Rheumatismus verordnet

Klöster sind Herbergen und Krankenhäuser, Sterbehospize und Apotheken, Altersheime, Schulen und Nachrichtenbörsen. Den Äbten der größten Klöster werden wie Grafen landesherrschaftliche Befugnisse übertragen, Mönche sind Boten, Schreiber, Vertraute von Königen, die Minister ihrer Zeit.

Wissen zu erwerben und zu mehren wird zur benediktinischen Pflicht. Bibliotheken und Schreibstuben sind vom 9. Jahrhundert an in fast jedem Kloster zu finden; das Amt des Bibliothekars ist hoch angesehen.

Dank der Klöster beginnt Wissen im christlichen Europa wieder wichtig, wieder erhaltenswert zu werden. Und bald schon bewahren Mönche nicht nur überkommenes Wissen, sie häufen auch neues an: historische und theologische Werke, Gedichte und Gesetze, Schriften zur Philosophie und erste zaghafte Ansätze einer neuen Naturwissenschaft.

Auch viele Klöster des 12. Jahrhunderts sind, neben den bischöflichen Domschulen, Zentren der Wissenschaften. Universitäten gibt es in Deutschland noch nicht.

In den Klosterschulen lernen Schüler Psalmen auswendig, lesen die Bibel und werden von hochgebildeten Ordensleuten in Disziplinen der *artes liberales* unterrichtet, der sieben freien Künste der Antike: in Grammatik und Rhetorik, Dialektik und Arithmetik, Astronomie, Geometrie und Musik.

Ob die Schüler, zumeist Kinder adeliger Familien, außer den für den Unterricht notwendigen Werken noch andere, kostbare Bücher in die Hand bekommen, ist ungewiss. Vielleicht aber zeigt der Bibliothekar ihnen zuweilen ein Manuskript, preist die präzise Handschrift des Kopisten oder erläutert eine kunstvoll gemalte Szene einer illustrierten Bibel.

Doch die Regeln in der Klosterschule sind streng: Während des Unterrichts und der Pausen etwa dürfen die Schüler ausschließlich Latein sprechen. Auch Hildegard wird die Sprache der Gelehrten bald verstehen.

Wohl mit 14 Jahren zieht sie in Begleitung ihrer Erzieherin und eines anderen Mädchens in eine steinerne Klause, die an ein Kloster der Benediktinermönche unweit von Bingen grenzt.

Obwohl sich die Zahl der Klöster zwischen 1050 und 1150 verzehnfacht hat, mangelt es nach wie vor an reinen Frauenklöstern. Viele Nonnen leben bei Männerkonventen.

Nur ein einziges Fenster verbindet die rasch wachsende Gemeinschaft der Nonnen neben dem Männerkloster mit der Außenwelt. Die Mönche versorgen die Frauen mit dem Lebensnotwendigen, ein vom Abt bestimmter Priester ist Beichtvater der Nonnen und übernimmt die religiöse Unterweisung. Eine Schulausbildung erhalten die Novizinnen der Klause jedoch nicht.

Hildegard liest die Bibel, studiert intensiv die Schriften der Kirchenväter – und lernt die Klosterregel des Benedikt von Nursia. Der fordert von den Mönchen ein einfaches und tugendhaftes Leben: „Nicht stolz sein. Nicht trunksüchtig. Nicht essgierig. Nicht schlafsüchtig. Nicht träge."

Noch vor ihrem 18. Geburtstag legt Hildegard gemäß den Regeln die ewigen Gelübde ab. Und empfängt ihre neue Kleidung: ein weißes Untergewand, die Tunika, und eine dunkle, weitärmelige Kukulle, die einem Engelsgewand gleichen soll.

Ihr Gesicht ist nun stets von einem weißen Gebände umgeben, unter dem Schleier versteckt die Nonne ihre Haare. Zur Ausstattung der Benediktinerinnen gehören unter anderem auch Strümpfe, Schuhe, Sandalen und ein Gürtel. Persönlicher Besitz jedoch ist ihnen verboten.

Über Hildegard berichten die Quellen dieser Jahre nur wenig; sie ist oft krank, fastet häufig, spricht kaum – so viel ist bekannt. Im Jahr 1136 wird sie die Leiterin des Frauenkonvents.

Und sie hat Visionen. Ein Licht, so schildert sie es später, dringe aus dem Himmel in ihr Innerstes und lasse sie plötzlich den Sinn der biblischen Schriften begreifen. Über ihre „Schauen" schreibt sie: „Ich habe sie bei vollem Bewusstsein erhalten, im vollkommenen Wachzustand meines Körpers. Die inneren Augen meines Geistes und die inneren Ohren haben mir meine Visionen übermittelt."

Kein Rausch, kein Wahn, keine Ekstase. Und doch hält Hildegard ihre Erscheinungen geheim. Bis sie mit 42 Jahren einen inneren Befehl vernimmt: „Schreibe sie, wohlbelehrt, nieder und sprich davon."

Insgesamt 26 Visionen ritzt Hildegard in den folgenden zehn Jahren in Wachstafeln: Ihr Werk „Wisse die Wege" wird ein gewaltiges Welt- und Heilsdrama voller Zahlensymbolik und apokalyptischer Bilder, in dessen Mittelpunkt der Kampf zwischen Gott und dem Leibhaftigen steht.

Hildegard hält die **VISIONEN** geheim

HILDEGARD LEBT IN EINER ZEIT des Umbruchs und der Widersprüche. Einerseits nimmt die Bevölkerungszahl zu, lassen Stadtbürger prächtige Gotteshäuser errichten, stiften Adelige zahlreiche neue Klöster. Andererseits beklagen Gläubige, dass Priester die Seelsorge vernachlässigen, missachten Ordensleute oft ihr Gelübde, indem sie ein bequemes Leben in Wohlstand führen.

Strenggläubige Christen fordern vom Klerus den Verzicht auf irdische Güter und weltliche Macht – manche von ihnen wenden sich sogar enttäuscht von der Kirche ab und schließen sich ketzerischen Sekten an.

Ihre Visionen aber, davon ist Hildegard überzeugt, können den Menschen Wege aus der Sünde zu Gott zeigen: Sie wird noch zwei weitere Werke mit göttlichen Eingebungen füllen, in denen sie Ketzerei, Hochmut, Stolz und Heuchelei anprangert und die Christen zur Umkehr auffordert.

Hildegards Beichtvater überträgt die Texte auf Pergament und glättet ihr ungelenkes Latein. Wer aber wird den Worten einer unbekannten Nonne Glauben schenken? Und hat der Apostel Paulus die Frauen nicht geheißen, in der Kirche zu schweigen?

Doch Hildegards Sorgen sind offenbar unbegründet. Auf Bitten des Mainzer Erzbischofs, der für das Kloster zuständig ist, lässt Papst Eugen III. im Jahr 1147 die Visionen der Nonne von einer Kommission untersuchen.

> Sie weiß um die **HEILKRAFT** der Pflanzen

Als dieser Ausschuss die göttliche Inspiration der Glaubensbilder bestätigt, erteilt der Papst Hildegard „im Namen Christi die Erlaubnis, alles zu veröffentlichen, was sie vom Heiligen Geist erfahren habe“, so ihr Biograf später, um 1185.

Bald kursiert Hildegards Name auf Märkten, in Klöstern, Domkapiteln und Burgen. Wenig später bricht sie aus der Frauenklause am Benediktinerkloster aus und gründet 30 Kilometer entfernt ein eigenes Kloster: auf dem Rupertsberg.

Um 1150 siedelt Hildegard mit 20 Nonnen auf die Anhöhe über, auf der bereits eine Kapelle steht. Den notwendigen Grundbesitz stiften oder finanzieren Hildegards Verwandte sowie weitere Gönner. Denn ihre Mitgift müssen die Frauen zum größten Teil dem Männerkloster überlassen – dies ist der Preis für die Unabhängigkeit, die der Mainzer Erzbischof den Frauen 1158 endgültig zusichert.

Kern der Klosteranlage wird eine dreischiffige Basilika. Über den Kreuzgang auf der Südseite gelangen die Nonnen in den Wohntrakt: Schlafsaal, Speisesaal und Latrinen, Küche und Vorratskammern sind nach außen streng verschlossen. An die Klausur schließen sich wahrscheinlich Schreibstuben und Krankenzimmer an.

Im Laufe der Zeit entstehen um die Kirche mehrere hohe und niedrige Gebäude – darunter vermutlich das Wohnhaus des Propstes, ein Gästehaus sowie Unterkünfte für das Gesinde, ferner Wirtschaftsgebäude und eine Schule.

Zum Kloster gehören außerdem ein Garten, ein Friedhof mit Kapelle, Gehöfte und Mühlen, Weinberge, Ackerland und Wiesen.

Reisende, die an Bingen vorbeikommen, verbreiten Hildegards Ruf als Seherin in ganz Europa. Aus allen Himmelsrichtungen eilen Boten mit Nachrichten herbei, Geistliche und Laien bitten um Gebete und tragen persönliche Anliegen vor. Die frommen Menschen hören auf ihre Worte – auch, weil sie im Namen des Herrn spricht.

Obwohl die Äbtissin niemals das Schicksal einzelner Menschen voraussagt, gilt sie als Prophetin. Sie spendet Rat und Trost, und wo sie Ungerechtigkeiten, Unglauben oder Machtmissbrauch ausmacht, reagiert sie mit mahnenden Briefen – gleichgültig, ob es sich um den König von England, den Bischof von Prag, den Papst oder den deutschen Kaiser handelt (den sie in der nahe gelegenen Ingelheimer Kaiserpfalz persönlich trifft).

Im Jahr 1163 stellt Friedrich I. ihr Kloster unter seinen Schutz. Gleichwohl scheut sie vor Kritik an seiner Politik nicht zurück. Friedrich indes schlägt alle Mahnungen in den Wind: 1167 nimmt er Rom ein.

Doch als es papsttreuen Truppen gelingt, die Stadt zurückzuerobern, muss Friedrich, der Unterlegene, Papst Alexander III. die Ehre des Fußkusses erweisen und ihm den Steigbügel halten. Damit geht das Schisma zu Ende.

MIT DEN IDEALEN des Klosterlebens ist Hildegards öffentliches Wirken nur schwer in Einklang zu bringen: „Sich dem Treiben der Welt entfremden“, fordert die Regel des Mönchsvaters Benedikt. Ein immergleicher Rhythmus aus Beten, Singen und Arbeiten bestimmt das Leben in der benediktinischen Gemeinschaft, gleich ob Frauen- oder Männerkloster.

Inmitten der Nacht, zwischen null und zwei Uhr, erheben sich die Nonnen und Mönche von ihren Strohsäcken im Schlafsaal. Von dort aus begeben sie sich in die Klosterkirche, wo sie mit der Morgenfeier im Chorraum den Tag

Heiler schreiben der Kamille (oben links) beruhigende sowie harntreibende und entzündungshemmende Wirkungen zu

Der Aronstab (Mitte)
gilt als Linderungsmittel bei
Schnupfen, Scharlach
und eitrigem Hautausschlag
bei Säuglingen

beginnen. Bis zum Abend folgt etwa alle drei Stunden eine weitere Andacht mit Gebeten, Lesungen aus der Heiligen Schrift und Gesängen.

Die Zeit zwischen den Chorgebeten verbringen die Konventsangehörigen mit Arbeit. „Sie sticken, spinnen, weben und nähen vom Morgengrauen bis zum Abendbrot. Müßiggang wird nicht geduldet. Kein ungeziemendes Wort fällt", beschreibt Hildegards Sekretär Wibert den Alltag der Nonnen.

Gesinde und Handwerker aus der Umgebung übernehmen oft die anstrengenden Tätigkeiten. Etwa das Anfertigen des Pergaments: Für eine Evangelienhandschrift müssen Spezialisten die Häute von 400 Schafen mehrere Wochen einweichen, anschließend mit einem halbmondförmigen Schabeisen die oberste Schicht sowie das Untergewebe entfernen, sodann die Lederhaut in einer Kalklösung entfetten und sie über einen Rahmen spannen. Erst nach dem Trocknen übergeben die Handwerker das reißfeste Material an die Nonnen oder Mönche.

Die schneiden die Bögen zu, falten sie im Skriptorium des Klosters jeweils zu Lagen aus mehreren Blättern und ziehen gleichmäßige Linien über die Seiten. Ihre Federn tauchen die Kopisten in Tinte, die etwa aus einem Sud von Weißdorn- oder Schlehenzweigen unter Zusatz von Wein oder Eisensulfat hergestellt wird.

Gekrümmt sitzen die Schreiber an ihren Pulten, kopieren liturgische Gebets- und Liedtexte, schreiben Klosterannalen und Heiligenviten ab oder Wundergeschichten.

Im Gegensatz zu den Klosterschülern müssen die Kopisten für ihr Werk nicht Latein verstehen – einige Schreiber malen die Texte einfach ab, Buchstabe für Buchstabe. Von Zeit zu Zeit schärfen die Ordensleute dabei den Kiel ihrer Feder mit einem Messer, schaben falsch geschriebene Passagen sorgfältig vom kostbaren Pergament.

Je nach Inhalt der Texte schmücken Maler die Seiten mit kunstvollen Ornamenten, szenischen Bildern, Pflanzen- oder Tiermotiven. Die meisten ihrer Farben werden aus Mineralien gewonnen, das leuchtend blaue Ultramarin etwa aus dem teuren Halbedelstein Lapislazuli.

Erst wenn alle Schreib- und Malarbeit vollendet ist, näht der Buchbinder die einzelnen Pergamentlagen zusammen, versieht sie mit einem schützenden Einband aus Leder oder Holz, schlicht oder mit Gold und Edelsteinen verziert.

Ohne Unterlass arbeiten die Mönche. Im Winter fällt es ihnen schwer, oft frieren den Schreibern die Finger steif: Das Kloster hat nur einen beheizbaren Raum, die Wärmestube.

Während die Kopisten und Maler dem Kloster im Skriptorium dienen, kümmern sich andere Mönche und Nonnen um den Garten, versorgen Pilger – oder pflegen die Kranken.

Denn Benedikt hat die Krankenpflege zur Pflicht der Stifte erhoben. Manche Klöster sind Horte der Heilkunde: Dort wird medizinisches Wissen vermittelt und angewendet; kennen Brüder und Schwestern die pharmakologische Wirkung von Kräutern und Pflanzen; werden Gebrechliche im Spital betreut und in speziellen Räumen zur Ader gelassen. Und dort, in den Kräutergärten der Klöster, wachsen die notwendigen Heilmittel.

Auch Hildegard tut sich als Heilkundige hervor. Zwischen 1150 und 1160 verfasst die Autodidaktin mehrere naturkundliche Schriften.

Dabei haben Konzilien den Ordensleuten jede ärztliche Tätigkeit verboten: weil die Behandlung von Kranken, mittlerweile ein lukratives Geschäft, sie allzu oft von ihren theologischen Studien ablenke. Und schon bald wird die Heilkunst zur universitären Wissenschaft. So gehören Hildegards Arbeiten zu den letzten großen Werken der Klostermedizin.

In der Schrift „Physica" schreibt die Äbtissin über Pflanzen, Metalle und Mineralien, verzeichnet deren medizinische Wirkung, erläutert die Herstellung von Pillen, Pulvern, Spülungen und Räucherungen.

Einem Menschen mit „übermäßig viel Schleim im Kopf, in der Brust oder im Magen" empfiehlt sie einen Sud aus gekochten Ameisen: „Er atme den Dampf zehn- oder fünfmal durch die Nase und den Mund ein."

IN DER SCHRIFT „Causa et curae" widmet sie sich unter anderem dem Grund der Krankheiten: Sie glaubt, dass der Mensch durch den Sündenfall zu Unheil und Siechtum neigt. Freimütig schreibt die Äbtissin auch über Sexualität, den weiblichen Fruchtbarkeitszyklus und Geburtenkontrolle. Und beschäftigt sich mit Ernährung: „Speisen mit zu viel Fett" seien ungesund, Wein und Bier besser als Wasser.

> An der Tafel gilt ein striktes **SPRECHVERBOT**

Zur Mittagszeit werden im Kloster in der Regel gekochte Hülsenfrüchte, Gemüse, Fisch oder Eiergerichte serviert. Die Benediktregel erlaubt für das Hauptmahl zwei warme Speisen, dazu werden Wein, Brot und zuweilen Obst gereicht. Fleisch, zumindest das von

Vierfüßern, sollen die Ordensleute nach Benedikt nicht verzehren. Dennoch bereiten die Klosterköche nicht selten auch Gerichte aus Hammel- oder Schweinefleisch zu.

Wie im Schlafraum und in der Kirche gilt an der langen Tafel im Speisesaal ein striktes Sprechverbot, während an anderen Orten des Klosters zumindest über das Notwendigste gesprochen werden darf, wenn auch oft nur zu bestimmten Tageszeiten. Die Mönche und Nonnen verständigen sich mit einer Zeichensprache. Beim Verteilen der Speisen etwa bedeutet Hand an die Gurgel „Essig", eine Schwimmbewegung „Fisch".

Nach einem kalten Abendimbiss und dem letzten Chorgebet des Tages, der Komplet, zwischen 18 und 20 Uhr, beginnt im Benediktinerkloster die Nachtruhe. Obwohl die Mönche und Nonnen auch eine Mittagspause haben, reicht der Schlaf kaum: Immer wieder nickt beim Chorgebet jemand ein.

Hildegard jedoch sorgt sich um das körperliche und seelische Wohlbefinden der Ordensleute. Im Streit um die richtige monastische Lebensweise legt sie die Klosterregel deshalb milde aus und lehnt eine allzu asketische Lebensweise ab: Alles, was Benedikt nicht ausdrücklich verboten habe, sei erlaubt – etwa der Genuss von Geflügel. Die Äbtissin wendet sich gegen übermäßiges Fasten, setzt sich für kürzere Gebetszeiten und ausreichend Schlaf ein.

SIE SELBST ABER kommt nicht zur Ruhe. Von ihrem 60. Lebensjahr an macht sich Hildegard zu Predigtfahrten durch die deutschen Lande auf.

Das Reisen ist eine Qual. Zu Pferd, zu Fuß, in schwankenden Booten und rumpelnden Kutschen legt sie 25 bis 30 Kilometer am Tag zurück. In Mainz, Trier, Köln, Bamberg und anderen Städten sucht sie die großen Plätze und Kirchen auf. Dort ermahnt sie die Menschen zu Umkehr und Buße, „gemäß dem, was Gott ihr offenbart hatte", schreibt ihr Biograf Theoderich.

Hildegard predigt vor allem gegen die Ketzerei der Katharer. Die angeblich „wahren Christen" leben in strengster Armut und sind mit ihrer weltfeindlichen, antikirchlichen Lehre inzwischen von Südfrankreich aus über Mainz bis nach Köln vorgedrungen.

Auch der weltliche Lebenswandel mancher Priester ist ihr zuwider: „Ihr seid Nacht, die Finsternis aushaucht, und wie ein Volk, das nicht arbeitet und aus Trägheit nicht im Lichte wandelt", geißelt sie etwa die Kölner Priester.

Der Klerus ist erschüttert, das Volk erstaunt. Wohl nie zuvor hat eine Nonne so offen das Wort ergriffen. Viele Zuhörer sind von Hildegard fasziniert: „Als ihr von uns gegangen wart", schreibt ihr der Domdekan von Köln, „waren wir von großer Bewunderung ergriffen, dass Gott in ein so zerbrechliches Gefäß solche Wunder Seiner Geheimnisse wirkt."

> Hildegards Grab wird zur **PILGERSTÄTTE**

In Scharen strömen die Menschen zum Rupertsberg. Wohl schon zu Lebzeiten werden der alten Äbtissin in den Dörfern und Städten Wundertaten nachgesagt – Spontanheilungen etwa, nur durch das bloße Auflegen ihrer Hände.

Hildegard rühmt sich solcher Wunder freilich nicht; sie spendet Rat und gibt den Kranken Heilmittel für ihre Gebrechen. Selbst hat sie oft solche Schmerzen, „dass sie mich zu Tode zu bringen drohen". Nicht nur auf dem Rupertsberg ist die Äbtissin jetzt gefordert: In Eibingen bei Rüdesheim hat sie, weil ihr Kloster so beliebt ist, eine Dependance gegründet.

Die letzte Kraft aber raubt ihr ein Kampf mit der Mainzer Kirche.

1179 verhängt das Erzbistum ein Interdikt über das Rupertsberger Kloster. Hildegard hat einen exkommunizierten Adeligen auf ihrem Friedhof beisetzen lassen und sich später geweigert, dessen Leiche wieder zu entfernen.

Mit der Kirchenstrafe nehmen ihr die Mainzer Geistlichen das Liebste: Hildegard und ihre Nonnen dürfen das Gotteslob nicht mehr singen. Auch die Kommunion und das Glockengeläut fallen unter das Interdikt.

Die 81-jährige Äbtissin reist nach Mainz; erklärt, dass sich der Gebannte vor seinem Tod mit der Kirche ausgesöhnt habe, protestiert, weint, fleht. Vergebens. Erst der Erzbischof, der beim Papst in Rom weilt, hebt auf Bitten Hildegards das Interdikt auf.

Ausgezehrt von Kampf und Krankheit, stirbt die von ihren Zeitgenossen als *prophetissa teutonica*, „deutsche Prophetin", verehrte Äbtissin wenige Monate später am 17. September 1179 im Kloster auf dem Rupertsberg. Bei ihrer Beerdigung läuten wieder die Kirchenglocken.

Hildegards Grab wird schnell zu einer Pilgerstätte. 1228 beantragt der Rupertsberger Konvent in Rom die Heiligsprechung der Äbtissin. Obwohl der Versuch scheitert, wird sie später in das „Martyrologium Romanum", den vatikanischen Heiligenkalender, aufgenommen. Hildegard bleibt einstweilen inoffizielle Heilige.

Aber auch als solche provoziert die Äbtissin noch.

Um 1270 meldet sich der künftige Erzbischof von Canterbury zu Wort, John Pecham. Hildegards Prophetie entspringe „unmittelbar aus der List des Teufels", erbost er sich.

Und ihre Schriften bezeichnet der englische Theologe als „Geschreibsel einer Vermessenen".

Denn Hildegard von Bingen hatte das Unerhörte getan: als Frau ihre Stimme erhoben.

Der Weise VOM BODENSEE

HERMANN VON REICHENAU

Mathematiker, Astronom, Geschichtsschreiber: Ein Benediktinermönch ist der wohl bedeutendste Gelehrte des 11. Jahrhunderts

Um 1050 erfindet er die Säulchen-Sonnenuhr: einen tragbaren Stundenweiser, bestehend aus einem senkrechten Zylinder und einem waagerechten, drehbaren Schattenstab. Weil Hermann von Reichenau auf der Skala des Zylinders die jahreszeitlichen Schwankungen der Sonnenhöhe abgetragen hat, zeigt das Gerät die lokale Zeit genauer an als herkömmliche Sonnenuhren.

Ein Geniestreich – und doch nur ein Nebenprodukt viel umfassenderer Forschungsarbeit. Denn mit dem Thema Zeit befasst sich der Benediktiner sein Leben lang: als Astronom, Geschichtsschreiber, Mathematiker und Musiktheoretiker.

Zur Welt kommt der von Geburt an geh- und sprachbehinderte Grafensohn im Jahr 1013 in Altshausen. Seine Eltern geben ihn früh in das Kloster auf der Insel Reichenau im Bodensee, wo das lernbegierige Kind zum Gelehrten heranreift.

Bücherweisheit, stellt Hermann jedoch schon bald fest, stimmt nicht immer mit den zu beobachtenden Tatsachen überein. So fragt er sich eines Tages, „warum der Mond manchmal zwei Tage vor dem errechneten Termin schon recht füllig am Himmel erscheint“.

Die Frage rührt an Probleme der Datierung, mit denen sich die Zeitrechnungsexperten jener Tage seit Langem plagen. Immer wieder unterlaufen ihnen grobe Schnitzer, etwa bei der Datumsbestimmung zukünftiger Kirchenfeste (was unter anderem darauf zurückzuführen ist, dass sie glauben, Sonnenlauf und Mondbahn seien völlig gleichförmig). Bücher helfen hier nicht weiter. Was zu tun ist, steht in den Sternen: Wer Jahr, Monat und Stunde genauer bestimmen will, muss sich bessere astronomische Kenntnisse verschaffen, am besten mit einem Astrolabium.

Das in der Antike erfundene, von Arabern weiterentwickelte Instrument zur Positionsbestimmung von Sternen ist im Abendland erst seit Kurzem bekannt. In den Klöstern kursieren Bauanleitungen und Gebrauchsanweisungen. Doch deren „verwirrte, dunkle und allenthalben verstümmelte“ Texte rufen Hermanns Groll hervor. Er verfasst die erste allgemein verständliche Konstruktionsbeschreibung.

Mit seinem eigenen Astrolabium vermisst er den Fixsternhimmel neu, berechnet den Umlauf des Mondes und stellt mit seinem „Computus“ ein verlässliches Tabellenwerk zur Zeitrechnung zusammen. Hermanns Erkenntnisse zur Chronologie schlagen sich auch in einer von ihm verfassten Weltgeschichte nieder, die von Christi Geburt bis in das Jahr 1054 reicht. Seine Schriften dienen Studenten in Paris und Oxford jahrhundertelang als Lehrbücher.

Ganz modern mutet es an, wenn Hermann „die unüberwindliche Wahrheit der Natur“ als einen Pfeiler jeglicher Wissenschaft benennt. Tatsächlich ist der Gelehrte, der sein Leben lang auf einen Tragstuhl angewiesen bleibt, seiner Zeit weit voraus.

In einer Zeit, in der Forschung vor allem als Schriftexegese begriffen wird, als Interpretation überkommenen Wissens, setzt Hermann auf Naturbeobachtung und exakte Messungen.

Er stirbt 1054.

KLAUS MEYER

ZUM RUHM DER RITTER

Im Jahr 1184 lädt Friedrich I. Barbarossa zu einem Fest ein, und Tausende Adelige folgen seinem Ruf. Der Kaiser feiert die Erhebung seiner beiden Söhne zu Rittern – und damit jenen Stand, der wie kein anderer im Mittelalter für Mut und Treue steht und für höfische Umgangsformen. Doch dann zieht ein Sturm auf

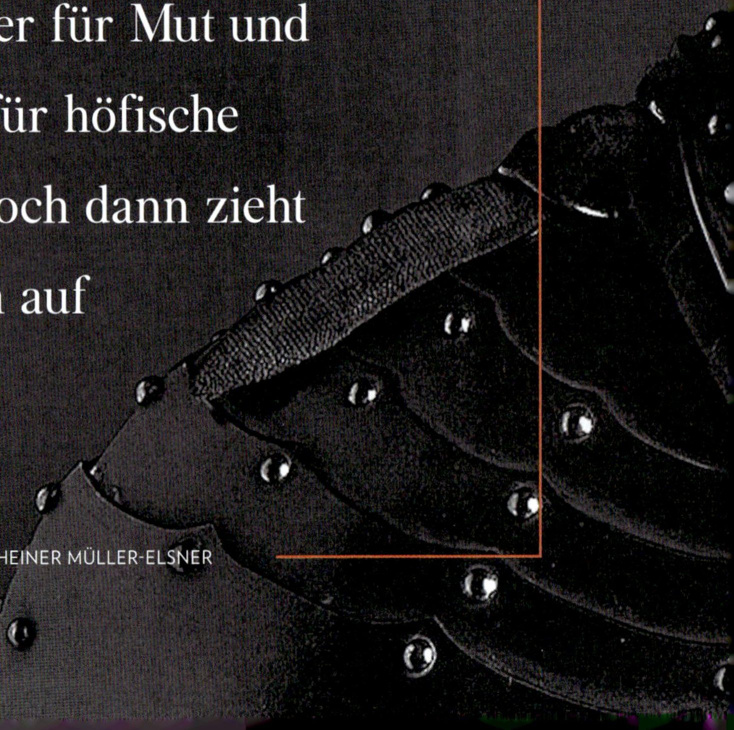

Text: WALTER SALLER, Fotos: HEINER MÜLLER-ELSNER

Zur Zeit Barbarossas schützen noch Kettenhemden die Ritter. Nach und nach jedoch entwickeln Schmiede aus Eisenplatten getriebene Rüstungen, die alle Glieder des Körpers gleichermaßen umhüllen

P

Es ist die größte **FEIER** ihrer Zeit

Prächtige Zelte bedecken die Wiesen der Maaraue bei Mainz. Pavillons – reich bestickt mit meisterhaft gearbeiteten Bildern von Vögeln und Wildtieren, geschmückt mit Ornamenten und mit Wappen. Die Säume der Zelte sind durchwirkt mit Gold, die weit gespannten Bahnen bestehen aus kostbarer orientalischer Seide.

Es ist der Pfingsttag des Jahres 1184. Der Kaiser des Heiligen Römischen Reiches, Friedrich I. Barbarossa, hat sich mit seinem Hof am Rhein niedergelassen.

Dorthin haben seine Boten die Großen des Reiches geladen, und mehr als 70 der etwa 100 deutschen Reichsfürsten sind gekommen: Erzbischöfe, Äbte, Herzöge, Markgrafen, Pfalz- und Landgrafen. Begleitet werden sie von ihren Vasallen und anderen Rittern.

Der Herrscher hat in den Jahren zuvor mehrere (zuletzt wenig erfolgreiche) Feldzüge nach Italien geführt. Nun widmet er sich verstärkt der Politik im deutschen Reichsteil.

Mehr denn je ist er hier auf die Unterstützung durch die Fürsten, auf den Konsens mit den Großen des Reiches angewiesen. Das Hoffest zu Mainz will er daher nutzen, um in Gesprächen mit den versammelten Reichsfürsten Übereinstimmung herzustellen.

Zudem will Barbarossa die „Schwertleite" seiner beiden Söhne zelebrieren: die feierliche Erhebung des 18-jährigen Heinrich und des 17-jährigen Friedrich zu Rittern. Damit sollen die beiden in die höfische Gesellschaft eingeführt werden. Als Männer, die würdig sind, der Ritterschaft anzugehören.

Sorgfältig hat Barbarossa seine Söhne vorbereiten lassen. Sie wissen das Schwert zu führen und die Lanze, sie beherrschen die Kunst des Reitens und die Jagd mit Bogen, Hunden und Falken. Sie sind gewandt im Gespräch, und ihr Auftreten ist vollendet höfisch.

Durchaus möglich, dass manche der zahlreichen Ritter bei der Feier in voller Rüstung auftreten. Bewehrt mit Schild, Schwert und Lanze, geschmückt mit Bändern und Wappen.

Sie tragen Waffenröcke aus gelbem, grünem, rotem oder blauem Stoff. Langärmlige Kettenhemden aus Tausenden von Drahtringen bedecken ihre Oberkörper. Aus dem gleichen Material sind der Beinschutz und die Fäustlinge für die Hände. Den Kopf schützen Topfhelme mit schmalen Sehschlitzen. Auch die Streitrösser bedeckt ein schweres Geflecht aus Eisen, verhüllt unter einer Decke.

Die Unterschiede in der Ausführung der Rüstung sowie die Güte von Schild, Schwert, Zaumzeug, Waffenrock und Pferd zeigen eines jeden Rang an. Alles ist Zeichen, alles Symbol der Macht.

WAHRSCHEINLICH KOMMEN Zehntausende Menschen bei diesem Fest zusammen. „Eine ungeheuerliche Menge von Menschen verschiedener Länder und

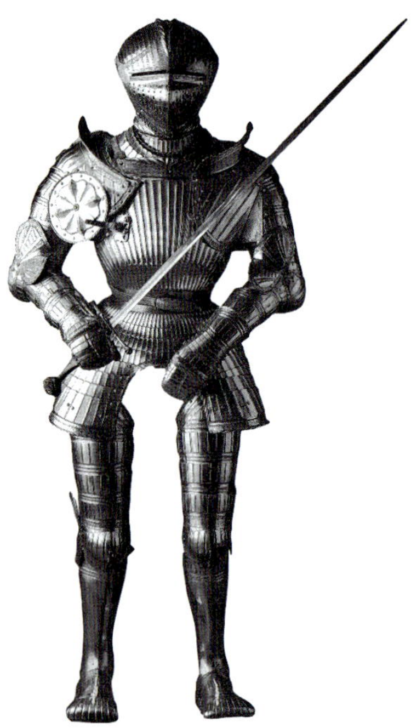

Mit Metallplatten verstärkte Rüstungen kommen um das Jahr 1240 auf, werden perfektioniert, bieten Schutz und Beweglichkeit. Später wird nur noch das Dekor verfeinert

Die Wappen auf den Schilden der Ritter dienen der Zierde – aber auch zur Identifikation der Kämpfer in Schlacht und Turnier

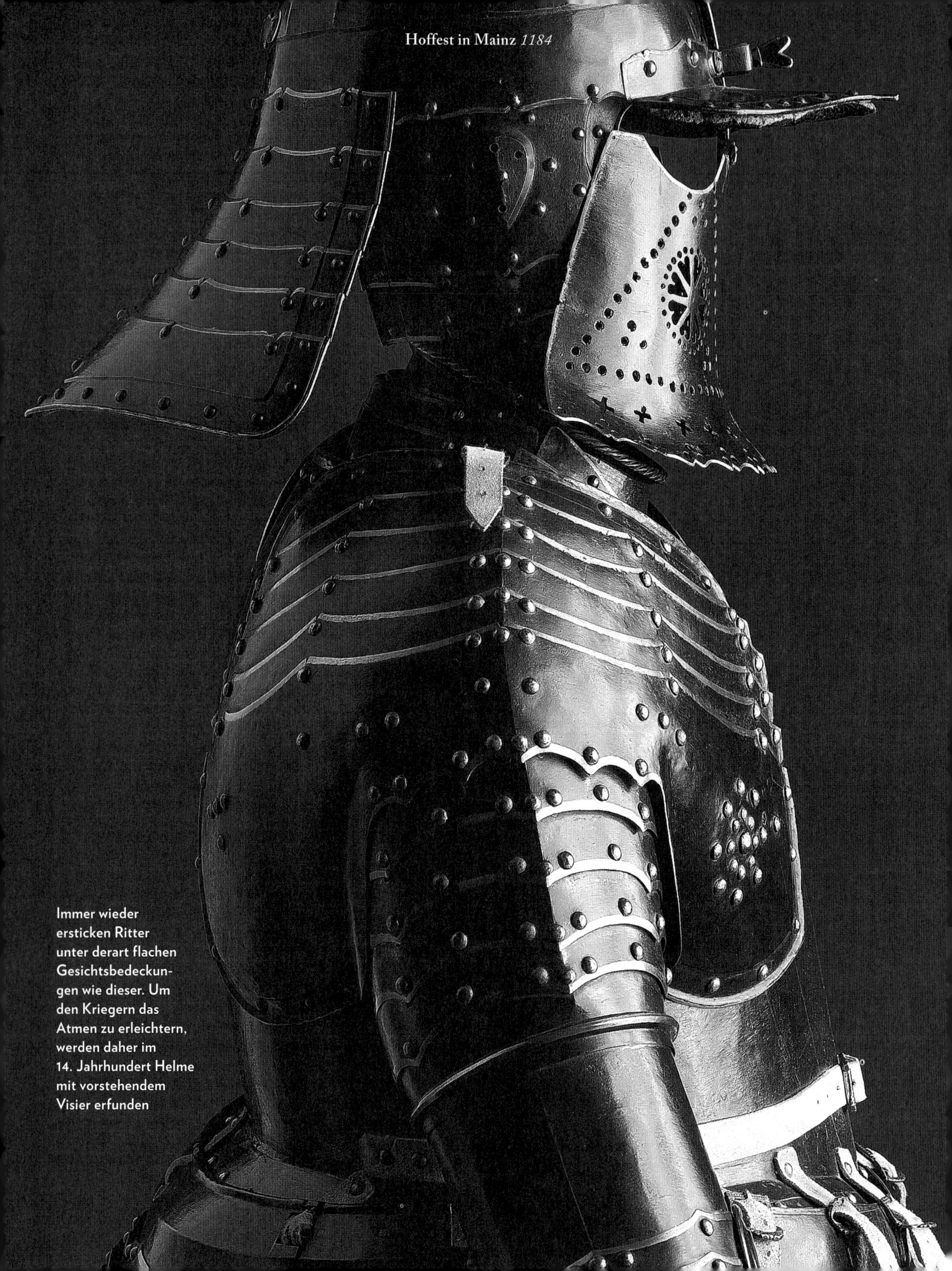

Immer wieder ersticken Ritter unter derart flachen Gesichtsbedeckungen wie dieser. Um den Kriegern das Atmen zu erleichtern, werden daher im 14. Jahrhundert Helme mit vorstehendem Visier erfunden

Zungen war daselbst vereinigt", notiert ein Mönch.

Die „Sächsische Weltchronik" berichtet: „Das war das größte Fest, das es je in Deutschland gab. Dort wurden um die 40 000 Ritter geschätzt, ohne das andere Volk."

Giselbert von Mons, der Kanzler des Grafen von Hennegau, schreibt sogar von 70 000 Rittern, „ohne die Geistlichen und das Volk anderer Stände". Akribisch listet er die Ritterkontingente der Reichsfürsten auf. Denn die Bedeutung der Adeligen bemisst sich an der Größe ihres Gefolges und an ihrem Prunk.

Mit 2000 Rittern erscheint nach Giselberts Bericht der Herzog von Böhmen in Mainz. Mit jeweils 1000 gepanzerten Reitern treten der Landgraf von Thüringen und der Pfalzgraf Konrad auf.

Herzog Bernhard von Sachsen führt 700 Ritter mit sich, Herzog Leopold von Österreich 500 und der mächtige Erzbischof Philipp von Köln sogar 1700.

Andere Chronisten erwähnen zudem französische, englische, slawische, italienische und spanische Besucher.

Wer in der höfischen Gesellschaft bestehen will, muss auf dem Kampfplatz brillieren – aber auch eine Dame zu begleiten wissen; Buchmalerei, 15. Jahrhundert

Barbarossas Fest ist ein europäisches Ereignis. Denn in Mainz treffen einfache Kämpfer aus dem niederen Adel auf solche aus den höchsten Kreisen. Auf Herzöge und Grafen.

Der Kaiser hat neben der Zeltstadt eine Pfalz aus Holz errichten lassen: ein weitläufiges Palais mit einer eigenen Kirche für den Herrscher, einem Festsaal sowie mehreren Häusern für die höchsten Fürsten.

Die Maaraue liegt gegenüber von Mainz, auf der rechten Seite des Rheins. Eine Schiffsbrücke führt während des Hoffestes zum anderen Ufer.

Lastkähne haben Schweine, Schafe, Rinder und Hühner herbeigeschafft. Zudem große Mengen an edlen Fischen wie Salm und Hausen. Und Wildbret: Hirsch, Reh, Hase, Rebhuhn, Fasan und Trappe. Für das Hausgeflügel sind eigens Ställe gebaut worden. Groß wie Scheunen und bis unters Dach voller lebender Hennen. Monate haben die Zurüstungen zum Fest in Anspruch genommen.

Viele Scheffel Getreide und Berge von Früchten sind aufgetürmt, darunter Datteln und Feigen. Auch große Mengen an Wein lagern auf der Maaraue. Weiße Gewürzweine, Fruchtweine, vielleicht auch schwere rote Südweine aus Zypern. Auf Bier dagegen legt der Adel wenig Wert. Es gilt als derb und unhöfisch. Als Getränk der Knechte und der Bauern.

WÄHREND DIESER TAGE ist die hölzerne Pfalz das Zentrum des Reiches. Jeder Fürst hat Einfluss und Ehrgeiz daran gesetzt, möglichst nahe beim Herrscher Quartier zu beziehen und die anderen an Pracht und Ansehen zu übertrumpfen.

Auch als ein Kaiser von Gottes Gnaden muss Barbarossa seine Herrschaft durch enge persönliche Beziehungen zu den Großen des Reiches festigen. Denn die Reichsfürsten sind ehrgeizige Herren, die häufig eigene Interessen verfolgen.

Mit dem Hoffest zu Mainz schafft er sich einen monumentalen Rahmen, um dem Reich die vollendet ritterlich-höfische Lebensform und den strahlenden Glanz am Hof der Staufer vorzuführen. Und um die Reichsfürsten durch kaiserliche Gunst und Geschenke an sich zu binden.

Es geht um Loyalitäten, die auch seinen Söhnen gelten sollen. Denn der Kaiser ist über 60 Jahre alt. Er muss an die Zukunft seines Geschlechts, der Staufer, denken. Daher ist die Feier von Mainz zugleich ein Hoftag der großen Politik und der sorgfältig bedachten Züge auf dem Schachbrett der Macht. Neben der Schwertleite der Kaisersöhne umfasst das Programm unter anderem die „Festkrönung" von Barbarossa und seiner Gattin Beatrix von Burgund.

Durch diese zeremonielle Krönung auf der größten Feier der Zeit und vor den Reichsfürsten will sich Barbarossa wohl gegenüber den Königen in England und Frankreich als unumstrittener Kaiser präsentieren. Und als Herr, der seine Getreuen fördert. Wie den Grafen Balduin von Hennegau, der zum Reichsfürsten erhoben werden soll.

Das Hoffest beginnt am Morgen des 20. Mai 1184 mit einem feierlichen Gottesdienst zum Pfingstsonntag. Barbarossa, Beschreibungen nach ein Mann von mittlerer Größe, trägt in der Kirche die kaiserliche Krone und verkündet durch diese Geste: Ich bin der von Gott erwählte Kaiser. Der Herrscher über das Heilige Römische Reich und das Abendland.

Das Reichsschwert, Symbol der Reichsgewalt, trägt Balduin Graf von Hennegau dem Kaiser voran. Eine außergewöhnliche Ehre, die den Grafen vor allen anderen auszeichnet – haben doch die mächtigsten unter den Reichsfürsten in Mainz dieses Privileg für sich beansprucht.

Die höfische Gesellschaft hat sich um das Kaiserpaar versammelt; jeder steht in der Kirche an jenem Platz, den die Hierarchie und die kaiserlichen Anweisungen für ihn bestimmt haben.

Zwar verstehen sich der Kaiser und die Männer der höfischen Gesellschaft allesamt als Ritter. Aber Gleiche sind sie deshalb noch lange nicht. Und ihre festlichen Gewänder kennzeichnen ihren Rang.

Das **GEWAND** zeigt den Rang des Ritters

Hier schimmert Brokat, dort roter Scharlach. Purpurkleider sind mit Goldfäden oder Edelsteinen verziert, Seidenmäntel mit braunem Zobel oder weißem Hermelin gefüttert. Überall leuchten die Farbtöne persischer, syrischer und marokkanischer Seide. Das Abendland schmückt sich mit den teuersten Gespinsten des Orients.

Die Überwürfe und Mäntel sind „zugeschnitten, wie es die Franzosen tun“, vermerkt ein Chronist. Eng schmiegen sich die Kleider der Frauen an den Oberkörper, fallen unten dagegen weit und mit Falten bis zu den Füßen. Dazu tragen die Damen lange Prunkärmel, Schleppen und Schleier. Und auf den Häuptern Blumenkränze oder goldene Reife.

Auch die höfische Kleidung der Männer ist oben eng und unten weit. Doch deren Röcke sind häufig geschlitzt, und darunter tragen sie strumpfartige Beinkleider aus feinsten Wollstoffen oder weichem Leder, die mal mit Borten verziert sind und mal mit Gold und mit Perlen.

Das Haar der Frauen ist lang und gelockt, das der Männer ebenso. Unter jungen Adeligen gilt es schon lange als modern, sich das Gesicht sorgfältig glatt zu rasieren.

D

Diese männliche Haar- und Barttracht erregt Kritik und Spottlust. „Vorn im Gesicht sind sie rasiert, wie Diebe“, lästert beispielsweise der Mönch Ordericus Vitalis über die Männermode.

Rüstungsmaler ätzen feine Vertiefungen in die Harnische, schwärzen die Muster oder färben sie mit Gold und Silber. Dieser Panzer ist nicht für den Kampf angefertigt worden – sondern als Schmuckgewand

„Und hinten lassen sie die Haare lang wachsen, wie Dirnen."

Höhepunkt der Pfingstmesse ist in jenen Jahren häufig ein weitverbreiteter Brauch: Aus einer Öffnung im Kirchengewölbe, dem Heilig-Geist-Loch, schwebt an einer Schnur eine weiße Taube herab. Das Mittelalter ist eine Kultur der Bilder, und zu Pfingsten wird sogar dem reinen Geist Gottes eine Gestalt verliehen. Die einer Holztaube.

An die Messe schließt sich das Festbankett der höfischen Gesellschaft an. Tausende von Menschen drängeln sich auf der Maaraue. Ritter, Knappen, Dichter, Minnesänger, Schauspieler.

Am Rand der prunkvollen Feststadt sammelt sich das Volk. Meister und Gesellen, Dienstmägde, Bauern, Bettler. In Eisenkesseln und auf Spießen kocht und brät das Fleisch. Der Duft von Gesottenem und Gebratenem erfüllt die Luft. Dichte Wolken aus Rauch hängen über den gewaltigen Küchen mit ihren offenen Feuern.

Der hölzerne Festsaal und die Prunkzelte der Fürsten sind üppig geschmückt. Die Böden sind vermutlich bedeckt mit schweren Teppichen und bestreut mit frischen Blüten, die Wände bespannt mit Tapisserien, die Sitze und Stühle gepolstert.

Um alle Ritter bewirten zu können, stehen zudem auf den Wiesen der Maaraue Hunderte von Tischen. Das Protokoll für das Gastmahl ist ebenso streng und hierarchisch wie das in der Kirche. Der kaiserliche Truchsess, der gewöhnlich die Oberaufsicht am Hof führt, platziert die Fürsten und Adeligen ihrem Rang entsprechend. Er überwacht auch die Einhaltung der Sitzordnung. Eine heikle Aufgabe, zumal so viele Reichsfürsten anwesend sind.

Und tatsächlich kommt es zum Streit um das Protokoll. Philipp von Köln

Bei Ritterturnieren gibt es mehrere Disziplinen. In der »Tjost« (unten), dem Zweikampf zu Pferd, siegt meistens, wer den Gegner aus dem Sattel wirft

fühlt sich zurückgesetzt, vermutlich wegen der Platzzuweisung in der Kirche oder beim Festmahl. Der mächtige Erzbischof droht mit der sofortigen Abreise, samt seinen 1700 Rittern.

Doch Heinrich, der Sohn des Kaisers, kann den Erzürnten besänftigen und ihn von seinem Vorhaben abhalten.

Trommeln schlagen, Trompeten erschallen. Blumen regnen nieder auf die Gäste des Kaisers, die nun zusammensitzen bei den Späßen der Gaukler, beim Genuss der erlesenen Speisen. Spielleute zupfen die Harfe, schlagen die Laute.

Am Tisch des Kaisers versehen die höchstrangigen Fürsten Tafeldienste. Becken zum Waschen der Hände stehen bereit, die Festtische sind eingedeckt. Mit Bechern und Pokalen von rotem Gold, mit Karaffen aus Bergkristall, mit silbernen Schüsseln und Schenkkannen.

Gabeln sind zwar bekannt, benutzt aber werden sie nur zum Vorlegen der Speisen. Auch Messer und Löffel dienen allein dem Tranchieren und Verteilen. Vorschneider und Speisemeister zerlegen jeden Braten in mundgerechte Stücke. Die höfische Gesellschaft selbst jedoch isst mit den Fingern.

Die Tische sind beladen mit Früchten, Käse, weißem Brot, Wildbret und dem gebratenen Fleisch von Lämmern, Kälbern und Ferkeln.

Das Fleisch wird in raffinierten Saucen serviert. Scharf gewürzt mit Pfeffer und veredelt mit Ingwer, Safran und Muskatnuss. Dazu gibt es Fische, Flusskrebse und Hähne. Von Aalpasteten tropft das Öl, von Kuchenbrot, Torten und Mandelpudding der Honig. Mit Zimt und Nelken vermischte Gewürzweine verströmen ein kraftvolles Aroma, schwere Rotweine ihren Duft.

Panzer mit Lanzenhalterung und Schulterschutz tragen die Turnierkämpfer beim »Stechen«. Dabei stoßen zwei Kontrahenten mit stumpfen Lanzen aufeinander

Damen und Herren sitzen getrennt; allzu vertrauter Umgang von Frauen und Männern miteinander wird aber auch sonst vermieden. Die Männer des Adels versuchen so Vorsorge zu treffen, dass nur sie als Väter ihrer Söhne infrage kommen. Denn die sollen ja eines Tages die Dynastie weiterführen.

Zudem sind die aristokratischen Familien häufig auf komplizierte Weise miteinander verwandt. So ist zum Beispiel die Tochter eines Adeligen, die einem anderen Edlen zur Ehe gegeben wird, zugleich auch ein Pfand für wechselseitige Bündnistreue. Jede außereheliche Liebesbeziehung, die das zerbrechliche Gefüge der Ehebündnisse oder gar die Erbfolge gefährden könnte, ist daher riskant und wird bestraft: mit Ächtung und Verbannung, manchmal gar mit dem Tod. Doch trifft die Strafe meist nur die ehebrechende Frau.

Vermutlich am späten Nachmittag des Pfingstsonntags hebt der Kaiser die Tafel auf. Spielleute und Dichter verstummen. Gaukler, Possenreißer und Schauspieler beenden ihre Kunststücke. Das Festbankett ist beendet.

Die Gäste ergehen sich in den Wiesen und an den Ufern der Maaraue. Und irgendwann sind die Feuer in der Feststadt niedergebrannt und die Fackeln gelöscht.

Der Kaiser und die Kaiserin haben sich in ihr Palais zurückgezogen, die Fürsten in ihre Häuser und Zelte. Nur die Armen und die Hunde stöbern wohl noch in der Dunkelheit nach Abfällen von den Tischen der Herren.

DER PFINGSTMONTAG beginnt mit der Frühmesse. Im Anschluss an den Gottesdienst ist die Schwertleite der Kaisersöhne geplant. Über den Ablauf der Zeremonie selbst – die Handlungen, die Riten und Formeln – berichten die Chronisten nichts. Nur dass der Kaiser persönlich die Umgürtung mit dem Schwert vornimmt und so seine Söhne eigenhändig zu Rittern erhebt.

Die Berichte der Zeitzeugen legen nahe, dass sich die Teilnehmer der Zeremonie in diesem Moment nicht als Reichsfürsten, Herzöge oder Grafen verstehen, sondern als Angehörige einer Gemeinschaft von Gleichen, der Gemeinschaft der Ritter.

Auch Barbarossa löscht, so scheint es, für die Dauer der Zeremonie alle Standesunterschiede innerhalb der Ritterschaft aus: um so das Gefühl der Zusammengehörigkeit unter den Adeligen des Reiches zu stärken. Und um sie an die Treue zu gemahnen, die sie als Lehnsmänner ihrem gemeinsamen Herrn schulden: dem Kaiser.

Denn alle Macht und alle Privilegien im Reich wurzeln im Lehnswesen. Vom einfachen Ritter bis zum Fürsten ist jeder Herr durch einen oder mehrere Lehnseide gebunden.

Viele sind zugleich die Lehnsherren Schwächerer und die Lehnsmänner Mächtigerer. Es ist ein wechselseitiges Verhältnis des Rates und der Hilfe. Nur der Kaiser steht über allen.

Wer ein Lehnsverhältnis eingeht, bindet sich an einen Herrn und übernimmt bestimmte Dienste – im Kriegsfall zumeist. In der Regel kniet er dazu nieder vor seinem künftigen Lehnsherrn, legt seine gefalteten Hände in die des Edelmanns und erklärt, ihm als Vasall dienen zu wollen.

Dann leistet er den Treueeid und erhält sein Lehen: ein Amt, Einkünfte, zumeist aber Landgüter.

Der Herr übergibt dem Vasallen ein Gut, das dieser beherrschen und sogar vererben kann – unter der Bedingung, dass er seinem Dienstherrn als Krieger zur Verfügung steht. Doch wenn sein Lehnsherr einen Kriegszug plant, hat der Vasall das Recht auf Mitsprache. Unangemessenen Forderungen kann er sich widersetzen.

Sie sind **KRIEGER** im Fürstendienst

Im Wesentlichen geht das Lehnswesen im Reich auf die Heeresreform Karls des Großen um das Jahr 800 zurück. Wegen der immer größeren Entfernungen innerhalb des expandierenden Frankenreiches musste der Kaiser sein Heer zum Teil auf gepanzerte Reiter umrüsten, wollte er seine militärische Schlagkraft erhalten oder gar erhöhen. Ein Panzerreiter aber braucht erhebliche Mittel, denn Rüstung, Pferde und Waffen hat er selbst zu erwerben. Dazu sind meist nur Angehörige des Adels in der Lage.

Um eine möglichst große Truppe an gepanzerten Reitern aufzustellen, stattete Karl der Große daher auch viele Ärmere mit Gütern und Arbeitskräften aus – mit Lehen. Denn nur so konnten sie ihrem Herrn jederzeit als Kämpfer dienen. Aus diesen Vasallen, die sich mehr und mehr zu Berufskriegern entwickelten, gingen schließlich die Ritter hervor.

Die höfischen Regeln sind streng: Hier speist ein adeliges Hochzeitspaar, von Musikern unterhalten, an getrennten Tischen; Miniatur, um 1468

MIT DER SCHWERTLEITE gehören nun auch die Söhne des Kaisers dieser Gemeinschaft an. Und zu Ehren dieser Erhebung, so berichtet Giselbert von Mons, zeigen sich der Kaiser und die Fürsten großzügig und schenken den anwesenden Spielleuten und Bedürftigen Pferde sowie kostbare Gewänder, Gold und Silber – nicht nur zur Feier der Kaiser-

Nur Panzerreiter, die durch die »Schwertleite« erhoben wurden – die feierliche Aushändigung der Waffe –, dürfen sich »Ritter« nennen

söhne, sondern auch zur Verbreitung des eigenen Ruhms.

Nach der Schwertleite rufen der Kaiser und seine Söhne zum „Gyrum“: einem gigantischen Spektakel mit 20 000 Rittern, glaubt man der Schilderung Giselberts von Mons. Eine Art Schaureiten – ohne schwere Panzerung und ohne Einsatz von Waffen. Der Kaiser und seine Söhne nehmen persönlich daran teil.

Mal messen sich die Edlen bei einem Turnier mit scharfen Waffen (»Rennen«), mal mit stumpfen (»Stechen«). Oder sie paradieren beim Schaureiten (oben; Darstellung aus dem 15. Jahrhundert)

In langen Reihen stellen sich die Ritter auf, mit goldenen Sporen und in Waffenröcken von leuchtenden Farben. Mit mandelförmigen, hölzernen Schilden, von denen viele bemalt sind, in Grün, Rot, Blau, Gold oder Silber.

Manche Schilde sind beschlagen mit Eisen, andere bespannt mit Leder und einige verziert mit edlen Steinen. Häufig zeigen sie das persönliche Wappen des Ritters: Symbole, Tiere, Pflanzen, Ornamente. Die Schäfte der Lanzen sind bewimpelt und geschmückt mit schmalen Bändern.

Die Ritter auf der Maaraue reiten in gewaltigen Formationen – Wellen aus Bewegung und Farbe. Die Männer präsentieren das perfekte Führen der Schilde, der Banner, der Speere. Sie reiten gegeneinander. Doch zum Stoß setzen sie ihre Lanzen nicht ein.

Denn das Gyrum zu Mainz soll ja vor aller Augen die Zusammengehörigkeit der Ritter am Hof Barbarossas bekräftigen.

Im Anschluss an das Hoffest ist geplant, bei Ingelheim ein richtiges Turnier abzuhalten, bei dem zwei Ritterscharen – mit den ranghöchsten Herren als Anführern – miteinander streiten. Die Rösser sind dann gepanzert, die Reiter in voller Rüstung, und sie führen die Waffen des Krieges: Schwert und Lanze.

Von einem Kampf auf Leben und Tod unterscheidet sich das Turnier vor allem dadurch, dass für jede Gruppe ein Schutzbezirk abgesteckt wird, in dem niemand angegriffen werden darf. Und jeder bedrängte Ritter, der sich in diesen „Fride" flüchtet – den befriedeten Raum –, kann dort neue Kräfte sammeln.

Auf ein Zeichen hin werden die zwei Scharen an diesem Tag in geschlossener Formation losstürmen. Ein Wirbel aus Hufen, Wimpeln, Lanzen, glänzendem Eisen. Und erst wenn die Ritter zusammengeprallt und so ineinander verkeilt sind, dass zu Pferd keine Bewegung mehr möglich ist, werden sie absteigen und zu Fuß weiterkämpfen.

Der Besiegte wird anschließend gebunden; für seine „Freiheit" muss er ein Lösegeld zahlen. Der siegreiche Ritter des Turniers gewinnt einen Preis. Einen Jagdfalken. Einen Löwen. Oder einen Schild, besetzt mit Edelsteinen.

Doch so ein Turnier ist gefährlich, und oft gibt es Tote und Verletzte. Die Kirche lehnt das Waffenspiel ab. Weil es nur dem eitlen Ruhm diene. Und weil dafür Menschen sterben müssten.

Gegen Ende des Mittelalters sind die Schwertkämpfer den nun eingesetzten Bogenschützen und Landsknechten immer häufiger unterlegen

Schon 1130 hat Papst Innozenz II. daher alle Turniere untersagt. Barbarossa aber ignoriert dieses Verbot. Wie die meisten der Fürsten. Der Kaiser will das Turnier für Mainz. Um die gesellschaftliche Macht und die Pracht des Rittertums zu zeigen.

Seine Macht.

Doch das Mainzer Hoffest, das so glanzvoll begonnen hat, muss am Dienstag abgebrochen werden. Ein Orkan zieht auf. Zelte werden fortgerissen, die Holzbauten der Feststadt stürzen ein und begraben zahlreiche Menschen.

Wohl unter dem Eindruck dieser Katastrophe wird das Turnier bei Ingelheim abgesagt. Vielleicht auch auf den Rat mancher Geistlicher hin. Denn sie sehen das Unglück als Strafe Gottes.

So entfällt das Duell der gepanzerten Reiter, die ihre Pferde auf engstem Raum führen und in geschlossener Front gegeneinanderreiten. Um sich, Ritter neben Ritter, aufeinanderzustürzen.

SECHS JAHRE SPÄTER, am 10. Juni 1190, stirbt Barbarossa. Der mächtige Kaiser verunglückt auf seinem zweiten Kreuzzug im Fluss Saleph in der heutigen Türkei.

Aufseiten seines Gegners Sultan Saladin herrscht Erleichterung. „Hätte Gott nicht die Gnade gehabt", notiert ein arabischer Geschichtsschreiber später, „den Muslimen seine Güte dadurch zu zeigen, dass er den König der Deutschen in dem Augenblick zugrunde gehen ließ, da er im Begriff stand, in Syrien einzudringen, schriebe man heute: Syrien und Ägypten haben einst dem Islam gehört."

Die Eingeweide von Barbarossa werden in Tarsos beigesetzt. Sein Fleisch, zuvor durch Kochen von den Knochen abgelöst, wird in Antiochia bestattet.

Zeitgenossen wie der französische Poet Guiot de Provins und der deutsche Dichter Heinrich von Veldeke aber werden sich noch viele Jahre später an das Hoffest von Kaiser Friedrich I. Barbarossa erinnern. An die gewaltigste Feier jener Zeit, vielleicht sogar des gesamten Mittelalters. ⌟

MEISTER DER BUCHKUNST
Das Benediktinerkloster Helmarshausen ist eine der berühmtesten Stätten der Buchproduktion. Dort erschaffen Mönche um 1185 das Evangeliar Heinrichs des Löwen: eine handschriftliche Darstellung des Lebens Christi, verziert mit 50 Miniaturen – hier eine Darstellung des vom Herzogenpaar erhofften Einzugs ins Himmelreich

DAS BUCH DES LÖWEN

Als Herzog Heinrich der Löwe von Sachsen und Bayern 1180 in einem Machtkampf gegen Kaiser Friedrich Barbarossa unterliegt, verliert der Fürst fast alle Ländereien. Doch mit einem Kunstwerk, das Mönche in seinem Auftrag anfertigen, lässt er weiterhin seinen Anspruch auf Größe verkünden: durch ein Buch, das so prächtig und aufwendig illustriert ist wie kein anderes zu jener Zeit in den deutschen Landen

—— Text: CHRISTIAN SYWOTTEK und JENS-RAINER BERG

Dieses Buch ist ein Kunstwerk und eine Kostbarkeit, ein Glaubensbeweis und eine Waffe. Für seine Seiten mussten gut 50 Kälber sterben. Für seine leuchtenden Farben lagerte Blei in Urin und wurden Knochen von Flammen verzehrt. Für seine Anmutung haben Kirchenmänner gelitten. Abertausende Buchstaben bedecken einen großen Teil seiner 226 Blätter, auf je 22 Zeilen.

Die Worte erzählen die Geschichte vom Leben Jesu, wie es die vier Evangelisten berichten. Viele Jahre haben Mönche damit zugebracht, die Texte auszuschmücken. Haben sie mit mehr als 1500 verzierten Initialen versehen, mit verschlungenen Ornamenten und blattfüllenden Bildern von kaum gekannter Virtuosität. Nur 34 Zentimeter hoch und 25,5 Zentimeter breit ist ihr Werk, aber es zählt zu den großartigsten Zeugnissen der mittelalterlichen Buchkunst.

In Auftrag gegeben hat es ein gefallener Herrscher. Ein Fürst ohne Reich, der um das Jahr 1185 seine Machtgier, seinen Stolz, seine Heilserwartungen in ein Bündel aus Pergament lenkt: Heinrich der Löwe.

Von ganz oben kommt der Herzog – und kämpft doch seit seiner Jugend unentwegt ums Emporkommen. Denn sein Vater hat die Machtbasis der Familie verloren: die Herzogtümer Bayern und Sachsen. Als neuer Stammhalter des Welfengeschlechts, 1139 nach dem Tod des Vaters an die Spitze gerückt, setzt Heinrich schon bald alles daran, das Eingebüßte wiederzugewinnen. Seine Strategie: Kooperation und Rücksichtslosigkeit.

Nachdem es ihm 1142 tatsächlich gelungen ist, Sachsen vom König als Lehen zurückzuerhalten, festigt er mit aller Härte seine Herrschaft. Er reißt den Besitz anderer Adeliger an sich, lässt Menschen entführen, um sich Gegner gefügig zu machen, weitet durch militärische Siege seine Macht nach Norden aus.

Dem König gegenüber verhält sich der Welfe zunächst konziliant. Er hilft Friedrich I. Barbarossa mit einem großen Truppenkontingent, als der zu einem Feldzug nach Italien aufbricht. Die Unterstützung zahlt sich aus: Von 1156 an ist Heinrich wieder Herzog von Bayern. Mit zwei großen Lehen zählt er nun zu den mächtigsten Fürsten des Reiches.

In Braunschweig, seiner Residenzstadt, lässt Heinrich eine Festung errichten, davor ein Löwe, in Bronze gegossen, rund 1,80 Meter hoch, das Herrschaftszeichen des Welfen – und ein Beweis für Heinrichs gewaltiges Selbstbewusstsein.

Doch 1176 bringt dieser Hochmut das Ende des Höhenfluges: In einem kleinen Passort nördlich des Comer Sees treffen sich Heinrich und Friedrich I.

Dem Kaiser droht auf einem Feldzug gegen die norditalienischen Städte eine Niederlage. In höchster Not bittet er den Herzog um militärischen Beistand. Heinrich zögert, verlangt als Preis die Reichsstadt Goslar samt ihren Silberminen – ein Ansinnen, das Friedrich unmöglich erfüllen kann.

Als der Kaiser daraufhin auf die Knie fällt und um einen weniger hohen Preis fleht, weist Heinrich den Monarchen endgültig zurück. Die anderen Reichsfürsten nutzen die Chance, sich ihres Konkurrenten zu entledigen. Sie fordern den gedemütigten Kaiser auf, den Herzog seiner Würden zu entheben. Tatsächlich entzieht Friedrich I. Heinrich beide Herzogtümer und zwingt ihn sogar ins Exil nach England.

Erst 1185 kehrt der Welfe zurück – hinabgestoßen auf die tiefste Stufe seines Standes, Herr nur noch über seine Erbgüter um Braunschweig. Ungebrochen aber erscheint sein Ehrgeiz. Seit 1173 errichten Arbeiter neben seiner Burg einen mächtigen Kirchenbau, den späteren Braunschweiger Dom. Nun fasst Heinrich den Entschluss, für jenes Gotteshaus ein Werk zu erschaffen, mit dem er sich und seinen Widersachern seinen wahren Rang beweisen kann.

BIBLISCHE EPISODEN
Die Bilder zeigen Szenen aus dem Leben Christi, wie es die Evangelisten berichten – hier etwa die Engel, die den Hirten die Ankunft des Heilands verkünden, sowie die Darbringung des Neugeborenen im Tempel, ein jüdisches Ritual

Wohl um 1185 erhalten die Mönche des Klosters Helmarshausen von Heinrich den Auftrag, ein Evangeliar anzufertigen. Die Abtei, 50 Kilometer nördlich des heutigen Kassel gelegen, ist eine der renommiertesten

Stätten der Buchproduktion. Aus der Spätantike haben mittelalterliche Meister die Tradition weitergetragen, Texte nicht nur in Schrift auf Pergament festzuhalten, sondern sie auch mit Bildern

URALTE KONVENTIONEN
Welche Ereignisse bei der Illustrierung der Heiligen Schrift gezeigt werden – hier die Erfüllung der Jünger mit dem Heiligen Geist zu Pfingsten – sowie die Art der Darstellung sind zumeist von der Tradition vorgeschrieben. Die Maler orientieren sich dabei an Büchern aus ihrer Bibliothek

zu versehen. Zudem sollen weitere optische Elemente den Text gliedern, das Lesen erleichtern – etwa die Initialen am Anfang eines bestimmten Abschnittes. Überdies können Bilder den Inhalt der Worte auf besondere Weise anschaulich machen, ihn erhellen, ergänzen, interpretieren und kommentieren.

Neben wissenschaftlichen Abhandlungen und antiken Traktaten sind es vor allem die heiligen Texte des Christentums, die auf diese Weise ausgeschmückt werden.

Mit großem Geschick und Erfindungsreichtum entwickeln die Schreiber des Mittelalters die Buchproduktion weiter, machen sie zu einer der bedeutendsten Kunstgattungen ihrer Zeit. Es sind vor allem die Schreibstuben der Klöster, in denen Bücher hergestellt werden. In diesen Skriptorien vervielfältigen die Buchkünstler Texte für den Gebrauch im Gottesdienst und verleihen ihnen dabei eine erhabene und wertvolle Form.

Denn das vor allem treibt diese Kunst voran: der Wunsch, den heiligen Schriften eine Gestalt zu geben, die deren einzigartige Bedeutung vor Augen führt.

Der vom 11. Jahrhundert an gebräuchliche Begriff „Illumination" für Buchmalerei umschreibt diese Art der farbigen Verherrlichung: Er leitet sich ab vom lateinischen *illuminare* („erleuchten").

Nichts Genaues ist von der Arbeit an jenem Evangeliar überliefert, das der gefallene Herrscher in Helmarshausen bestellt. Doch sicher folgen die Mönche dem gleichen Ablauf wie bei anderen Prachtbänden.

Zuerst fertigen sie das Grundmaterial: In Kalklauge beizen sie die Felle von Kälbern, Schafen oder Ziegen, entfernen Haar- und Fleischreste, spannen die Haut in Holzrahmen und glätten sie mit Schabeisen. Für ein einziges Blatt des schließlich blütenweißen, samtweichen Pergaments benötigen die Mönche in besonderen Fällen eine ganze Tierhaut. So wertvoll ist der fertige Werkstoff, dass für weniger wichtige Bücher Fetzen zu vollständigen Seiten zusammengeklebt oder Risse mit seidenen Fäden vernäht werden.

Vermutlich bespricht der Hauptschreiber des Skriptoriums von Helmarshausen, der Mönch Herimann, mit Heinrich und seinen Höflingen, wie das Evangeliar später aussehen soll. Und wahrscheinlich führt er auch die wichtigsten Arbeiten aus.

Blatt für Blatt entwirft Herimann das Buch zunächst auf Wachstafeln, die sich für nötige Korrekturen einfach wieder glätten lassen. Mit einem Griffel zieht er darauf Linien für Textspalten und Schriftzeilen, umreißt Rahmen für Bilder und Zierseiten, markiert den Platz für die schmückenden und gliedernden Initialen.

Anschließend überträgt er das gesamte Gefüge auf die losen Pergamentblätter: Mit einem Zirkel bestimmt er die Abstände, an ein Lineal setzt er die Feder oder den Metallstift für die feinen Striche des entstehenden Rasters.

Womöglich skizziert er sogar bereits die späteren Bilder, versieht seine Zeichnungen mit Tropfen der für die Initialen zu verwendenden Farben und markiert die Seitenränder mit Instruktionen für die Maler.

Doch es sind die Schreiber, die traditionell mit der eigentlichen Arbeit an einem Prachtband beginnen. Gewöhnlich sitzen mehrere Mönche an einem Buch; beim Evangeliar Heinrichs des Löwen hat aber wohl allein der versierte Herimann die Aufgabe, die Texte sauber aufs Pergament zu bannen.

Die Tätigkeit fordert höchste Konzentration. Zwischen Daumen, Zeige- und Mittelfinger hält ein Skriptor seine Gänse- oder Schwanenfeder.

Die Hand darf nicht aufliegen, sondern schwingt mit dem ganzen Arm über Stunden frei an einem steil gestellten Holzpult. Weil die Federn sich nur ziehen, nicht schieben lassen, müssen die Schreiber für jeden Buchstaben mehrfach ansetzen.

„Drei Finger schreiben, der ganze Körper leidet", vermerkt ein Mönch.

Monatelang atmet Bruder Herimann den strengen Tiergeruch des Pergaments, tunkt unzählige Male seine Feder in das Fässchen mit der braunschwarzen Tinte, ehe er den letzten Punkt setzt. Erst jetzt machen sich die Maler ans Werk. Wahrscheinlich arbeiten dabei Mönche und Laien Hand in Hand, darunter Spezialisten für Initialen, Randschmuck und Figuren.

HEINRICH DER LÖWE
Der Herzog (unten links mit dem heiligen Blasius) ist einer der mächtigsten Fürsten des Heiligen Römischen Reiches

Nur selten geben Auftraggeber exakt vor, wie die Bilder und Verzierungen eines Prachtbandes auszusehen haben. Freie Schöpfungen sind die Werke der Meister dennoch nicht. Die Auswahl sowie die Motive der Bilder folgen oft traditionellen Darstellungen. Die Maler orientieren sich an Büchern aus ihrer Bibliothek, pausen vielleicht Muster oder Szenen aus älteren Handschriften ab.

Und doch: Aus der Komposition bekannter Versatzstücke erschaffen die Maler eigenständige Werke, intellektuell und künstlerisch anspruchsvoll. Vor allem, wenn sie so virtuos vorgehen wie in Helmarshausen.

Intensiv sind die Farben, die nun nach und nach die Vorzeichnungen auf dem Pergament erfüllen: helles Mennige-Rot, für das Bleibleche in Urin eingelegt, gemahlen und anschließend gekocht worden sind. Blau, aus gemahlenem Lapislazuli, der wahrscheinlich aus Afghanistan stammt. Schwarz, aus verkohltem Knochen oder Elfenbein.

Und immer wieder: Gold. Das Edelmetall wird mithilfe riemengetriebener Mahlwerke zu feinem Pulver zerrieben. Damit das glitzernde Mehl auf dem mit Eiklar, Mennige und Zinnober grundierten Pergament haftet, vermengen es die Maler mit Leim aus gesottenen Schwimmblasen von Fischen.

Andere Farbpigmente binden die Mönche mit Essig, Wein und Bier, mischen sie untereinander zu Zwischentönen. Eiklar gibt den Farben Leuchtkraft, das Harz von Steinobstbäumen lässt sie matt erscheinen. Um die Goldflächen besonders glanzvoll schimmern zu lassen, polieren die Mönche sie am Ende mit Tierzähnen oder Blutstein.

Mit feinen Pinseln und Federkielen kolorieren die Maler dann die Buchseiten, schichten dabei häufig dünnflüssige Farbe unterschiedlicher Helligkeit in Lagen übereinander. So erschaffen sie ein reiches Spiel von Licht und Schatten, prägen Faltenwürfe in Gewänder, verleihen den Figuren ausdrucksstarke Gesichter. Erst zum Schluss ziehen die Künstler mit dunklem Strich die Konturen nach.

Vollendet ist das Werk vermutlich 1188. In jenem Jahr lässt Heinrich jedenfalls den Altar seiner neuen Kirche weihen, auf dem das Evangeliar fortan seinen Platz haben soll. An hohen kirchlichen Festen werden die Geistlichen während ihrer Messe daraus lesen.

Aber der unerhörte Prunk des Buches weist über diese liturgische Funktion weit hinaus. Für die Helmarshausener Buchmaler ist das Evangeliar sicher die Krönung ihres Schaffens.

Purpurfarbene Zierseiten mit goldener Schrift erinnern an die Prachtbücher byzantinischer Herrscher; die ausufernden Ornamente aus filigranen Ranken, Blumen und Fabelwesen übertreffen sogar die von Kaisern in Auftrag gegebenen Vorbilder früherer Epochen; unvergleichlich meisterhaft und komplex sind die Darstellungen der Evangelisten und die Szenen aus dem Leben Jesu.

Und ungewöhnlich für die Zeit ist auch dies: Der Stifter taucht selber in zwei der ganzseitigen Bilder auf. Eines davon prangt vor dem Johannes-Evangelium am Ende des Buches. Darauf kniet Heinrich auf dem Boden, neben ihm steht in geneigter Haltung seine Frau, Herzogin Mathilde. Demütig wirken die beiden, als Zeichen der Ehrfurcht hat der Fürst seinen Mantel und seine Schuhe abgelegt, nur gemusterte Beinlinge bedecken seine Füße.

Doch von offenbar himmlischen Händen, die einem Halbkreis in der Bildmitte oberhalb des Paares entspringen, erhalten die Bittsteller Kronen. Umgeben sind Heinrich und Mathilde ebenfalls von gekrönten Häuptern: Rechts und links werden sie von ihren mächtigsten Ahnen eingerahmt, Heinrichs Großvater Kaiser Lothar etwa und dem englischen König, Mathildes Vater.

Die Botschaft scheint klar: Heinrich präsentiert sich als Nachkomme edelster, sogar kaiserlicher Vorfahren, als souveräner Herrscher, dem immer noch die höchsten Ehren zustehen. Und doch geht es wohl nicht allein um irdischen Rang. Denn viele Kunsthistoriker sehen hier zugleich die jenseitige „Krone des ewigen Lebens", die das Herzogpaar empfängt: Oberhalb der Bildmitte thront Christus; er lädt das Fürstenpaar ins Himmelreich, auf dass es an seiner Seite weiterherrsche.

So zeigt dieses Krönungsbild, was auch das gesamte Evangeliar symbolisiert: den Stolz auf die eigene Herkunft, den ehrgeizigen Anspruch auf Größe. Und zugleich: die Sorge des mittlerweile über 50-Jährigen um das eigene Seelenheil, um ein angemessenes Schicksal im Jenseits.

In gewissem Sinne wird das Evangeliar zu Heinrichs letzter Waffe im Kampf um Status und Selbstbehauptung – zumal sämtliche Versuche, verlorenes Terrain zurückzuerobern, am Ende scheitern. Am 6. August 1195 stirbt Heinrich. Und die Spur seines Buches verliert sich schon bald; erst im 16. Jahrhundert taucht es im Prager Dom wieder auf – möglicherweise ist es als Geschenk an Kaiser Karl IV. nach Prag gelangt. Erst 1861 geht es an die Welfen zurück.

122 Jahre später ersteigert die Bundesrepublik Deutschland (gemeinsam mit dem Land Niedersachsen, dem Freistaat Bayern und der Stiftung Preußischer Kulturbesitz) das Buch als herausragendes Kulturgut und verbringt es in die Herzog-August-Bibliothek in Wolfenbüttel, nur wenige Kilometer von Heinrichs Grablege entfernt.

Mit einem Kaufpreis von 32,5 Millionen Mark ist es die damals teuerste Handschrift aller Zeiten – jenes Werk, das Heinrich, der im Kampf mit Adel und Kaiser seine weltliche Macht verlor, als Kunstförderer bis heute auf den höchsten Thron hebt.

Meister der MINNE

WALTHER VON DER VOGELWEIDE

Der gefeierte Liebeslyriker ist auch ein politischer Dichter – und ein gefürchteter antiklerikaler Spötter

Bloß keine abgelegten Kleider! „Getragene wat", den Lohn der Gaukler, will er nicht. Der Bischof von Passau lässt sich denn auch nicht lumpen: Am 12. November 1203 spendiert er „Walthero cantori de Vogelweide" fünf Schillinge für einen Pelzrock. Dieser Vermerk im bischöflichen Ausgabenregister ist die einzige offizielle Erwähnung seines Namens und zeigt die Lebensumstände des Dichters: Walther von der Vogelweide ist kein gut situierter Hofpoet, kein Reimeschmied von fürstlichem Geblüt. Der bedeutendste deutsche Lyriker des Mittelalters führt die unsichere Existenz eines fahrenden Sängers, stets angewiesen auf die Gunst seiner Auftraggeber. Immerhin scheint er von niederem Adel zu sein.

Um 1170 geboren, wohl im österreichischen Waldviertel, schreibt er über seine Lehrjahre: „Ze Osterriche lernt ich singen unde sagen." Gemeint ist der Wiener Hof des Babenberger Herzogs Friedrich I., dessen Nachfolger ihn freilich entlässt.

Engagements findet er fortan bei adeligen Mäzenen. Denn der Hof ist der Ort der Minne – der in kunstvollen Liedern und Gedichten idealisierten Liebe jenseits der Wirklichkeit von Ehebruch, Freudenhaus, Vergewaltigung. Und die Dame der hohen Minne, von der Dichter wie Walther von der Vogelweide sprechen, ist weniger eine Frau aus Fleisch und Blut als vielmehr eine Art weltliche Jungfrau Maria.

Auf dem zweiten Kreuzzug ab 1147 sind deutsche Ritter zum ersten Mal auf die Liebesverse provenzalischer Dichter gestoßen. Davon beeinflusst, entsteht auch im römisch-deutschen Reich die Idee der hohen Minne, die sich bald zum beherrschenden Thema der Dichtung entwickelt. Sie entfaltet sich nicht zwischen Ehepartnern, sondern zwischen Liebenden; sie ist voller Begehren und auch Erotik, doch Erfüllung findet sie kaum. Zumeist bleibt sie „wan" – dauernde Hoffnung, vergeblicher Wahn. Doch dieser Wunschtraum führt zu einer Blüte der höfischen Dichtkunst.

Geistliche sehen die Vorträge der Dichter mit Argwohn. Denn die Verse zum Lob der höfischen Liebe sind nicht auf Latein abgefasst, sondern im *sermo vulgaris* – in der deutschen Volkssprache. Die Hellsichtigen unter den Klerikern ahnen wohl, dass diese neue Dichtung eine ungeheure Kraft besitzt. Die Sprengkraft des Weltlichen.

Walther von der Vogelweide wird als Minnesänger gefeiert, aber als politischer Dichter gefürchtet und vielfach sogar angefeindet. Aus einem Thronstreit resultierende Wirren in Deutschland etwa lastet er dem Papst an.

„Ahi, wie kristenliche nu der babest lachet", heißt es in einem Schmähgedicht: ein unchristliches, schadenfrohes Lachen! Denn der Heilige Vater, so Walther, habe zwei Anwärter unter die Krone gebracht, um sich selbst zu bereichern. „Ir pfaffen ezzet hüener und trinket win", derweil die Deutschen fasten müssen.

Auch mit seiner Liebeslyrik sprengt er den Rahmen des Konventionellen. Wo im traditionellen Minnegesang die unerreichbare Herzensdame vor allem wortreich angeschmachtet wird, treten in seinen Gedichten Männer auf, die von der geliebten *frouwe* konkretes Entgegenkommen erwarten. An Anspielungen lässt er es nicht fehlen. In einem seiner „Mädchenlieder" erinnert sich eine Frau an Treffen mit ihrem Geliebten: Küsste er mich? „Wol tausentstunt – tandaradei / seht, wie rot mir ist der munt." Erst spät im Leben findet der ruhelose Dichter eine Heimstatt: Um 1220 erhält er von König Friedrich II. ein Lehen, möglicherweise bei Würzburg. Dort soll er auch begraben sein.

KLAUS MEYER

VORSTOSS NACH

SIZILIEN

Als Heinrich V., der letzte Salier, im Jahr 1125 stirbt, beginnen zwei Geschlechter um die römisch-deutsche Krone zu streiten. Die siegreichen Staufer werden schon bald nach Größerem streben: der Herrschaft über ganz Italien einschließlich des Südens —— Text: FLORIAN NEUMANN

S

Seit Tagen sind bewaffnete Fremde in Palermo auf der Suche nach einem Waisenjungen: Friedrich, dem Sohn des Stauferherrschers Heinrich VI. und der Königin Konstanze von Sizilien. Sie wollen den Sechsjährigen in ihre Gewalt bringen: Denn wer immer sich zum „Wächter" des Knaben erklärt, kann auch die Regentschaft über das Königreich Sizilien für sich reklamieren.

Seine bisherigen „Beschützer" haben sich in der Burg am Hafen von Palermo verschanzt. Am 1. November 1201 jedoch gelingt es den Fremden, in das Castello a Mare einzudringen und den Knaben in ihre Gewalt zu nehmen.

Der Junge, der sich den Bewaffneten zuvor wütend und furchtlos entgegengestellt haben soll, wird später zu einem der schillerndsten Kaiser in der Geschichte des römisch-deutschen Reiches: brillant, hochgebildet, schwer zu durchschauen.

„Stupor mundi" werden ihn Zeitgenossen nennen, das „Staunen der Welt".

Der Aufstieg der nach ihrer Burg auf dem schwäbischen Hohenstaufen benannten Familie beginnt im 11. Jahrhundert, als einer aus ihrem Geschlecht von König Heinrich IV. zum Herzog von Schwaben ernannt wird und die Königstochter zur Frau bekommt.

Der Herrscher braucht den Staufer als Getreuen, denn fast alle Großen seines Reiches haben sich gegen ihn verbündet. Unter den Rebellen ist auch die Dynastie der Welfen. Und mit dieser Familie werden die Staufer über Jahrzehnte um die Macht ringen.

Der Zweikampf beginnt, als Heinrich V. aus dem Geschlecht der Salier im Jahr 1125 ohne männliche Nachkommen stirbt. Der König hat einen Staufer zu seinem Nachfolger bestimmt, doch die deutschen Fürsten wählen einen von den Welfen unterstützten Kandidaten zum König. Erst nach dessen Tod küren sie 1138 einen Staufer zu ihrem Herrscher.

Als der 1152 stirbt und die Königswähler seinen Neffen erheben, scheint sich der Konflikt zu lösen. Denn mit Friedrich I. wird nun der Sohn eines Staufers und einer Welfin König. Und von Beginn an ist Barbarossa – wie ihn die Italiener wegen seiner Haarfarbe rufen, „Rotbart" – um Ausgleich bemüht.

So macht er wieder einen Welfen zum Herzog von Bayern: seinen Vetter Heinrich den Löwen. Denn Barbarossa muss alle Energien bündeln, will er sein Reich regieren, das sich von der Nordsee bis nach Mittelitalien erstreckt und von der Provence bis Böhmen.

Der 1155 zum Kaiser gekrönte Herrscher will vor allem seinen Einfluss in

Friedrich II. ist ein Schöngeist, doch seine Gegner verfolgt er unerbittlich. 1198 wird er König von Sizilien, 1220 römisch-deutscher Kaiser

Norditalien stärken. Doch dagegen formiert sich der lombardische Städtebund. Auch der Papst sieht sich und den Kirchenstaat bedroht. Selbst in deutschen Landen hat Barbarossa Kämpfe auszustehen: Sein Vetter Heinrich der Löwe, der ihn bisher unterstützt hat, überzieht Gebiete im Norden mit Krieg, um seine eigene Macht auf Kosten anderer Reichsfürsten auszubauen.

Als Barbarossa nun seinen Vetter erneut um Waffenhilfe bittet, versagt der Herzog sogar ihm die Unterstützung. Dieser Hochmut wird Heinrich zum Verhängnis: Seine Herzogtümer werden ihm aberkannt, er muss ins Exil. Auch nach seiner Rückkehr erreicht er nie wieder den Rang und Einfluss von einst.

Nach Jahrzehnten der Auseinandersetzungen schließt Barbarossa 1183 mit den norditalienischen Städten Frieden. Und zum Süden Italiens knüpft er familiäre Bande – durch die Ehe seines Sohnes Heinrich mit der sizilianischen Königstochter Konstanze. Doch dessen Krönung zum König jenes Reiches erlebt Barbarossa nicht mehr: Er kommt 1190 auf einem Kreuzzug zu Tode.

Heinrichs Sohn, der spätere Kaiser Friedrich II., ist zwei Jahre alt, als sein Vater 1197 stirbt; er ist drei, als ihn seine Mutter zum König von Sizilien krönen lässt; und noch vor seinem vierten Geburtstag stirbt auch Konstanze. Kurz zuvor hat sie den Papst zu seinem Vormund bestimmt.

Doch der kann nur begrenzten Einfluss auf das Schicksal seines Mündels nehmen. Denn in stets wechselnden Koalitionen versuchen sizilianische Adelige und aus dem Reichsgebiet stammende ehemalige Gefolgsleute von Friedrichs Vater immer wieder, die Herrschaft in Sizilien an sich zu reißen.

So kommt es gleich mehrfach zu Vorfällen wie jener Entführung im November 1201, als der junge König von der einen Partei aus den Händen der anderen gerissen wird. Der Waisenknabe gerät zum Spielball selbst ernannter Regenten.

Friedrich wächst in Palermo zwischen Normannen, Griechen, Juden und Muslimen auf. Er erhält eine umfassende Bildung wie kein König vor ihm und beherrscht mehrere Sprachen. Er ist naturwissenschaftlich interessiert und wird in späteren Jahren einen Kreis von Dichtern um sich scharen.

Mit 14 Jahren wird Friedrich 1208 mündig und tritt die Herrschaft über Sizilien an. Er reformiert das Königreich mit Hunderten neuer Gesetze. Die von ihm straff geführte Verwaltung ist schon bald so effizient wie nirgendwo sonst im Abendland.

Ganz anders hingegen sind die Verhältnisse im Reich jenseits der Alpen. Dort ringen nach dem Tod von Friedrichs Vater die Söhne des Staufers Barbarossa und des Welfen Heinrich der Löwe um die Krone. 1198 werden beide in einer Doppelwahl zu Königen erhoben. Ihr Thronstreit endet erst, als der Staufer ermordet wird. Der (an der Tat unbeteiligte) Welfe Otto IV. wird 1209 vom Papst zum Kaiser gekrönt – und greift nun auch nach dem Königreich Sizilien.

Dadurch sieht sich der Heilige Vater getäuscht. Mit seiner Unterstützung bestimmen die Fürsten 1211 kurzerhand Friedrich II. zum römisch-deutschen König. Friedrich bleibt acht Jahre im Norden. 1220 wird er in Rom zum Kaiser erhoben und kehrt schließlich nach Süditalien zurück; zuvor hat er seinen Sohn Heinrich zum König in den deutschen Landen wählen lassen.

Erst 1235 erscheint Friedrich wieder nördlich der Alpen – diesmal, um seinen in Ungnade gefallenen Sohn abzusetzen. Er nimmt ihn gefangen, hält ihn bis zum Ende seines kurzen Lebens 1242 in Haft.

Nun stellt sich Friedrich sogar gegen den Papst. Als König von Sizilien und Kaiser des Reiches nimmt er den Kirchenstaat von Süden und Norden in die Zange. Entscheidet eigenmächtig, wann er zu einem Kreuzzug aufbricht. Kämpft nicht gegen die Sarazenen, sondern verhandelt mit ihnen um die Herausgabe Jerusalems. Zweimal wird Friedrich exkommuniziert. Die päpstliche Propaganda verdammt ihn als Antichrist.

Von ihrer Burg auf dem Hohenstaufen in Schwaben, der die Dynastie ihren Namen verdankt, erstrecken sich die Güter der Staufer (dunkel eingefärbt) im Westen bis in das Elsass und im Osten bis in das Egerland. Angebahnt durch eine Heirat im Jahr 1186, erwerben sie bald auch die Krone des Königreichs Sizilien, die sie gut drei Generationen lang behalten werden

Als das „Staunen der Welt" 1250 im Alter von 55 Jahren stirbt, zerbricht die Macht der Staufer rasch: Nördlich der Alpen haben die Fürsten bereits einen der Ihren zum Gegenkönig erhoben.

Friedrichs Sohn Konrad IV. überlebt den Vater nur um vier Jahre; seine Herrschaft im Reich kann er nicht durchsetzen. Konrads Halbbruder Manfred fällt 1266 im Kampf gegen den vom Papst zum König von Sizilien ernannten Karl von Anjou.

Einmal noch versuchen die Staufer, ihr Reich im Süden zurückzugewinnen – vergebens. Friedrichs Enkel Konradin findet 1268 nach der Niederlage seiner Truppen in Neapel ein schmachvolles Ende: Er wird hingerichtet.

Damit endet die Geschichte jenes Geschlechts, das einst von Schwaben ausgezogen war, das Reich zu erobern.

Von wehrhaften Festungen aus gebieten adelige Ritter im Mittelalter über ihre Besitztümer und Untertanen. Die Agrarwirtschaft prägt den Alltag in den einsam gelegenen Bastionen, die manchmal in höfischem Glanz erstrahlen – etwa wenn einer der mächtigen Landesfürsten zu Besuch kommt

Text: ULRIKE MOSER,
Außenaufnahmen: HEINER MÜLLER-ELSNER

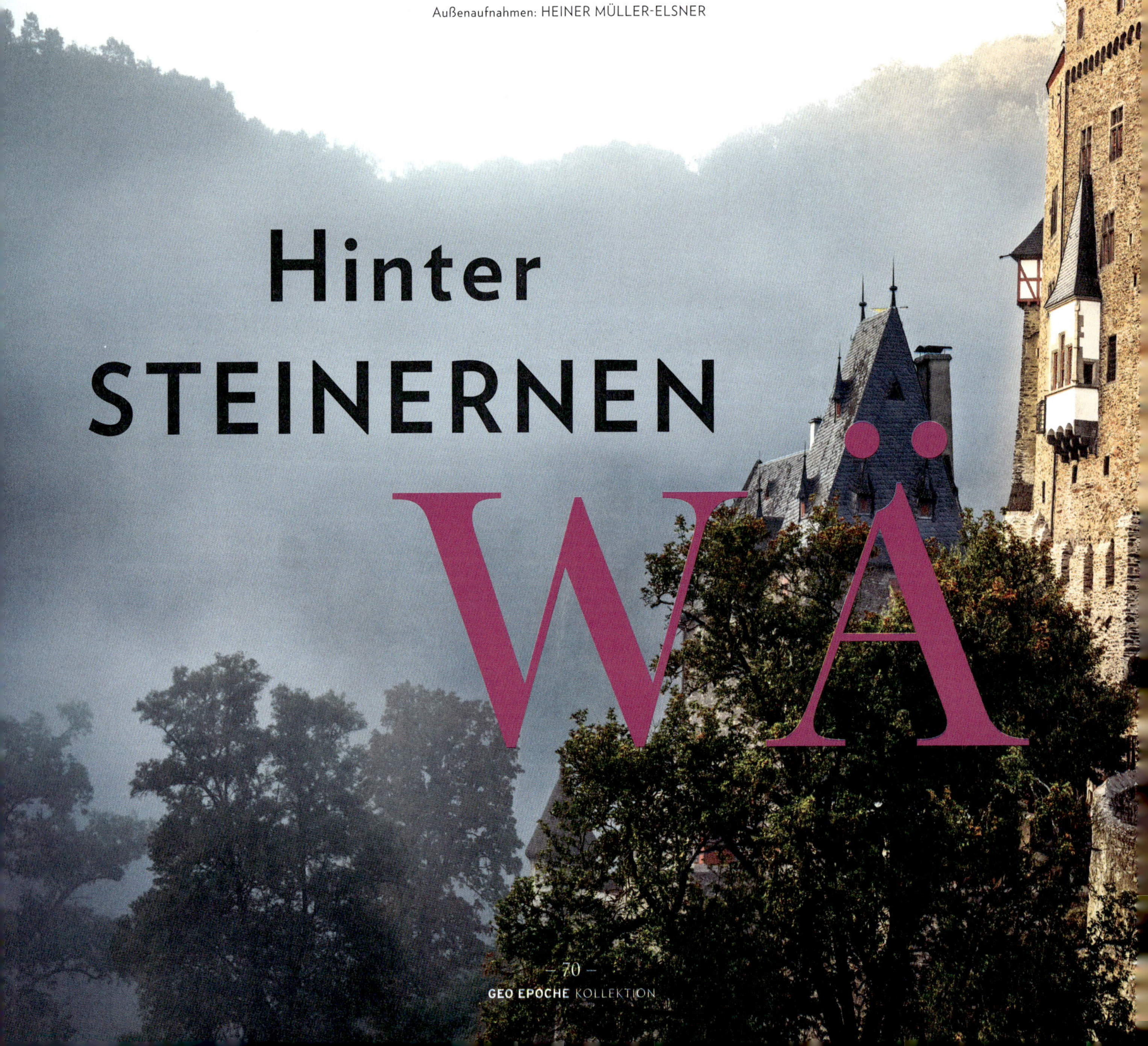

Hinter STEINERNEN WÄ

Auf einem Fels der Eifel erhebt sich eine der wenigen vollständig erhaltenen Festen des Mittelalters: Burg Eltz, die auch auf den folgenden Fotos zu sehen ist

LLEN

Im Jahr 1217 herrscht Carl Friedrich von Isenberg von dieser Feste an der Ruhr über seine Ländereien. Sie ist erst kurz zuvor vollendet worden

Weit geht der Blick über das Land. Steil hinunter zum Fluss, der in der Tiefe vorbeiströmt, ehe er nach einer Biegung hinter einem Bergausläufer zu verschwinden scheint. Hinweg über das Ruhrtal mit den in der Höhe bewaldeten Hügeln. Dazwischen Weiden, auf denen das Vieh grast, Rinder, Schafe, Ziegen. Und Felder, auf denen die Bauern ihrer Arbeit nachgehen.

Nichts entgeht dem Wachmann, der oben auf dem Turm Posten steht. Keine Fuhre, die mit Heu beladen zum nächsten Dorf fährt. Kein Feind, der sich nähert, bliebe unbemerkt. Doch er hält nicht nach Angreifern Ausschau – er soll die Ankunft von Gästen melden.

Dann plötzlich, unten auf der Straße: Staub. Aufgewirbelt von vielen Pferdehufen. Sie kommen! Ein Tross, vielleicht ein paar Dutzend Mann, durchquert die Furt durch die Ruhr am Fuße des Berges. Panzerreiter in schweren Rüstungen geleiten mehrere vornehme Herren in kostbarer Kleidung.

Unter ihnen sind, wie der Wachmann erfahren hat, Engelbert, Erzbischof von Köln und einer der mächtigsten Fürsten des Reiches, sowie weitere ranghohe Geistliche, dazu einige weltliche Mitglieder seines Hofes. Die Herren werden an diesem Tag im Jahr 1217 hier auf Burg Isenberg erwartet, 70 Kilometer nördlich von Köln. Jetzt lenken sie ihre Pferde auf den steilen, unbefestigten Pfad, der zur Isenburg hinaufführt.

Hoch über der Flussbiegung, oben auf einem Felsvorsprung, thront die gewaltige Burg über der Landschaft. Sie ist 250 Meter lang, auf zwei Seiten geschützt von Steilhängen, umschlossen und gesichert von meterdicken, hell verputzten Steinmauern und überragt von einem wuchtigen Turm.

Die Festung ist der Wohnsitz eines mächtigen Ritters, des Grafen Friedrich aus dem Geschlecht der von Altena-Berg – und das Wahrzeichen seiner Stärke und Herrschaft.

Sie kommen! Seit Tagen schon herrscht Geschäftigkeit auf der Isenburg. Knechte haben Schweine und Ziegen vom Wirtschaftshof im Tal auf die Feste getrieben und dort geschlachtet, zudem zerlegte Rinderteile hinaufgeschafft. Auch viele der Hühner, die den Burghof bevölkern, haben ihr Leben gelassen. Der Truchsess ist von Dorf zu Dorf geritten; bei fahrenden Kaufleuten und Bauern der Umgebung hat der Vorsteher der Burgverwaltung feine Gewürze und besondere Leckereien erworben.

Im Wohnhaus und in Nebengebäuden haben die Mägde Kammern für die Gäste vorbereitet. Waschfrauen haben angefeuchtete Leintücher mit dem Glättstein bearbeitet, bis der Stoff glänzte und nahezu faltenfrei war. Knechte haben Lebensmittel aus den Lagerhäusern in die Hauptburg gebracht. Nun noch schnell die Krüge mit Wein hinüberschaffen.

Im Saal des herrschaftlichen Wohnhauses kontrolliert Sophia, die Gattin des Grafen, ob für den Besuch die edelsten Wandteppiche aufgehängt wurden, wie von ihr angeordnet.

DA SIND SIE! Schon lenken die Besucher ihre Pferde in den schmalen Durchgang, der zum Tor führt. Dessen wuchtige Flügel sind aus schwerem Holz, an der Außenseite zusätzlich mit kräftigen Bohlen verkleidet. Sie sollen verhindern – ebenso wie der waagerechte hölzerne Balken, der das Tor von innen wie ein Riegel verschließt –, dass Angreifer die Pforte mit Rammen aufbrechen.

An diesem Tag aber sind die Flügel weit geöffnet. Der Burgherr und seine Gattin sind herbeigeeilt, um die vornehmen Besucher willkommen zu heißen.

Die Begrüßung ist herzlich und voller Respekt*. Erzbischof Engelbert ist nicht nur ein hoher kirchlicher, sondern auch weltlicher Würdenträger: Seit knapp 40 Jahren stehen alle Kölner Erzbischöfe zugleich an der Spitze des mächtigen

* Besuche hoher Herren auf den Festungen von Rittern waren im Mittelalter keine Seltenheit. Einzelheiten solcher Visiten sind durch zeitgenössische Quellen jedoch kaum überliefert. Die geschilderten Ereignisse haben wir durch Analogien mit bekannten Gepflogenheiten sowie nach historischem Kontext, gesicherten Fakten und Plausibilität erschlossen.

Herzogtums Westfalen. Darüber hinaus sind der Burgherr und sein angesehener Gast entfernt miteinander verwandt. Doch es steht etwas zwischen ihnen, dessen Tragweite zu diesem Zeitpunkt noch niemand absehen kann: Engelberts Visite ist nicht allein ein Freundschaftsbesuch – es geht auch um Geld und Land.

Denn Graf Friedrich ist der Verwalter des nahe gelegenen Frauenstifts Essen und versucht seit einiger Zeit, dessen ertragreiche Güter in seinen Besitz zu bekommen. Das will der Erzbischof verhindern. Und so ist es gut möglich, dass es auch um diesen Streit geht, der bald immer erbitterter geführt werden wird.

Knechte bringen die Reittiere in den Stall, versorgen sie mit Wasser und holen für sie Heu aus einer der Scheunen, die hier in der Vorburg ihren Platz haben.

Die Isenburg besteht aus zwei etwa gleich großen Teilen: der Vorburg mit dem äußeren Haupttor – und der etwas höher gelegenen Hauptburg mit dem Bergfried, in die man durch ein weiteres Tor von der Vorburg aus gelangt.

Die Vorburg ist der rund 5000 Quadratmeter große Wirtschaftshof der Anlage. Hier liegen die Stallungen für Pferde, Ziegen, Kühe und Geflügel, wenn jene nicht auf dem Wirtschaftshof des Burgherrn im Tal untergebracht sind.

Die Tiere versorgen die Herrschaft mit frischer Milch, Butter und Eiern. Hier liegen auch die Häuser der Burgmannen, des adeligen Burgpersonals, sowie die Unterkünfte für das Gesinde: Mägde, Waschfrauen, Knechte, ein Koch, die Küchenjungen, vielleicht ein Bäcker und Metzger, ein Heizer für die Öfen, ein Schmied. Dazu Türmer und Wächter für den Schutz der Burg.

In Kellerräumen liegen Lebensmittel in Gefäßen aus gebranntem Ton. Daneben lagern dort Weinfässer sowie Futter

Die Burg dient dem Ritter als Wehranlage, Wohnsitz, Zentrale des landwirtschaftlichen Betriebs – und als gut sichtbares Symbol seiner gehobenen Stellung

Unter den Dächern der Feste leben etliche Bedienstete. Komfortable Häuser bewohnt nur das adelige Personal; Knechte schlafen häufig sogar im Stall

und Stroh für die Tiere, aber auch Pflüge, Sicheln, Heugabeln. Nicht ohne Stolz wird Graf Friedrich den Gästen das Wirtschaftszentrum seiner Burg zeigen. Denn die Isenburg ist erst vor Kurzem nach fast 20 Jahren Bauzeit fertiggestellt worden.

DAS HOCHMITTELALTER ist die große Zeit des Burgenbaus. Die Festungen prägen Land und Landschaft. Seit dem späten 9. Jahrhundert entstehen diese Bastionen, die nicht nur in Kriegszeiten genutzt, sondern auch bewohnt werden.

Anfangs sind die Kastelle kaum mehr als einfache Bauten aus Holz, befestigt mit Gräben und Erdwällen, vielleicht mit Palisaden. Erst im 11. Jahrhundert beginnt der Bau massiver Steinburgen – und bald schon werden sie gleichsam zu Insignien der Ritter. Die meisten Bollwerke entstehen auf Höhenzügen, die zu mehreren Seiten steil abfallen und sich so leicht überwachen und verteidigen lassen. Ihre imposante Architektur soll Angreifer abschrecken. Daneben aber macht ihre Wirkung in der Landschaft die gehobene Stellung ihrer Bewohner für jedermann eindrucksvoll sichtbar.

Im gesamten christlichen Abendland ist die Burg Mittelpunkt politischer und wirtschaftlicher Herrschaft. Sie ist Ort des höfischen Lebens, hier zelebriert eine gesellschaftliche Elite ihren Lebensstil. Mehr als 25 000 mittelalterliche Zitadellen werden im deutschsprachigen Raum die Zeit überdauern, wenn auch oft nur als Ruinen oder in kaum mehr erkennbaren Resten.

Wohl um das Jahr 1193 beginnt Arnold, der Vater des späteren Burgherrn Graf Friedrich, in der Nähe der heutigen Stadt Hattingen mit dem Bau einer Feste auf dem Bergrücken hoch über der Ruhr.

Seine Familie ist eine der bedeutendsten im Rheinland und in Westfalen. Als Graf ist er Teil der

Wasserspeier: Nicht nur bei einer Belagerung ist entscheidend, dass die Burg über funktionierende Brunnen oder Zisternen verfügt

Eine Festung muss leicht zu verteidigen sein. So ragen ihre Mauern häufig von unzugänglichen Anhöhen empor

Meist dauert es mehrere Jahrzehnte, ***bis die Handwerker eine Burg vollendet haben***

Ritterschaft, steht aber gesellschaftlich über den einfachen Reiterkriegern. Seine verstreuten Ländereien erstrecken sich vom Niederrhein bis an den Südrand des Teutoburger Waldes. Der weitläufige Besitz wird geschützt von mehreren Kastellen, die von seinem Rang künden.

Burg Isenberg, der neue Stammsitz der Familie, soll mit ihren Ausmaßen nicht nur die bisherigen Bauten der Familie übertreffen, sondern auch die meisten weit über die Region hinaus.

Als Erstes ist der Baugrund vorzubereiten. Männer roden den Bauplatz sowie die Umgebung: Burgen sind fast nie von Wald umgeben, damit sich kein Feind im Schutz von Bäumen anschleichen kann. Möglichst viel Gestein muss in nahe gelegenen Brüchen gewonnen werden können. Es aus weiterer Entfernung herbeizuschaffen würde lange dauern und wäre auch zu teuer. Nur wertvollen Tuff oder Marmor für Fensterbögen oder Kapitelle brechen Spezialisten in weiter entfernten, größeren Gruben.

In einer Kammer hält der Burgherr Schwerter, Kanonen und Rüstungen vor. In den Kampf zieht er jedoch nur sporadisch – meist bei kleineren Fehden gegen Nachbarn

Fuhrleute transportieren die unbehauenen oder bereits bearbeiteten Steine sowie Sand und Kalk zum Bauplatz, unterstützt von den bäuerlichen Untertanen der Umgebung. Der Frondienst – eine Art Steuer, die als Arbeit abgeleistet wird – verpflichtet sie zu helfen. Sie heben Gräben aus oder verrichten andere einfache Arbeiten. Nur während der Saat- und Erntezeit sind sie vom Dienst befreit.

Die eigentlichen Arbeiten verrichten spezialisierte Handwerker, Maurer, Zimmerleute und Steinmetze, die anders als die Bauern für ihre Arbeit bezahlt werden. Der Bau eines Kastells auf einem Bergrücken ist anspruchsvoll, langwierig – und vor allem: äußerst kostspielig. Jede Burg ist ein Wehrbau. Er muss so befestigt sein, dass wenige Menschen in der Lage sind, ihn zu verteidigen: Burgmannen, Wächter, vielleicht zwei Torwarte und ein Turmmeister – auf einer Bastion von mittlerer Größe etwa zehn bis 30 Mann.

Daher legen die Bauherren großen Wert auf eine hohe Ringmauer, die Hauptburg und Vorburg komplett einschließt. Sie wird als Erstes fertiggestellt. Zunächst steckt der Baumeister, zumeist ein erfahrener Steinmetz, mit Holzstäben und Schnüren den Verlauf des Walls ab. Der Schöpfer des Entwurfs muss nicht nur in der Lage sein, die Anlage vollständig durchzuplanen, sondern er stimmt auch die Arbeit aller Handwerker aufeinander ab und sorgt dafür, dass die benötigten Materialien rechtzeitig vorhanden sind.

Deshalb muss er ständig auf dem Bauplatz anwesend sein. Skizzen macht er auf Wachstafeln, die sich leicht auswischen oder verändern lassen, manchmal auch einfach auf dem Boden.

Nun beginnen die Maurer mit der Arbeit an der Burg. Über Stege, Leitern und Rampen bringen ihnen Handlanger Steine und Mörtel in Körben und Eimern zur langsam entstehenden Ringmauer. Kräne erleichtern ihre Arbeit. Sie sind aus Holz und haben einen langen Ausleger, an dessen Ende ein Flaschenzug hängt, der sich von Hand oder mit einem Tretrad bedienen lässt.

Nach der Mauer geht es an den Bergfried. Er ist der Hauptturm und steht an jener Seite der Burg, von der aus sie am leichtesten angegriffen werden kann. Er ist in der Regel 20 bis 40 Meter hoch, überragt die Ringmauer deutlich. Eine Wehrplattform schließt den Turm in der Höhe ab. Von hier oben aus können Angreifer mit Steinen beworfen oder mit Pfeilen beschossen werden, der Burgherr kann mit gutem Überblick die Verteidigung organisieren.

Als letzter Zufluchtsort bei einem Angriff eignet sich der Bergfried jedoch kaum: Zu eng ist er im Inneren, seinen Mauern fehlen Wehröffnungen. Nur kleine, schmale Schlitze lassen Luft und Licht hinein. Und von hier aus gibt es in einem Notfall keinen Zugang zum lebenswichtigen Wasser.

Erst wenn Ringmauer und Bergfried fertig sind, entstehen nach und nach die Wohn- und Wirtschaftsgebäude. Der Bau einer Festung ist langwierig. Gut 90 Männer arbeiten zwischen fünf und sieben Jahren an einer Bastion von durchschnittlicher Größe. Die Errichtung der gewaltigen Isenburg hat sich sogar über gut zwei Jahrzehnte hingezogen – und so hat Graf Friedrichs Vater Arnold, der erste Bauherr, das Ende nicht mehr erlebt. Sein Sohn führte die Arbeiten fort.

Und vor Kurzem, gerade war der Graf mit seiner Familie auf die Isenburg gezogen, hat der Kölner Erzbischof seinen Besuch angekündigt.

Oft ist es für einen Gastgeber äußerst erfreulich, hochrangige Besucher zu beherbergen – ist eine solche Visite doch vielfach ein Gunstbeweis, der ihn aus dem Kreis gleichrangiger Standesgenossen heraushebt und ihm signalisiert, dass er auf politische Unterstützung des Gastes hoffen darf.

In Konfliktfällen ist der mitunter tagelange Aufenthalt eines Fürsten samt Gefolge für den Burgherrn allerdings bedrückend: eine unmissverständliche Drohung und für weniger wohlhabende Ritter zudem eine kaum tragbare finanzielle Belastung.

Engelbert jedoch will jetzt nicht länger als eine Nacht auf der Isenburg verbringen. Der Erzbischof ist nur auf der Durchreise, und die Bastion liegt auf der Hälfte des Weges von den rheinischen zu den westfälischen Besitzungen des Erzbistums, die er besuchen möchte. Ihm Quartier auf seiner Reise zu gewähren dürften der Respekt vor dem hohen Rang und die familiären Bindungen gebieten.

Die großen Räume der Adeligen sind schlecht zu beheizen. Wandbespannungen aus Stoff sollen Kälte, die Baldachine der Betten zudem Ungeziefer abhalten

Mittlerweile ist der Tross des Kirchenfürsten vollständig in der Vorburg eingetroffen, die Pferde sind versorgt, erste Worte wurden gewechselt. An Graf Friedrich ist es nun, die Gäste bergan zur Hauptburg zu führen, in der sich der Wohnbau mit den Privaträumen der Herrschaften in den oberen Geschossen befindet.

Dort beziehen die ranghohen Gäste, von der Reise ermüdet, ihre Quartiere. Es ist anzunehmen, dass Friedrich für den Erzbischof ein Zimmer mit besonders guter Ausstattung ausgesucht hat, vielleicht sogar mit einem Kamin.

Selten nur gibt es in den Burgen auch wohlhabender Aristokraten eigene Schlaf- und Wohnzimmer. Holzvertäfelungen oder Wandteppiche sollen in den schlecht beheizbaren Räumen meist vor Kälte schützen – und die Baldachine der Himmelbetten vor Ungeziefer, das von der Decke fällt.

Immerhin haben die Familienmitglieder des Burgherrn (und natürlich dessen hohe Besucher) je ein eigenes Bett. Die Mägde dagegen ruhen gemeinsam in einem einfach gezimmerten Gestell, Knechte auf Strohlagern, oft im Stall neben den Pferden oder in einer Scheune.

In der Nähe der herrschaftlichen Zimmer befindet sich ein Abort. Er ragt meist aus der Fassade, sodass die Exkremente direkt im Burggraben oder in einer Grube landen. Oder sie werden durch einen Schacht in der Mauer entsorgt.

Auf Burg Isenberg liegen einige Abortschächte an der Westseite. Hier fällt das Gelände steil ab, der Regen kann den Unrat wegspülen. In der Nacht oder im Winter bevorzugen die Burgbewohner allerdings Nachttöpfe.

In einem hohen Erdgeschossraum des herrschaftlichen Wohngebäudes oder in einem Anbau direkt nebenan liegt die Küche.

Schon seit Tagen wird hier das Festmahl vorbereitet, wird gebraten, gebacken, geschmort. Die Essensdüfte durchziehen die ganze Burg. In der Glut des Herdplatzes stehen tönerne Töpfe, in denen auch Lebensmittel aufbewahrt werden können. Auf Spießen grillt das Fleisch. Stücke von Schwein und Rind, von Hühnern, Fasanen, Enten, ganze Lämmer. Auch Hecht, Flussbarsch und Barben aus der Ruhr werden wohl serviert.

Die Küche hat ihren Platz stets in der Nähe einer Wasserstelle. Jede Burg hat eine eigene Wasserversorgung, sonst könnte sie keine Belagerung überstehen.

Doch da es nur selten möglich ist, auf felsigen Höhen einen Brunnen zu errichten, verfügen die meisten Kastelle über gemauerte Zisternen, in denen sich Regenwasser sammelt.

ALLES IST VORBEREITET. Der Hausherr empfängt die Gäste im Saal, dem hallenartigen Hauptraum, der sich in einem Obergeschoss befindet. Er ist größer und prächtiger als die Wohnräume. Hier sind die Wände verputzt, geschmückt mit Malereien und Teppichen. Hier gibt es vielleicht sogar Glasfenster, im Mittelalter ein Luxus. Sonst werden die Maueröffnungen mit Pergament, Häuten oder Stoff abgedichtet. Sind die Fenster – wie jetzt – verschlossen, lassen sie nur milchig-trübes Licht in den Saal. Fackeln, Kerzen und Leuchter sorgen für etwas Beleuchtung.

Die Einrichtung ist karg. Entlang der Wände stehen Bänke. Den Raum beherrscht der große Wandkamin, in dem ein offenes Feuer brennt.

Der Burgherr und seine Frau haben ihre Festkleidung angelegt. Ihre Gewänder sind aus kostbaren Stoffen gefertigt, reich gemustert in grellbunten Farbtönen, die der Adel so liebt – etwa Grün und Rot, kombiniert mit Gelb, Violett oder Blau, den Modefarben jener Zeit.

Eng geschnürt, betont das Kleid der Burgherrin deren Taille und Brust, vom Gürtel abwärts fällt es in Falten so weit hinab, dass es beim Gehen gerafft werden muss. Auch die Ärmel in Trompetenform sind sehr lang. Nach neuester Mode trägt sie eine Schleppe aus durchscheinendem Gewebe.

Das Obergewand des Herrn unterscheidet sich kaum von dem der Frau. Allerdings ist der Männerrock an Vorder- und Rückseite geschlitzt, damit er in ihm auch reiten kann.

Das Gewand hat der Schneider – so trägt man es jetzt – vorn ein wenig gekürzt, um die Beine zur Schau zu stellen, die in eng anliegenden Hosen stecken. Um sich von den Bauern abzuheben (deren Frisur seit alters stets kurz sein muss), trägt der Herr das Haar lang, es reicht bis über die Ohren.

So auffällig und farbenprächtig die Kleidung der Vornehmen ist, so unscheinbar wirkt dagegen das Schuhwerk – ein bis zu den Knöcheln reichender zierlicher Schlupfschuh, der über dem Spann mit Spangen oder Bändern geschlossen wird.

Erst im 15. Jahrhundert werden die extrem langen und spitz zulaufenden Schnabelschuhe, die selbst langsames Gehen behindern, bei allen Ständen beliebt werden.

Sind alle Gäste versammelt, gibt der Herr des Hauses das Zeichen, die Tische aufbauen zu lassen. Nur für die Mahlzeiten werden sie in den Saal getragen, einfache Böcke, auf die man Platten oder Bretter legt. Wertvolle Damasttischtücher aus Italien, die bis zum Boden reichen, machen sie zu festlichen Tafeln. Bevor sich alle niederlassen, reichen die Bediensteten Wasser in Schüsseln zum Händewaschen.

Schreibstube auf Burg Eltz: Im Winter bleibt den adeligen Bewohnern Zeit für Verwaltungsarbeiten und zum Lesen

Festtage sind selten auf der Burg. Meist ist der Alltag der Bewohner eintönig – besonders in der dunklen Jahreszeit

Im Inneren sind auf kleiner Fläche repräsentative Gebäude, aber auch Speicher, Stallungen und einfache Gesindebehausungen untergebracht

Mit viel Bedacht hat der Burgherr die Sitzordnung festgelegt, der jeweils zugewiesene Platz soll dem Rang des Gastes entsprechen. Meist sitzt der Gastgeber am Kopfende oder in der Mitte der Längsseite, der vornehmste Gast – an diesem Abend Erzbischof Engelbert – direkt neben ihm. In absteigender Rangfolge zur Linken und zur Rechten folgen die übrigen Geladenen.

Die Tafelnden speisen mit dem Rücken zum wärmenden Kamin. Von der anderen Seite wird serviert, bei großen Gastmählern rutschen die Bediensteten gar auf Knien heran, damit die Festgesellschaft freien Blick auf Musikanten, Jongleure und Gaukler in bunten Kleidern hat – oder auf Dichter und Minnesänger, die von ritterlichen Helden und ihren Liebesabenteuern berichten.

Diener tragen die Speisen in gedeckelten Schüsseln auf. Die zahlreichen Gänge, jeder vom Koch aus mehreren Gerichten zusammengestellt, sind Zeichen der Ehre, die der Burgherr seinen Gästen erweist.

Obwohl die Ritter auf die Jagd gehen, gibt es auf Burgen selten Wild. Das meiste Fleisch liefern Schweine, Rinder, Hühner aus eigener Zucht. Das Weißbrot ist aus fein gemahlenem Weizen. Das Gemüse wird im Burggarten geerntet oder kommt vom Wirtschaftshof. Die Fleischspeisen, stets der Höhepunkt eines Festmahls, haben die Köche mit besonderer Sorgfalt vorbereitet. Die besten und zartesten Stücke werden dem ranghöchsten Esser gereicht: Erzbischof Engelbert.

Bei hohem Besuch glüht in der Küche tagelang das Herdfeuer – für ein Gastmahl werden Unmengen an Fleisch gegart

Der Kleriker ist ein anspruchsvoller Gast. Zum einen steht er gesellschaftlich über Graf Friedrich, zum anderen ist er ein höchst ehrgeiziger Mann, der eine schnelle Karriere in der Kirche gemacht hat. 1212 hat er am Kreuzzug gegen die Albigenser in Frankreich teilgenommen – allerdings wohl nur die vorgeschriebene Mindestzeit von 40 Tagen, die für den Erlass von Sündenstrafen erforderlich ist.

Erst Anfang des Jahres 1216 ist Engelbert zum Bischof gewählt worden, da hatte er das dafür nötige Mindestalter von 30 Jahren erreicht. Manche werden dem Kirchenmann später nachsagen, hochfahrend und herablassend zu sein, oft den irdischen Dingen ergeben, vor allem dem Streben nach Macht. Und auch weltliche Genüsse wie ein gutes Mahl wird Engelbert wohl zu schätzen wissen.

An Festtagen wie diesem ist das Essen nicht nur üppig, sondern auch äußerst stark gewürzt. Mit dem verschwenderischen Gebrauch importierter Gewürze stellt der Gastgeber seinen Reichtum zur Schau. Ein Pfund Muskatnuss etwa kostet so viel wie sieben Ochsen. Auch Pfeffer, Ingwer und Zimt sind teuer.

Die erlesenen Spezereien haben die italienischen Seerepubliken Genua und

Zur Sicherung der Burg lassen die Herren oft die umliegenden Wälder roden. Dann bleiben Angreifern nur Nacht und Nebel als Deckung

Der Bau einer Festung kostet große Summen – *fast ebenso teuer aber ist ihr Betrieb*

Venedig über die Seidenstraße, das Rote Meer und die Levante importiert. Auf dem Landweg und mit dem Schiff werden sie in ganz Europa vertrieben und auf den großen Messen verkauft. Graf Friedrich hat die Gewürze vermutlich aus Köln bezogen, denn dank des Rheins ist die Stadt ein wichtiger Umschlagplatz für Waren.

Gastgeber und Gäste essen von Brettchen, Tellern aus Keramik oder einfachen Platten aus Holz oder Zinn. Tafelgeschirr aus Silber gibt es selbst an herrschaftlichen Tafeln nur selten. Meist teilen sich zwei Gäste ein Trinkgefäß.

Die Getränke, üblicherweise Wein, tragen Diener in großen Krügen in den Saal. Wenn der Hausherr es sich leisten kann, ist er aus dem Süden importiert – der heimische Wein ist vielfach sauer oder fade und muss mit Honig gesüßt oder mit Pfeffer und anderen Gewürzen erst schmackhaft gemacht werden.

Alle Anwesenden essen mit der Hand. Brotscheiben, die auf dem Tisch verteilt liegen, dienen ihnen als Unterlage für Fleischstücke und Fisch, oder sie tunken sie in Brühen, Saucen, den Wein. Messer zum Zerteilen der großen Stücke sowie Löffel für Suppen und Breie bringen die Gäste meist selber mit. Gabeln dagegen sind als Essbesteck unüblich, mit ihnen werden Speisen nur vorgelegt.

Nur die repräsentativen Zimmer verfügen über Fenster aus Glas. Sonst sind die Wandöffnungen eher mit Stoff oder Häuten geschlossen

Die vielen Gänge, der viele Wein, die Gespräche – das Festessen auf der Burg Isenberg hat sich hingezogen. Zufrieden nehmen die Anwesenden die letzten Bissen zu sich. Vielleicht hat Engelbert von seiner Wahl zum Bischof erzählt. Vielleicht auch haben sie über Literatur und den Dichter Walther von der Vogelweide geredet, dessen Gönner Erzbischof Engelbert ist. Und sicherlich wird der Kleriker sich anerkennend über die prächtige Festung Friedrichs und die erlesenen Speisen äußern.

Ist das Mahl beendet, reichen die Diener noch einmal Wasser zum Säubern der Hände, dann tragen sie die Tische aus dem Saal. Es ist spät geworden. Bei vielen Gastmählern spielen nun Musikanten zum Tanz auf. Wenn ein so hoher kirchlicher Würdenträger wie Engelbert zu Gast ist, wird der Burgherr darauf aber verzichten, da die Kirche den Tanz verurteilt. Aber vielleicht nutzt der Erzbischof die abklingende Feststimmung, um nun den Streitfall um die Güter des Stifts Essen anzusprechen.

GASTMÄHLER WIE DIESES sind seltene Ereignisse auf einer Burg – willkommene Höhepunkte in einem oft eintönigen Alltag ohne höfisch-ritterlichen Glanz. Nur die Jagd bietet Abwechslung, gehört sie doch zu den Privilegien des Adels. Ein standesgemäßer Zeitvertreib, so beliebt, dass die hohen Herren ermahnt werden müssen, darüber sonntags nicht den Gottesdienst zu versäumen.

Einen großen Teil der warmen Monate ist der Burgherr indes auf Reisen, um seinen Lehnsherrn zu beraten, Urkunden für ihn zu bezeugen, Gegnern Drohbesuche abzustatten, Fehden zu führen oder – seltener – für den König in den Krieg zu ziehen. Doch spätestens im Winter ist er meist wieder daheim. Dann werden die Tage auf der Burg lang. Kälte, Enge, Dunkelheit und Langeweile bestimmen die Zeit. Die Mahlzeiten sind karg: Brot, etwas Saft und Wein, Sauerkraut, eingelegte Gurken, Pökelfleisch (einen Teil des Viehs hat der Verwalter schon im Herbst schlachten und durch Salz konservieren lassen).

Selbst im Sommer kann das Licht, das durch schmale Schlitze fällt, die Räume in der Burg kaum erhellen. Im Winter sind sie oft mit Holzläden verschlossen. Kaminfeuer spenden dann ein wenig Licht, ebenso Kerzen aus Rindernierenfett oder Hammeltalg. Oder stinkende Öllampen. Und Fackeln rußen stark und schwärzen die edlen Wandteppiche.

Die Mauern können die Kälte kaum abhalten. Zumindest einen Raum versucht man mit dem Ofen einigermaßen warm zu halten. Die Monate im Dämmerlicht können endlos werden.

Spiele sind ein Zeitvertreib an diesen tristen Wintertagen: Würfeln, Brettspiele wie Dame, Mühle und vor allem

Schach, das als das „ritterliche" Spiel gilt. Die Frauen beschäftigen sich mit Handarbeit, während die Kinder mit Keramikpuppen, Pferdchen oder anderen Tierfigürchen spielen. Es wird musiziert, Harfe, Flöte oder Geige gespielt – und gesungen: Gesangsunterricht und das Spielen eines Instruments sind Teil der adeligen Erziehung.

Die Musik gehört zur Lebenswelt eines Ritters so wie die Minne, die von der Unerreichbarkeit einer tugendhaften Angebeteten erzählt. Auch Romane und Heldenbücher schätzen die Adeligen. Meist werden diese Werke von der Dame des Hauses oder einem fahrenden Dichter laut vorgetragen.

Vor allem in solchen Romanen erleben die Herren der Burgen Schlachten und Heldentum – nur selten dagegen im wirklichen Leben. Wenn sie einmal in Kämpfe verwickelt werden, dann zumeist in Fehden, in Kleinkriege zwischen Adeligen, in Rachefeldzüge, die den Gegner schädigen sollen. Dann verwüsten und plündern die Angreifer die herrschaftlichen Güter ihres Kontrahenten, rauben das Vieh, brennen umliegende Dörfer und die Ernte nieder und nehmen ihm so die Vorräte für den Winter.

Die Burg selbst ist bei solchen Auseinandersetzungen meist ein sicherer Rückzugsort – wenn auch nur für ihre kaum mehr als 20 Bewohner. Viel zu gedrängt ist der Platz innerhalb der Festungen, um die Menschen des Umlands aufzunehmen, viel zu gering sind die gelagerten Vorräte, um sie zu versorgen.

Die herrschaftlichen Empfänge finden im großen Saal statt. Sie bringen dem Besitzer der Feste Renommee ein, aber auch gewaltige Kosten

Die bäuerlichen Untertanen, die keine Waffen tragen dürfen, haben kaum eine andere Wahl, als bei einer herannahenden Feindesschar mitsamt ihrer Habe und ihrem Vieh in den Schutz von Wäldern oder einer nahen Stadt zu fliehen.

Selbst wenn ein Gegner die Festung angreift, will er sie meist nicht zerstören – sondern erobern. Gelingt ihm dies, gilt er fortan als ihr rechtmäßiger Besitzer und erhält obendrein das dazugehörige Land und dessen Einkünfte.

Schafft es ein Angreifer nicht, die Burg mit einem überraschenden Überfall, durch Verrat oder eine List zu nehmen oder mit Drohungen die kampflose Übergabe zu erzwingen, wird es mühsam, teuer und zeitaufwendig für ihn. Da Belagerungen großer und gut ausgerüsteter Zitadellen oft Monate lang andauern können, erfordern sie erhebliche Mengen an Waffen, Ausrüstung und Truppen. Nur eine stattliche Kriegsmacht, etwa die eines Königs, eines Landesfürsten oder einer Ritterallianz, kann sich auf dieses Wagnis einlassen.

Bei einem Angriff rücken die Belagerer langsam vor, durch mannshohe Schilde vor den Bogenschützen in der Festung gesichert, zielen auf die Besatzung – und treffen mit ihren Pfeilen aus 30 Meter Entfernung zuweilen gar durch die engen Schießscharten. Sobald die Angreifer die Burg erreicht haben, versuchen sie die Ringmauer zu unterminieren: Sie graben (falls der Boden nicht zu hart ist) unterirdische Stollen und stecken dann die Holzstützen in Brand, um die Mauern zum Einsturz zu bringen.

Das Unterminieren ist lange Zeit die erfolgreichste Methode, um eine Burgmauer so zu beschädigen, dass sie einstürzt. Doch etwa seit dem Jahr 1200 gibt es eine neue, furchterregende Wurfmaschine, mit der sich Mauern sehr viel schneller brechen lassen: die Blide.

Frühere Katapulte haben Steine in hohem Bogen über die Mauern geschleudert und so Dächer zerstört, nicht aber Mauern. Die Blide nun ist sehr viel größer und präziser.

Mithilfe eines Gegengewichts wird ihr langer Hebelarm in Schwung gebracht. Wegen der starken Beschleunigung des Geschosses können Bliden Steine von mehr als 100 Kilogramm Gewicht gut 500 Meter weit zielgenau schleudern.

Wieder und wieder beschießen Angreifer die Ringmauer dann an einer bestimmten Stelle, bis sie schließlich bricht und sich eine Lücke für die Attacke auftut.

Mit der Blide lassen sich aber auch Brandsätze, Bienenstöcke, verwesende Tierkadaver oder stinkender Unrat in die Anlage schleudern – nicht nur der Wehrbau, auch Gesundheit und Mut der Verteidiger sollen geschwächt werden.

Mögen die Schäden durch den Beschuss noch so groß sein: Wenn sich die Burgbesatzung nicht ergibt oder zu Verhandlungen bereit ist, bleibt den Angreifern nur der Sturm auf die Feste. Um die Feinde aufzuhalten, legt die Burgbesatzung oft Fußangeln aus, die schmerzhafte Wunden verursachen, wenn man auf sie tritt.

Ohnehin sind die Verteidiger im Vorteil durch ihren erhöhten Standort, von dem aus sie Steine auf die Angreifer herabschleudern. Selbst kleine Burgbesatzungen können, gedeckt durch Zinnen und Brustwehren, die Attacke eines starken Gegners abwehren.

Gelingt es den Belagerern aber, in die Feste einzudringen, kommt es zum Kampf Mann gegen Mann, vor allem mit dem Schwert, der wichtigsten Nahkampfwaffe des Ritters.

Und die Verluste sind hoch, auf beiden Seiten. Denn die Streitenden können sich jetzt nur mit einem leichten Schild schützen, auch ein Rückzug ist kaum möglich: Die Fluchtwege aus der Burg versperren die Angreifer, und der Aufstieg in den Bergfried führt über schwankende Leitern oder enge, steile Treppen.

Ein filigranes Gewölbe überspannt den Raum. Einst hat er den Burgherren wohl als Kapelle zum Gebet gedient

Da die Ritter diese Gefahren kennen, enden die meisten Belagerungen entweder mit der Kapitulation des Burgherrn – oder dem Abzug der Angreifer. Oft entscheiden allein die Kampfmoral und der Durchhaltewille von Angreifern und Verteidigern über den Ausgang einer Belagerung.

Als der römisch-deutsche König Philipp im Jahr 1204 mit mehreren Tausend Mann gegen Burg Weißensee anrückt, übergibt sie der Burgherr, der thüringische Landgraf, binnen sechs Wochen. Als acht Jahre später Kaiser Otto IV. die gleiche Festung belagert und sie außerdem mit Bliden beschießen lässt, muss er, obwohl die Geschosse schwere Schäden anrichten, erfolglos wieder abziehen.

Viel eher als Kämpfe machen Verfall, Brände, Blitzeinschläge eine Bastion zur Ruine. Zu großen Gefechten kommt es, wenn überhaupt, auf freiem Feld. Im Durchschnitt erlebt nur jede dritte Generation von Burgbewohnern eine Belagerung. Der Alltag auf einer Festung ist meist von friedlicher Geschäftigkeit bestimmt.

AM MORGEN NACH DEM FESTMAHL haben sich der Burgherr und seine Gäste schon früh aus ihren Betten erhoben und zum Frühstück, wie es üblich ist, einen Becher Wein zu sich genommen. Engelbert drängt zum Aufbruch. Er will rasch zu seinen westfälischen Gütern weiterreisen, denn er macht sich Sorgen um den Zustand seines Erzbistums.

Jahrelang währende Kämpfe um den deutschen Thron zwischen Otto IV. aus dem Geschlecht der Welfen und der Dynastie der Staufer haben sein Herrschaftsgebiet zerrissen, weil sich Städte und führende Adelige unterschiedlichen Parteien angeschlossen hatten. Erst eine Schlacht im Juli 1214 hat den Thronstreit militärisch entschieden – zugunsten des Staufers Friedrich II., der damit auch um Köln seine Macht behauptet hat.

Engelbert will nun persönlich erkunden, welche

Mehrere Meter dick ist die Mauer einer Burg. Das Bollwerk lässt sich nur schwer durchbrechen, etwa mithilfe gewaltiger Steinkatapulte

verheerenden Folgen die unruhige Zeit hinterlassen hat; zuletzt sind die Einkünfte aus dieser Region dramatisch gesunken. Er möchte dort jetzt Präsenz zeigen, der herzoglichen Gewalt wieder Geltung verschaffen. Mehr noch: Er will seinen Machtbereich ausdehnen. Nicht nur die Essener Vogtei, alle geistlichen Güter, die von Adeligen verwaltet werden, sollen wieder in den direkten Besitz der Kirche gelangen.

Das Festmahl auf der Burg endet friedlich, *doch der Zwist um den Stift Essen schwelt weiter*

Die Knechte haben die Pferde aufgeschirrt. Die Edelsten von Engelberts Reisegruppe haben ihre pelzgesäumten Mäntel mit Kapuze übergezogen. Nun ist es Zeit, sich zu verabschieden. Dann sitzen der Erzbischof, seine Berater und die Panzerreiter auf und reiten durchs offene Burgtor davon.

Eine Einigung im Zwist um das Stift Essen haben Friedrich und Engelbert nicht gefunden. Noch aber können die unterschiedlichen Interessen an den Gütern des Stifts ihre familiäre Beziehung nicht nachhaltig überschatten. Doch mit den Jahren wird sich der Streit verschärfen. Und eskalieren, als alle Gespräche und Vermittlungsversuche scheitern.

Wenige Jahre nach dem Besuch von Engelbert auf der Isenburg überfällt Graf Friedrich am 7. November 1225 als Anführer einer Verschwörung den Erzbischof, seinen Verwandten, auf dem Weg zu einer Kirchenweihe. Geplant ist wohl, den Geistlichen gefangen zu nehmen – wahrscheinlich, um Zugeständnisse über den Besitz des reichen Frauenstifts Essen von ihm zu erpressen. Doch der Anschlag verläuft nicht nach Plan: Engelbert kommt bei dem Überfall ums Leben. Graf Friedrich von Isenberg muss fliehen. Weil er als Haupttäter gilt, wird er auf Drängen des Kölner Erzbistums vom König geächtet und im folgenden Jahr schließlich festgenommen.

Anfang November 1226 verurteilt ihn ein Gericht des Kölner Erzbistums zum Tode.

Am 13. November kommt es zur Hinrichtung. Schergen zerschlagen dem Delinquenten alle Arme und Beine; anschließend flechten sie die gebrochenen Glieder des immer noch lebendigen Grafen in die Speichen eines Rades – die schimpflichste und ehrloseste Form der Hinrichtung

Zum Schluss lässt der Scharfrichter das Rad an einem Pfahl aufrichten und zündet darunter ein Feuer an.

Die Burg Isenberg wird kurz darauf geschleift. Auf ganzer Länge schlagen Arbeiter tiefe Höhlungen in den Fuß der Mauer, füllen sie mit Brennmaterial und zünden es an. Als das Feuer die Stützen zerstört, stürzt das darüber liegende Gebäude ein. Was danach noch steht, wird in Brand gesetzt.

Gut 30 Jahre nachdem der Bau der gewaltigen Festung begonnen hat, wird sie „dem Erdboden gleich" gemacht, wie es in der „Kölner Königschronik" heißt.

Sie wird zur Ruine – lange vor der Zeit. ┘

25 000 Bastionen haben im deutschsprachigen Raum die Zeiten überdauert. Die Burg Eltz sicherte einst einen Handelsweg durch die Eifel

Sammler des RECHTS

EIKE VON REPGOW

Um 1225 schafft der juristische Laie die erste Zusammenstellung deutscher Rechtsnormen, den »Sachsenspiegel«

Der Verfasser des ältesten deutschen Rechtsbuches muss ein kritischer Geist gewesen sein. Zwischen den Paragrafen reflektiert er in kurzen Sätzen über das Unrecht seiner Zeit: „Dass ein Mann einem anderen gehören kann", leuchtet ihm nicht ein. Leibeigenschaft sei durch Gewalt entstanden, „die man seit alters her in unrechte Gewohnheit gezogen hat und nun für Recht halten will".

Im Auftrag des Grafen Hoyer von Falkenstein sammelt Eike von Repgow um 1225 die gewohnheitsrechtlichen Normen der Sachsen in seiner Heimat Ostfalen (heute südliches Niedersachsen/westliches Sachsen-Anhalt) und zeichnet sie auf.

Der gebürtige Reppichauer ist dafür ganz offensichtlich prädestiniert. Die wenigen Urkunden, die neben der Vorrede zu seinem Gesetzeswerk Auskunft über sein Leben geben, weisen ihn als Zeugen bei Rechtsgeschäften aus. Eike von Repgow, über den kaum mehr Biografisches überliefert ist, kannte also die Abläufe bei Gericht, war vermutlich angesehen und gebildet.

Sein zunächst auf Lateinisch verfasster, später ins Deutsche übertragener „Sachsenspiegel" umfasst zivilrechtliche wie strafrechtliche Regelungen und gibt so den gesetzlichen Rahmen vor für Ehe, Familie und Dorfgemeinschaft; er behandelt aber auch die Verfassung des Reiches und das Lehnsrecht.

Eingehend beschäftigt sich Eike mit dem Erbrecht, das Söhne bevorzugt, doch die Rechte der Frauen berücksichtigt: „Ein Weib kann mit Unkeuschheit ihres Lebens ihre weibliche Ehre mindern; ihr Recht verliert sie damit nicht noch ihr Erbe."

Auch die Bedingungen, unter denen es Erwachsenen erlaubt ist, Kinder zu züchtigen, sind festgelegt: „Zerrauft" ein Mann ein Kind, bleibt er ohne Buße – doch nur, wenn er „auf die Reliquien schwört", dass die Züchtigung ausschließlich „wegen einer Missetat" erfolgt ist. Sind aber bei einem Delikt Strafen vorgesehen, können sie drastisch ausfallen: „Wenn einer bei Nacht Korn stiehlt, der verschuldet den Galgen."

Andererseits lassen sich selbst Tötungen durch Geldbußen sühnen. Möglichem Streit beugen Nachbarschaftsregeln vor: „Backofen und Abtritt und Schweinekoben sollen drei Fuß von dem Zaun stehen." Oder: „Es darf niemand seine Dachtraufe in eines anderen Mannes Hof hängen."

Das Rechtsbuch enthält auch die ersten schriftlich fixierten Verkehrsregeln: „Des Königs Straße soll so breit sein, dass ein Wagen dem anderen ausweichen könne. Der leere Wagen soll ausweichen dem beladenen."

Und Bauvorschriften: „Man kann einen Hof befestigen mit Zäunen so hoch, wie ein Mann auf einem Ross sitzend reichen kann." Denn nicht jedermann soll der Bau einer Festungsanlage gestattet sein.

Die erste volkssprachliche Fassung erlebt mehrere Überarbeitungen. Erst um 1270 liegt der „Sachsenspiegel" in einer endgültigen Version vor.

Schon bald prägt die ursprünglich private Gesetzessammlung die Rechtsentwicklung nicht nur Sachsens, sondern auch weiter Teile Osteuropas. Entlang der großen Handelsstraßen findet der „Sachsenspiegel", meistens im Verbund mit dem Magdeburger Stadtrecht, bis ins Baltikum und die Ukraine Verbreitung.

In Anhalt und Thüringen werden einige seiner Bestimmungen erst 1900 durch das „Bürgerliche Gesetzbuch" abgelöst. Und noch 1932 nimmt ein Urteil des Reichsgerichts Bezug auf das Werk Eike von Repgows – rund 700 Jahre nach dessen Tod.

KLAUS MEYER

KAMPF UM ÖSTERREICH

Er hat keinen bedeutenden Stammbaum vorzuweisen und besitzt nur zerstückelte Ländereien: Als die deutschen Kurfürsten 1273 Rudolf von Habsburg zum König wählen, erheben sie mit Bedacht einen scheinbar schwachen Adeligen zum Herrscher. Doch Rudolf besiegt seinen ärgsten Widersacher – und schafft so die Grundlage für den Aufstieg seiner Familie zur mächtigsten Dynastie im Heiligen Römischen Reich

——— Text: MARTIN PAETSCH

In Niederösterreich treffen am 26. August 1278 die Heere Rudolfs von Habsburg (ganz rechts, mit Adlerschild) und seines Widersachers Ottokar von Böhmen (ganz links, unter der Fahne) aufeinander. Es geht darum, wer der mächtigste Mann im Heiligen Römischen Reich ist – und wer über Österreich herrschen wird (Darstellung aus dem 19. Jh.)

Von ihrem Stammsitz, der Habsburg im Aargau (in der heutigen Schweiz), leitet die Dynastie ihren Namen ab

Fast undurchdringlich sind im Mittelalter die Grenzen zwischen Macht und Ohnmacht, zwischen Ruhm und Namenlosigkeit, zwischen hohem und niederem Rang. Doch als 1250 die Herrschaft der Staufer-Dynastie (siehe Seite 68) über halb Europa erlischt, erschüttert ein Umbruch das Heilige Römische Reich.

In diesen Zeiten der Unordnung gelten die alten Regeln plötzlich nicht mehr. Die Grenzen zwischen Oben und Unten öffnen sich einen Moment lang für ehrgeizige Emporkömmlinge.

Für Männer wie den Grafen Rudolf aus dem unbedeutenden südwestdeutschen Adelsgeschlecht der Habsburger.

Der führt in dieser Zeit Fehde um Fehde gegen seine Nachbarn, rafft Land um Land zusammen, bedrängt seine Rivalen. Er wird so einer der großen Territorialherren im Südwesten des Reiches – und schließlich sogar dessen König.

Mit seinem Aufstieg erschafft Rudolf jene Machtbasis, welche die Habsburger für Jahrhunderte zum bedeutendsten Herrscherhaus Europas machen wird.

Dies ist seine Geschichte.

Freitag, 26. August 1278. Bei dem österreichischen Ort Dürnkrut an der March, einem Nebenfluss der Donau, stehen sich an diesem Morgen zwei Heere gegenüber. Drei Kilometer voneinander entfernt, durch eine Ebene getrennt, warten sie auf den Befehl zum Angriff.

Im Süden hat Rudolf von Habsburg mehr als 9000 Reiter aufmarschieren lassen, darunter 300 gepanzerte Ritter sowie 5000 berittene Bogenschützen. Das Heer ist mit weißen und roten Kreuzen geschmückt.

Nördlich davon steht die Armee Ottokars II., erkennbar an dem grünen Kreuz. Der Rivale des Habsburgers hat zwar weniger Reiter als Rudolf an seiner Seite, gebietet aber über eine größere Zahl schwer bewaffneter Ritter (die Fußsoldaten bewachen jeweils die Lager).

Die zwei Feldherren sind erbitterte Feinde. Der 60 Jahre alte Rudolf von Habsburg ist wenige Jahre zuvor von den deutschen Kurfürsten überraschend zum „Rex Romanorum" gewählt worden, zum römisch-deutschen König.

Sein Gegner Ottokar II., König von Böhmen, Markgraf von Mähren, Herzog von Österreich, der Steiermark, Kärnten und Krain, wollte selbst die deutsche Krone erringen und verweigert dem Gewählten nun die Anerkennung.

Die Schlacht soll die Entscheidung darüber bringen, wer der mächtigste Mann im Heiligen Römischen Reich ist.

Der Habsburger gibt als Erster den Befehl zum Angriff. Mit dem Ruf „Rom" und „Christus" stürmen seine leicht gepanzerten Reiter hinab in die Ebene.

Daraufhin setzen sich auch die ersten Kämpfer der anderen Seite in Bewegung, rufen dabei „Praga" – und preschen mitten in den Pfeilhagel der Bogenschützen Rudolfs. Hunderte fallen. Dann prallen die Reihen der Ritter aufeinander: Lanzen splittern, Pferde straucheln, begraben ihre Reiter unter sich. Schließlich reitet Rudolf mit seiner dritten Kampfabteilung selbst hinab auf das Schlachtfeld, das bereits voller regloser Leiber ist.

Fast endet dort sein Weg: Als sein Pferd tödlich getroffen unter ihm zusammenbricht, stürzt der König herab, landet mit seinem schweren Harnisch in einem Bach. Nur mühsam kann er mit dem Schild die Hiebe der Gegner abwehren. Einer seiner Ritter hilft ihm auf und rettet ihm so das Leben.

Gut zwei Stunden hauen die Krieger aufeinander ein. Die Männer, deren Körper von eisernen Rüstungen umhüllt werden und deren Topfhelme den ganzen Kopf bedecken, sind erschöpft. Sie sind kaum noch fähig, ihre Schilder, Lanzen oder Langschwerter zu heben.

Selbst eine kleine Zahl frischer Ritter könnte jetzt die Schlacht entscheiden – und das hat Rudolf vorausgesehen.

RUDOLF UND OTTOKAR sind mächtige Fürsten im Heiligen Römischen Reich – einem höchst merkwürdigen Gebilde, über das Jahrhunderte später der französische Philosoph Voltaire spottet: „Dieser Korpus, der sich immer noch Heiliges Römisches Reich nennt, ist in keiner Weise heilig, noch römisch, noch ein Reich."

Und Voltaire hat recht. Im 13. Jahrhundert ist die Ausdehnung des Reiches zwar gewaltig: Es dehnt sich von der Nordsee bis nach Mittelitalien, von der Rhône bis nach Böhmen.

Doch das Imperium ist kein einheitlicher Staat mit einer Hauptstadt und einer zentralen Verwaltung, sondern kaum mehr als ein lockerer Verbund aus kleineren Königreichen, Herzogtümern und Grafschaften, Erzbistümern und anderen Ländereien, deren lokale Herrscher das Recht haben, Gesetze zu erlassen, Münzen zu prägen und Zölle zu erheben.

Häufig sind die Fürsten in diesem Reich sogar bis aufs Blut zerstritten, führen gegeneinander Krieg, ringen um Macht und Einfluss.

„Sacrum Romanum Imperium" wird es genannt, das „Heilige Römische Reich". Bereits der Franke Karl der Große hatte sein Reich als Weiterführung des antiken Imperiums verstanden und sich im Jahr 800 zum römischen Kaiser krönen lassen (siehe Seite 6). In dieser Tradition sehen sich auch seine Nachfolger zwischen 962 und 1250: die Kaiser aus den Herrscherhäusern der Ottonen, Salier und Staufer. Und ein Staufer fügt auch das Attribut „heilig" zum Namen des Reichs hinzu – um die Würde des Kaisers als weltliches Oberhaupt der Christenheit zu betonen.

Traditionell wählen die deutschen Fürsten den König dieses Reiches (das vom späten 15. Jahrhundert an immer häufiger den Namenszusatz „deutscher Nation“ tragen wird). Bei ihrer Wahlversammlung küren sie meist einen deutschen Hochadeligen zum König – und manchmal, aber selten, auch einen Bewerber aus einem anderen Teil Europas. Oft geben sie einfach jenem Kandidaten ihre Stimme, der die größten Bestechungsgelder anbietet. Die Wahl muss dann vom Papst bestätigt werden, um gültig zu sein.

Im Laufe der Jahrhunderte konzentriert sich der Kreis der Königswähler auf die sieben bedeutendsten geistlichen und weltlichen Landesherren im Reich. Zu Rudolfs Zeiten sind dies: die Erzbischöfe von Mainz, Köln und Trier; der Pfalzgraf bei Rhein; der Herzog von Sachsen; der Markgraf von Brandenburg sowie der böhmische König.

Seine höchste Würde aber empfängt der römisch-deutsche König in Rom: Dort setzt ihm der jeweilige Papst persönlich die Kaiserkrone auf und erhebt ihn so zum Herrscher aller Herrscher.

Dieser Titel ist der höchstangesehene des Abendlandes, sein Träger steht dem Rang nach über allen anderen Monarchen Europas, alle Fürsten des Reiches sind ihm als oberstem Lehnsherrn untertan: Sie bekommen ihre Ländereien vom Kaiser verliehen und müssen dafür Heeresdienst im Kriegsfall leisten (tatsächlich aber sind Lehenszeremonie und Gegenleistung im 13. Jahrhundert meist kaum mehr als eine Formsache).

Sie nennen ihn den **»BURGEN-ZERSTÖRER«**

Darüber hinaus aber leitet sich weder aus der Krönung zum römisch-deutschen König noch aus der zum Kaiser große reale Macht ab. Wie stark ein Kaiser ist – ob er etwa die Fürsten zum Kriegsdienst heranziehen kann –, beruht vor allem auf seinen diplomatischen Fähigkeiten sowie auf seiner Hausmacht: also jenen Territorien, über die seine Familie unmittelbar herrscht (und in einigen Teilen des Reiches hat er gar keinen Einfluss, etwa in Italien).

Doch trotz dieser Schwächen wird das Heilige Römische Reich mehr als 800 Jahre lang bestehen: Zu stark wirkt die uralte Tradition, zu sehr identifizieren sich die Bewohner mit der Idee einer Fortführung des antiken Imperiums, als dass sie den Verbund auflösen wollten. Zudem gibt die lockere Struktur des Reiches den Fürsten in ihren Territorien die Gelegenheit, ihre Macht nahezu uneingeschränkt zu entfalten.

Die Habsburger stammen aus dem Südwesten des Heiligen Römischen Reiches. Ihr Name leitet sich von einem schmucklosen Gemäuer her: der Habsburg, erbaut im frühen 11. Jahrhundert am Ufer der Aare, einem Nebenfluss des Rheins in der heutigen Schweiz.

Einen bedeutenden Stammbaum kann das schwäbische Geschlecht nicht vorweisen: Seine Wurzeln lassen sich nur zurückverfolgen bis zu einem Adeligen namens Guntram, der um die Mitte des 10. Jahrhunderts gelebt haben soll und als „der Reiche“ bekannt war.

Besonders wohlhabend sind die Habsburger zu Beginn des 13. Jahrhunderts aber nicht – im Reich gibt es viele Adelshäuser, die ihnen an Besitz und Bedeutung mindestens gleichkommen.

Immerhin hat die Familie im Laufe der Zeit große Ländereien beidseits des

Die Kurfürsten, die den römisch-deutschen König wählen, berufen Rudolf (unten Mitte) zu ihrem Monarchen, weil er mächtig genug scheint, um die Ordnung im Reich wiederherzustellen, aber zu schwach, um ihre Stellung zu gefährden

Rheins angesammelt. Um 1240 erstreckt sich ihr Einfluss zwischen Straßburg im Norden und den Alpen im Süden, zwischen den Vogesen im Westen und dem Bodensee im Osten. Doch es ist kein zusammenhängendes Gebiet, sondern eine Ansammlung verstreuter Güter.

Wo in diesem Areal der 1218 geborene Rudolf groß wird, wie er die ersten 20 Jahre seines Lebens verbringt, ist nicht bekannt. Vielleicht wächst er in der Stammburg auf, jenem kahlen Gemäuer an der Aare, das weder Glanz noch Bequemlichkeiten zu bieten hat.

Rudolf ist ein blasser Jüngling, hager und hoch aufgeschossen. Auf seinem Hals sitzt ein kleiner Kopf – umso deutlicher sticht die gewaltige, scharf geschnittene Nase hervor, die ihm zeitlebens viel Spott einbringen wird.

Doch eitel ist Rudolf ohnehin nicht. Jede Prunksucht ist ihm fremd, er trägt fast immer einfache Kleidung, so berichten es jedenfalls die Chronisten. Er ist auch kein Feingeist, der sich an den schönen Künsten erfreut: Poeten beklagen später sein fehlendes Interesse an der höfischen Dichtkunst.

Statt sich im Minnesang zu versuchen, übt sich der junge Herr wohl lieber in ritterlichen Kampfspielen: Mit stumpfer Lanze lernt er, einen Gegner aus dem Sattel zu werfen, mit Holzschwert und Schild übt er den Nahkampf.

Aus diesem Spiel wird Ernst, als Rudolfs Vater, Graf Albrecht von Habsburg, auf einer Fahrt ins Heilige Land stirbt. Kaum älter als 20 Jahre ist der Sohn, als er 1240 das Erbe antritt.

Es ist eine Zeit, in der das römisch-deutsche Königtum rapide an Macht verliert. Der amtierende Monarch, der Staufer Friedrich II., kämpft in Italien gegen den Papst. Der hat ihn mit dem Kirchenbann belegt, nennt Friedrich den wahrhaftigen Antichristen. Immer mehr Adelige wenden sich von dem Reichsoberhaupt ab. Und bald nach dessen Tod im Jahr 1250 geht auch seine Dynastie zugrunde.

Danach bleibt das Heilige Römische Reich etliche Jahre ohne einen allgemein anerkannten Herrscher. Erst erheben die Kurfürsten Wilhelm von Holland zum König, der jedoch schon 1256 stirbt. Dann wählt ein Teil des Kurkollegs Richard von Cornwall zum Monarchen, die anderen Kurfürsten hingegen Alfons von Kastilien. Aber die beiden fremden Könige können sich nicht durchsetzen, keiner wird in Rom zum Kaiser gekrönt.

In diesem Interregnum, als kein Reichsoberhaupt die Wahrung des Rechts garantieren kann, herrscht Unordnung im Sacrum Imperium. Hemmungsloser als zuvor fallen die Fürsten übereinander her, rauben einander aus, brandschatzen Städte und Klöster.

Auch Rudolf nutzt die Gelegenheit, um so viele Ländereien wie möglich an sich zu raffen. Der junge Graf habe schnell eingesehen, dass sich Großes nicht allein „durch Bitten" erreichen lasse, berichtet ein Dominikaner, und beschlossen, „seine Nachbarn durch Kampf zu bedrängen". Den „großen Burgenzerstörer" nennt ihn ein anderer Chronist.

Dabei schreckt der Habsburger auch vor ganz unritterlicher Arglist nicht zurück. Schon während seiner ersten Fehde eignet er sich dem Dominikaner zufolge auf skrupellose Weise den Besitz eines benachbarten Adeligen an: Zum Schein schließt er Frieden mit dem Ritter – nur um ihn anschließend in eine Falle zu locken und hinterrücks ermorden zu lassen.

Es ist nur einer von insgesamt acht Kleinkriegen, die der Habsburger in diesen Jahren führt. Wenn nötig, setzt er seine Ansprüche brutal durch, lässt Gehöfte, Klöster und ganze Stadtteile in Flammen aufgehen.

Aber er ist auch ein einfallsreicher Stratege: Mal schmuggelt er seine Söldner in Weinfässern vor die gegnerische Festung, mal lässt er sie in leichten Booten schnell über den Rhein setzen, um am anderen Ufer überraschend zuzuschlagen. Und er beweist politisches Geschick, wechselt in den Wirren jener Zeit auch schon mal die Seite, je nachdem, welche ihm gerade den größeren Machtzuwachs verspricht.

Als etwa in Straßburg ein Konflikt losbricht zwischen dem Bischof der Stadt und deren Bürgern, kämpft er zunächst für den Geistlichen. Dann aber wird er mit der Bürgerschaft handelseinig – und unterwirft in der Folge die vom Bischof besetzten Städte Colmar und Mülhausen.

Als König bekämpft Rudolf Adelige, die sich unrechtmäßig fremde Ländereien aneignen – hier die Erstürmung einer Burg. Allerdings hat er selbst Gleiches getan, als er noch ein Graf war

Die Ländereien der Habsburger

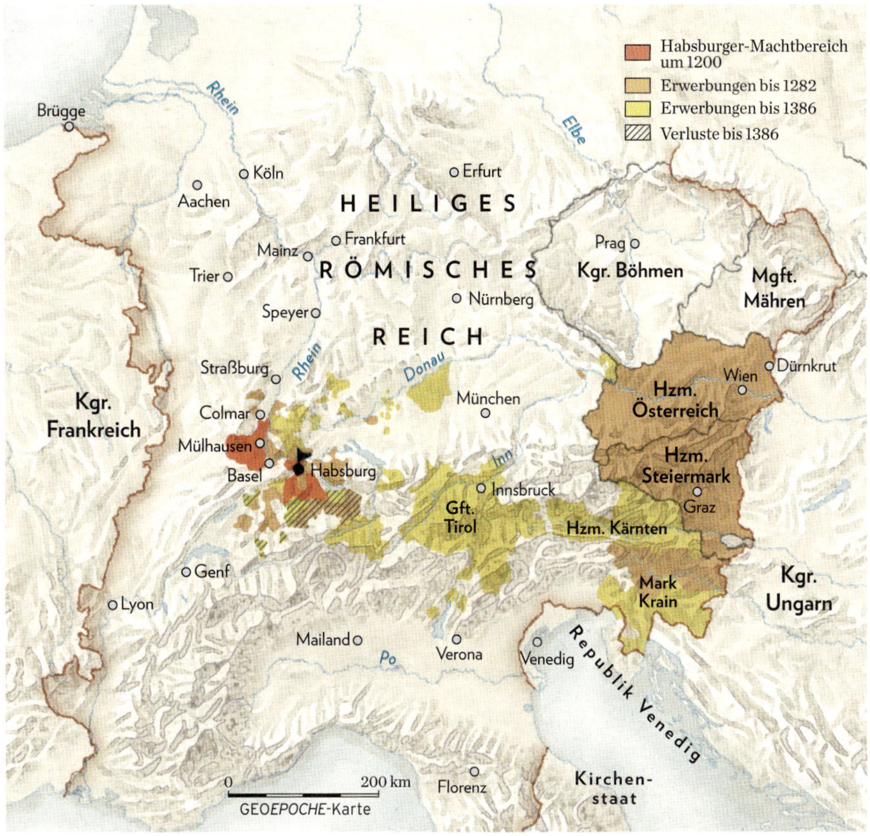

Den zerrissenen Territorien der Habsburger nördlich und östlich von Basel fügt Rudolf I. die Herzogtümer Österreich und Steiermark hinzu – und schafft seiner Familie so eine starke Hausmacht. Sein Urenkel Rudolf IV. gewinnt 1363 zudem noch Tirol

Auch später führt er wieder Krieg gegen einen Geistlichen: den Bischof von Basel, dessen Ländereien zwischen zwei Habsburger-Besitzungen liegen. Wiederholt stehen Rudolfs Truppen vor der Stadtmauer, brennen im Sommer 1272 einen Teil der Vorstadt nieder.

So mancher Adelige bewundert Rudolfs Tatkraft und Kriegsgeschick. Der Habsburger verschafft sich Respekt, gewinnt einflussreiche Freunde – etwa den Mainzer Erzbischof Werner von Eppstein, dem Rang nach der Erste unter den Kurfürsten. Als der Geistliche nach Rom reisen muss, bittet er Rudolf um Schutz: Der sagt zu, geleitet den dankbaren Kleriker sicher bis in die Alpen und wieder zurück.

1272 stirbt Richard von Cornwall. Nun wäre der Weg frei für Alfons von Kastilien, seinen Konkurrenten, der ja ebenfalls bereits von einem Teil der Kurfürsten gewählt worden ist. Alfons schickt eine Gesandtschaft nach Rom und ersucht den Papst um seine Bestätigung als römisch-deutscher König. Doch Gregor X. hat andere Pläne.

Denn im Heiligen Land setzen die Muslime den letzten Bastionen der Christen immer mehr zu. Gregor weiß: Nur ein angesehener Kaiser könnte genügend Ritter um sich scharen und einen Schlag gegen die Muslime führen.

Dieser Rückhalt fehlt jedoch Alfons, der bis dahin nicht ein einziges Mal in Deutschland gewesen ist. Und so weigert sich der Papst, ihn als König und künftigen Kaiser zu bestätigen.

Mehrere Kandidaten machen sich nun Hoffnungen auf die römisch-deutsche Krone, darunter Ottokar II. von Böhmen. Der „goldene König“, wie ihn seine Zeitgenossen nennen, ist der mächtigste Fürst im gesamten Reich.

Wie Rudolf hat auch er das Interregnum genutzt, um seine Herrschaft auszudehnen. Vor allem hat er sich das Herzogtum Österreich angeeignet, das südöstliche Grenzland des Reiches entlang der Donau. Dessen Herrscher war gestorben, ohne einen männlichen Erben zu hinterlassen. Und so besetzte Ottokar das Gebiet und heiratete 1252 die mehr als doppelt so alte Schwester des toten

Rudolfs stärkster Widersacher, König Ottokar von Böhmen, fällt in der Schlacht von Dürnkrut. Der Habsburger lässt den nackten, geschundenen Leichnam seines Gegners bergen (oben) und wochenlang in Wien aufbahren – als Beweis für dessen Tod

Herzogs (von der er sich einige Jahre später wieder trennte, weil sie keine Kinder bekommen konnte).

Zudem eroberte Ottokar in einem Krieg gegen die Ungarn die Steiermark, unterwarf später auch Kärnten und weitere benachbarte Ländereien. Jetzt gebietet er über ein Reich, das sich vom Erzgebirge bis an die Adria dehnt, von Kärnten bis nach Schlesien – und ist reich genug, um einen Kreuzzug zu organisieren.

Sogar einen geeigneten Stammbaum kann der Böhmenkönig vorweisen: Er ist der Enkel eines Staufers, stünde als Kaiser damit in einer Linie mit dem vorigen Herrscherhaus.

Doch der Papst will sich noch nicht auf einen Kandidaten festlegen. Wie es die Tradition gebietet, beauftragt Gregor zunächst die deutschen Kurfürsten mit der Wahl.

Mächtig und selbstbewusst sind die Wahlmänner, denn ihr Einfluss ist in der kaiserlosen Zeit gestiegen. Aber sie sind untereinander zerstritten, und so droht ihnen der Papst, die Wahl selbst zu treffen, sollten sie sich nicht schnell einigen.

Dass sich die Kurfürsten tatsächlich auf einen Kandidaten festlegen, glaubt kaum jemand. Wohl deshalb hält es Ottokar II. auch nicht für nötig, die Wahl zu beeinflussen – er vertraut offenbar darauf, dass sich am Ende der Heilige Vater für ihn entscheiden wird.

Der böhmische König, Mitglied des Kurkollegs, ist sich seiner Sache derart sicher, dass er nicht einmal selbst zum Wahlort Frankfurt reist, sondern einen Vertreter schickt.

Doch die Kurfürsten wollen sich auf keinen Fall einen vom Heiligen Stuhl ernannten „Pfaffenkönig“ aufzwingen lassen – und schon gar nicht Ottokar, der sich ohne rechtliche Grundlage Österreich und andere Gebiete angeeignet hat und in den Augen der übrigen Fürsten schon jetzt zu viel Macht besitzt.

Deshalb suchen die Königswähler nach einem Kompromisskandidaten. Es muss jemand sein, der sowohl ihre wie auch die Zustimmung des Papstes findet; der stark genug ist, um die Ordnung im Reich wiederherzustellen, aber nicht so mächtig, dass er ihre eigene Stellung untergraben könnte.

Möglicherweise bringt der einflussreiche Erzbischof Werner von Mainz schließlich Rudolf ins Gespräch: Er erinnert sich an den Habsburger, der ihm auf seiner gefahrvollen Reise in den Alpen Geleit gegeben hat. Und auch der ebenfalls an den Beratungen beteiligte Burggraf Friedrich von Nürnberg kennt Rudolf, weiß um dessen militärische Fähigkeiten. Als König wäre Rudolf möglicherweise sogar in der Lage, Ottokar seine widerrechtlich angeeigneten Länder mit Waffengewalt abzunehmen.

Und noch etwas spricht nach Ansicht der Kurfürsten für den Habsburger: sein hohes Alter von 55 Jahren. Rudolfs Herrschaft würde mit großer Wahrscheinlichkeit nicht lang genug dauern, um die Macht seiner Dynastie so weit zu festigen, dass er den Einfluss der Fürsten gefährden könnte.

Und so einigt sich die Runde schließlich darauf, Rudolf die Königswürde anzutragen. Friedrich von Nürnberg wird ausgesandt, dem Habsburger das Angebot der Wahlfürsten zu unterbreiten.

Die Nachricht erreicht Rudolf am 20. September 1273, als er mit seinen Truppen gerade wieder Basel belagert, den Stützpunkt des mit ihm verfeindeten Bischofs. Der Habsburger sagt zu. Und weil es einem künftigen König nicht ansteht, Krieg zu führen gegen seine Untertanen, schließt er umgehend Waffenstillstand mit den Belagerten (die Stadt wird in den folgenden Jahren sogar zu einem seiner liebsten Aufenthaltsorte).

Mitte Oktober 1273 zieht Rudolf in Aachen ein. In der ehemaligen Residenz Karls des Großen salbt ihn der Erzbischof von Köln und setzt ihm die Bügelkrone aufs Haupt. Dann nimmt der neue König Platz auf dem steinernen Thron des Frankenkaisers.

Ein wenig bedeutender Graf aus der schwäbischen Provinz ist nun König des Heiligen Römischen Reiches. Jetzt fehlt ihm nur noch die Bestätigung durch den

Papst. Dann, so glaubt Rudolf, kann er im Triumph nach Rom ziehen, sich dort zum Kaiser krönen lassen.

Noch aber hat er einen mächtigen Gegner: Ottokar II. Schon bald nach der Wahl legt der Böhme Protest ein; in einem Brief an den Papst klagt er, Rudolf sei ein „weniger für das Königtum geeigneter Graf".

Ottokar weigert sich, den Habsburger als Lehnsherrn anzuerkennen, bestreitet die Rechtmäßigkeit der Wahl. Selbst als Papst Gregor X. die Kür Rudolfs offiziell anerkennt, denkt Ottokar nicht daran, sich zu unterwerfen. „Die Länder, die er von mir begehrt, besitzt er nicht und wird sie niemals besitzen", brüstet sich der Böhmenkönig angeblich.

Rudolf droht Ottokar, verhängt die Reichsacht gegen den Widersacher und erklärt ihn damit für vogelfrei – doch ohne Wirkung. Daraufhin schmieden beide Herrscher Allianzen für den nun unweigerlich bevorstehenden Krieg und bringen ihre Armeen in Stellung.

Während Ottokar alle seine Kräfte in Böhmen versammelt hat, wo er den Angriff erwartet, schwenken Rudolfs Truppen völlig unerwartet ab, besetzen stattdessen Österreich, belagern im Oktober 1276 Wien, eine der Residenzen Ottokars. Der zieht dem Habsburger eilends entgegen, bald stehen die Streitmächte einander gegenüber, nur durch die Donau getrennt. Doch wochenlang wagt keiner die entscheidende Schlacht.

Unterdessen erhebt sich ein Teil der böhmischen Adeligen gegen ihren geächteten König – Ottokars Herrschaft in seinem Stammland droht zusammenzubrechen. Und so ersucht er Rudolf um Friedensverhandlungen, muss sich dem verhassten Habsburger sogar in einer demütigenden Zeremonie unterwerfen.

Insgeheim aber sinnt Ottokar auf Rache, beginnt Verbündete zu suchen und zu rüsten. Zwei Jahre später ist der Zeitpunkt für den Gegenschlag gekommen.

Erneut muss Rudolf eine Streitmacht um sich sammeln. Doch einigen seiner Förderer ist er zu mächtig geworden, sie verweigern die Waffenhilfe. Zwar kann der König mit Truppen des ungarischen Königs rechnen, der ebenfalls mit Ottokar im Streit liegt, dennoch ist das Heer des Habsburgers im August 1278 kleiner als das zwei Jahre zuvor.

Der erfahrene Feldherr weiß, dass er zu einer List greifen muss, um seinen an Panzerreitern überlegenen Gegner zu besiegen. Und so weist Rudolf vor der Schlacht rund 60 Ritter an, sich hinter einer Hügelgruppe verborgen zu halten und erst später überraschend in den Kampf einzugreifen.

> Rudolf ist König – doch **KAISER** wird er nie werden

Auf dem Höhepunkt der Schlacht – als unzählige Tote den Boden bedecken und die schwer bewaffneten Reiter nach zwei Stunden Kampf schon fast völlig erschöpft sind – prescht Rudolfs Reserve plötzlich hinter den Hügeln hervor und fällt Ottokars Kräften in die Seite.

Die 60 ausgeruhten Reiter bringen die Entscheidung. Ihre müden Gegner können die auf ihrer rechten Flanke angreifenden Ritter durch die Sichtschlitze in ihren Topfhelmen kaum erkennen, glauben sich umzingelt und wenden sich zur Flucht. Rudolfs Reiter holen sie schnell ein; Tausende werden erschlagen oder ertrinken in der March.

Auch Ottokar lässt sich von der panischen Flucht mitreißen. Doch der Böhmenkönig fällt den Feinden in die Hände – und wird, so ein Chronist, „mit einer Lanze in den Nacken gestochen" und schließlich „mit dem Schwert durchbohrt". Soldaten verstümmeln den Leichnam und lassen ihn nackt auf dem Schlachtfeld liegen.

MIT DIESEM TRIUMPH hat Rudolf seinen stärksten Widersacher aus dem Weg geräumt. Nun gilt es, den militärischen Sieg in einen politischen Erfolg umzuwandeln. Als Erstes sucht der König den Ausgleich mit den Erben Ottokars: Er überlässt dessen Sohn Böhmen und gibt ihm seine Tochter zur Frau.

Zwar bleibt ihm der Zug nach Rom, die Krönung zum Kaiser zeitlebens verwehrt – mal sind die politischen Verhältnisse in Italien zu chaotisch, mal fehlt der Rückhalt der Kurfürsten. Doch 1282 belehnt er seine Söhne mit Österreich, der Steiermark und anderen ehemals von Ottokar kontrollierten Ländereien. Aus den Grafen von Habsburg sind nun Herzöge von Österreich geworden. Das Territorium wird für Jahrhunderte Zentrum und Machtbasis der Dynastie sein.

Zahlreiche Länder werden die Habsburger im Laufe der Zeit gewinnen und wieder verlieren – Österreich hingegen bleibt im Besitz der Familie, bis das Herrscherhaus 1918 untergeht.

Am 15. Juli 1291 stirbt Rudolf I. Man bestattet ihn im Speyerer Dom, wo schon fünf seiner königlichen Vorgänger begraben liegen.

Auch sein Sohn Albrecht I. wird von den Kurfürsten zum römisch-deutschen König gewählt, ebenso dessen Erbe Friedrich III. Doch dann verdrängen andere Adelsfamilien die Habsburger von der Macht; für ein Jahrhundert tragen Wittelsbacher und Luxemburger die Krone des Reiches.

Erst 1438 beginnt mit dem Habsburger Albrecht II., dem Schwiegersohn des letzten Herrschers aus der Luxemburger-Dynastie, die bis zum Ende des Sacrum Imperium Romanum 1806 fast ununterbrochene Reihe der Könige und Kaiser aus diesem Geschlecht.

Es ist eine einzigartige Tradition – begründet von einem Grafen aus dem Südwesten Deutschlands. ⌟

Lübeck, im Jahr 1455: Schon von Weitem erkennen die Schiffer, die die Trave von der Ostsee aus hinauffahren, die Kirchtürme der Hansestadt. Auch die Marienkirche (rechts Mitte) ist mittlerweile vollendet – jenes beeindruckende Bauwerk, das Lübecker Fernhändler um 1285 in Konkurrenz zum bischöflichen Dom (hinten) haben errichten lassen

Das HAUPT der HANSE

Um 1285 ist Lübeck die wichtigste Handelsmetropole im Ostseeraum. Ein großer Teil des kontinentalen Warenverkehrs läuft über die Travestadt. Die Hansekaufleute haben den einst unbedeutenden Ort groß gemacht. Mit dem Umbau der Marienkirche zur Kathedrale setzen sie sich Ende des 13. Jahrhunderts als Mäzene ein steinernes Monument ihrer Macht: Es soll den Bischofsdom übertreffen – und von der neuen Herrschaft der Krämer künden

Text: ULRIKE MOSER,
Illustrationen: FABER COURTIAL

D

Dunkelrot leuchten die Ziegel in der frühen Morgensonne, einzelne gelb, andere braun. Manche wirken fast schwarz, und wenn nach Gewittergüssen die Sonne durchbricht, entstehen auch graue und grüne Farbtöne. Dazwischen, wie ein Gitter, der Mörtel. Jede Wand bildet ein eigenes Muster, einen eigenen Wechsel der Farben, während die Maurer Backstein auf Backstein fügen. Bereits bei Tagesanbruch hat die Arbeit an der Ostseite von Lübecks Marienkirche begonnen. So wächst der Bau langsam in die Höhe.

Mithilfe einer Hacke mischt der Mörtelmacher Sand und gelöschten Kalk mit Wasser. Ist die Masse fertig, füllen Handlanger sie auf Tragen und bringen sie über Leitern und Laufschrägen zu den Maurern auf das Baugerüst. Andere schaffen in Körben Ziegel hinauf.

Ein Grundriss lässt sich bereits erahnen: Hier entsteht der Chor einer Kirche, ein Altarraum mit drei Kapellen. Es ist ein vollständiger Umbau des alten Gotteshauses, eine Neuschöpfung, ein ehrgeiziges Bauprogramm.

Noch gewaltiger, noch eindrucksvoller soll die bürgerliche Pfarrkirche St. Marien werden. Größer und prächtiger als der Dom im Süden der Stadt, Lübecks bislang wichtigstes Gotteshaus.

Viele Spenden haben die Bürger der Stadt aufgebracht, um dieses Symbol bischöflicher Macht zu überbieten, vor

Im Handelsnetz der Hanse ist Lübeck jahrhundertelang einer der wichtigsten Knotenpunkte: Über die Stadt läuft ein großer Teil des Güterverkehrs zwischen West- und Nordosteuropa, gelangen jährlich Tausende Tonnen Getreide und Salz nach Skandinavien, kommt im Gegenzug der für die Versorgung der kontinentalen Bevölkerung so wichtige Trockenfisch zurück. Den Aufstieg zur Wirtschaftsmetropole verdankt Lübeck seiner zentralen Lage – und der Trave. Auf 24 Kilometer Länge schlängelt sich der Fluss von der Stadt bis zur Ostsee, verbindet sie so mit dem für die Hanse bedeutendsten Gewässer. Und er ist tief genug für die Koggen der Fernhändler, die den Lübecker Hafen als Umschlagplatz für ihre Waren nutzen, ihre Segler zur Stadt steuern oder – wie das Schiff vorn links – kurz davor ankern und auf die nächste Ladung warten allem die vermögenden Kaufleute. Sie wollen, dass die Marienkirche umgestaltet wird nach dem Vorbild französischer Gotteshäuser. In einem Architekturstil mit in die Höhe strebenden Rippen, mit Pfeilern, Spitzbögen und reichen Ornamenten, dem man später den Namen „Gotik" geben wird.

Es ist ein Plan von scheinbar grenzenlosem Selbstbewusstsein. Denn französische Kathedralen sind nicht nur Bischofskirchen, sondern repräsentieren auch den König, sind steingewordene Machtbeweise. Und indem die Lübecker Bürger ihre Stadtkirche zur Kathedrale ausbauen, verleihen sie sich selbst geradezu royalen Rang, stellen sich gleichauf mit Bischof und höchster Feudalmacht.

Zudem ist die französische Gotik eine Architektur, die auf gehauenen Stein setzt, doch an der Ostseeküste gibt es kaum Naturstein. So muss der Baumeister auf gebrannte Ziegel zurückgreifen. Und für die Lübecker Kathedrale eine neue Architektursprache finden.

Was er erschaffen soll, ist eben mehr als ein Prachtbau zum Lobe Gottes. Es ist eine monumentale Demonstration, wem Lübeck seinen Wohlstand zu verdanken hat – wer die Macht in dieser Handelsstadt hat, dem Zentrum im wachsenden Netz der Hanse.

EIN SOMMERTAG IN LÜBECK UM 1285: Mit den ersten Sonnenstrahlen beginnt die Geschäftigkeit der Großstadt, deren Antrieb der Fernhandel ist, das Geschäft und das Geld. Wohl 15 000 Menschen leben in dieser Metropole des Nordens, zu der der älteste deutsche Hafen mit Zugang zur Ostsee gehört. Und die – begünstigt durch ihre Lage – zum wichtigsten Handelsknotenpunkt des gesamten Ostseeraums aufgestiegen ist.

Lübeck, auf einer zwei Kilometer langen Halbinsel gelegen, ist vor Feinden geschützt durch die Flüsse Wakenitz und Trave, die sie an beiden Seiten begrenzen.

Auf 24 Kilometer Länge windet sich die Trave von der Stadt zur Ostsee. Durch diesen Strom wird Lübeck zur Hafenstadt. Die Trave ist tief genug für die Schiffe der Fernhändler, die die Stadt groß gemacht haben – und sie nun mit ihrem kaufmännischen Geschick, ihrer Rationalität und ihrem Ehrgeiz prägen.

Von oben, von der Höhe des höchsten Baugerüsts der Marienkirche aus, erscheint Lübeck zweckmäßig und modern. Ein Bild gebauter Ordnung.

Im Norden ist die Halbinsel der Stadt mit dem Festland verbunden. Zwei Parallelstraßen führen von dort nach Süden, wo der Bischofssitz mit seinem Dom liegt. Von den beiden Hauptachsen zweigen Nebenstraßen auf der einen Seite zur Wakenitz und auf der anderen Seite zur Trave mit ihrem Hafen ab.

Im Zentrum der Stadt, an einer der beiden Hauptstraßen, liegen der Marktplatz, das Rathaus. Und daneben, an der höchsten Stelle des Stadthügels, die Marienkirche selbst, die bürgerliche Hauptpfarrkirche.

IM RAT DER STADT SITZEN NUR KAUFLEUTE

Durch die Straßen rumpeln Karren, aus dem Umland bringen sie Backstein. Kühe und Pferde trotten ihnen entgegen, Hirten führen sie auf die Weiden vor den Stadttoren, die alle Lübecker Bürger gemeinsam nutzen. Bepackte Krämer und Bauern auf dem Weg zum Markt weichen den Fuhrwerken aus.

Aber nicht nur zur Marienkirche fahren die Karren ihre schwere Ladung. Ganz Lübeck ist gerade eine Großbaustelle. Hunderte Arbeiter errichten neue Kirchen oder vergrößern sie, konstruieren Kaufmanns- und Lagerhäuser, erneuern Teile der Stadtbefestigungsanlagen. All das sind Zeichen des Reichtums, den Lübeck als Handelsstadt erworben hat. Und ihrer Anziehungskraft.

Mehr als 100 Jahre rapiden Wachstums erlebt Lübeck nun schon – seit Adolf II. von Schauenburg, Graf von Holstein, um 1143 eine alte Handelssiedlung von einer Landzunge am Zusammenfluss von Schwartau und Trave sechs Kilometer weiter nach Süden auf eine Halbinsel verlegt und neu gegründet hat.

Die neue, günstig gelegene Stadt hat schnell weitere Kaufleute angezogen. Seither reißt der Zuzug von Neusiedlern nicht ab. Sie stammen aus Schleswig und Holstein, aus Niedersachsen, vom Niederrhein, aus Westfalen. Viele von ihnen sind bereits wohlhabende Kaufleute, die darauf setzen, in dieser aufstrebenden Ansiedlung des Fernhandels noch bessere Geschäfte zu machen.

Neben ihnen kommen Kapitäne und Matrosen, die hier arbeiten wollen. Außerdem Handwerker, Gewerbetreibende, Gesinde und Tagelöhner auf der Suche nach einem Auskommen – all die Menschen, die nötig sind, um eine stetig weiter wachsende Stadt zu versorgen.

Für manche ist der Ort an der Trave nur die erste Station. Sie ziehen irgendwann weiter in die neuen Handelsstädte an der Ostsee, die in Nachfolge der Gründung Lübecks entstanden sind, Riga etwa, Rostock, Wismar, Stralsund.

Gemeinsam mit Lübeck betreiben sie bald als Hansestädte Handelsniederlassungen in ganz Nordeuropa. So bildet sich ein Netz von Beziehungen, familiär und kommerziell, das die weitverzweigten Geschäfte erst möglich macht.

Viele Leute aber bleiben dauerhaft in Lübeck. Um alle Zugezogenen aufnehmen zu können, lassen die Stadtoberen nach und nach immer mehr sumpfige Uferzonen aufschütten und befestigen.

Dennoch herrscht Platzmangel. Zunehmend werden Grundstücke geteilt, immer kleiner sind die Parzellen, die noch bebaut werden. Bis sie, vor allem im Zentrum, nur noch so breit sind wie das auf ihnen errichtete Haus, bis nur noch Platz bleibt für hohe Bauten mit großer Diele und mehreren Speichergeschossen, die mit der Giebelseite zur Straße weisen.

In seiner Gründungszeit war Lübeck vor allem Fachwerkstadt, gebaut aus Holz und Lehm. Backstein war wohl ausschließlich dem Bau von Kirchen und Befestigungen vorbehalten. Erst nach und nach haben wohlhabende Bürger begonnen, steinerne Häuser zu errichten. Und als zwei verheerende Brände 1251 und 1276 große Teile der Fachwerkstadt zerstörten, bestimmte der Lübecker Rat, dass alle Neubauten, mit Ausnahme von einstöckigen Buden, fortan mit *stenernen Muren* errichtet werden müssten.

Den Backstein stellen die zahlreichen Ziegelbrennereien vor den Toren der Stadt her. Ton- und Lehmerde gibt es reichlich in der Umgebung. Ziegler füllen sie in Holzkisten. Die Masse wird glatt gestrichen, getrocknet und in Feldöfen gebrannt. Je nachdem, wie hoch der Anteil von Ton und Lehm ist, sind die fertigen Steine mal heller, mal dunkler.

Lübeck wird so zur Stadt aus rotem Stein, mit braunen, grauen und grünen Einsprengseln. Zwischen Markt und Hafen entsteht um 1285 ein fast geschlossenes Backsteinviertel.

Der Hafen erstreckt sich über die gesamte Länge des Traveufers, eine mehr als zwei Kilometer lange Kaianlage. Die Holstenbrücke trennt den Binnenhafen im Süden, in dem die Flussschiffe landen, vom Fernhandelshafen im nördlichen Teil. Er ist der eigentliche Umschlagplatz.

Denn die Grundlage von Lübecks Reichtum ist die Seeschifffahrt.

An der Kaimauer liegen hochbordige Koggen, breit, stabil, geräumig und seefest. Einige sind gerade erst von großer Fahrt zurückgekehrt, andere machen Matrosen zum Auslaufen bereit. Sie werden die Trave hinabfahren in die Ostsee und weiter zu den Handelsniederlassungen der deutschen Kaufleute.

Häufig liegen Koggen am Kai, die aus Bergen kommen. Auf dem Hinweg haben sie Salz und das für Norwegen so wichtige Getreide transportiert. Nun wuchten Hafenarbeiter und Matrosen schwere Fässer ans Ufer, manche voller Pelze und Häute, andere mit Butter.

Die meisten aber sind bis zum Rand mit Trockenfisch gefüllt: mit Kabeljau und Dorsch, der vor den Lofoten gefangen und dann getrocknet wurde. Er ist, wie der gesalzene Hering aus dem dänischen Schonen, begehrt als Speise für die Fastenzeiten, wenn der Verzehr von Fleisch verboten ist.

Lübeck ist keine Produktionsstätte – hier werden Güter von Markt zu Markt vermittelt. Über die Stadt läuft ein großer Teil des Warenverkehrs von West- nach Nordosteuropa und in Gegenrichtung.

Die Eckpunkte des Handels bilden die Kontore – Hanseniederlassungen in vier großen Städten, in denen die Lübecker gemeinsam mit anderen deutschen Kaufleuten leben, Handel treiben und sich eigene Statuten geben: im Osten im russischen Nowgorod, im Westen in London und im flämischen Brügge, im Norden ab 1366 in Bergen.

Der Knotenpunkt dieser Kontore ist Lübeck. Kaufleute bringen über die Stadt die hochwertigen Produkte des westlichen und mittleren Europa in den Norden: vor allem Waffen und Metallwerkzeuge aus dem rheinischen Raum, Salz aus den Salinen von Lüneburg und Tuche aus Flandern, fein, glatt geschoren, leuchtend blau, weiß oder tiefrot gefärbt.

Diese Waren werden gegen die Rohstoffe des Nordens und Ostens gehandelt: gegen die Pelze von Marder, Wiesel, Zobel, Hermelin, Luchs und Bär; gegen den für den Schiffbau so wichtigen Teer, gegen das Bienenwachs, aus dem Kerzen hergestellt werden. Kirchen verbrauchen davon große Mengen, auch in vornehmen Häusern sind sie begehrt.

Und natürlich, tonnenweise, gegen den Trockenfisch aus Norwegen. Auf dem schmalen Uferstreifen an der Trave stapeln sich Fässer und Säcke. Wenn Arbeiter ein Schiff ausladen, ist Eile geboten. Anlegeplätze dürfen nicht lange blockiert werden. Nicht mehr als vier bis fünf Meter Platz gibt es zwischen Kaianlage und Stadtmauer. Angelandete Ware muss sofort weiterverkauft, auf andere Schiffe oder in die in Ufernähe gelegenen Speicher gebracht werden.

Oder in die Häuser der Kaufleute.

Packer laden die Waren aus Norwegen auf Tragen, um sie ins Viertel zwischen Hafen und Marienkirche zu bringen. Dicht an dicht stehen da hohe Backsteinhäuser mit steilen Satteldächern. Dort leben die Kaufleute.

Aber auch Handwerker haben ihre Häuser und Buden nahe der Trave, all jene Gewerbe, die ein Hafen benötigt: die Schiffszimmerleute; die Leineweber, die das Segeltuch anfertigen; die Schiffer sowie Böttcher, die Fässer und Tonnen für den Kaufmann herstellen. Denn die meisten Handelswaren, ob Fische, Butter, Pech, Bier oder Salz, werden in Fässer verpackt. Tavernen und Bordelle liegen ebenfalls in Hafennähe.

Der Weg der Packer zum Haus der Kaufleute ist nicht weit, aber beschwerlich. Manche Straßen sind mit Reisig belegt, viele mit Holzbohlen, einige sind bereits gepflastert. Mit den Tragen, auf denen sie Fässer und Säcke transportieren, drängen die Packer sich durchs Gewühl der Menschen, die ihren Geschäften nachgehen oder zum Markt eilen.

Sie weichen anderen Lastenträgern und Karrenschiebern aus, die in Gegenrichtung Waren zum Hafen bringen. Manchmal müssen sie Fuhrwerken Platz machen, die mit Handelsgütern aus dem Binnenland kommen, meist Salz aus Lüneburg und Getreide aus Holstein.

Immer wieder erschweren Hindernisse den Weg der Packer: Vor manchen Kaufmannshäusern sind Tonnen und Säcke auf der Straße abgelegt worden, vor anderen liegt Baumaterial; mitten auf der Straße stehen Brunnen.

Die Träger scheuchen Hühner und Schweine zur Seite. Viele Bürger halten Vieh, vor allem Schweine, für die sie Ställe möglichst nahe der Straße errichtet haben. Im Abfall auf der Straße suchen die Tiere nach Nahrung.

Lübecks Hafen am Traveufer ist um 1450 einer der größten Europas, der Kai erstreckt sich mehr als zwei Kilometer lang über die gesamte Westflanke der Stadt. Während im Süden vor allem Flussschiffe festmachen, auf denen Waren weiter ins Landesinnere gelangen, liegen im nördlichen Abschnitt die Segler der Fernhändler, viele von ihnen haben Trockenfisch geladen, eines der wichtigsten Güter der Hanse. Im angrenzenden Viertel leben wohlhabende Kaufleute sowie Schiffszimmerleute, Leineweber, die Segel anfertigen, und Böttcher, die jene Fässer herstellen, in denen die meisten Handelsgüter verpackt werden

Zwar besitzen fast alle Grundstücke Kloaken, manche davon einfache Gruben mit Holzabdeckung, andere rund, aus Backstein gemauert und bis zu zehn Meter tief. Auch auf Straßen und Plätzen stehen öffentliche Mistkisten. Dennoch werden Abfall, Abwässer und menschliche Fäkalien oft einfach vor die Häuser gekippt, wohl aus Bequemlichkeit.

Den Großteil beseitigen die Regenschauer, wenn sie den Unrat in Rinnen wegspülen, die in die Straße eingelassen sind. Oder eben die Schweine.

HABEN DIE TRÄGER ihr Ziel erreicht, ein Kaufmannshaus in Hafennähe, können sie ihre Last abladen. Ein hohes Portal führt in eine hallenartige Diele, die das Erdgeschoss ausfüllt. Sie ist das Zentrum des Gebäudes, zugleich Ort des Handels und des häuslichen Lebens. Es gibt einen Lager- und Verkaufsraum, Ess- und Wohnbereich, eine Küche mit offener Herdstelle, von der der Rauch bis in den Dachraum hinaufsteigt und durch Löcher an den Firstenden nach draußen zieht.

Der Fußboden dieser Kaufmannshäuser ist mit Steinen gepflastert oder aus gestampftem Lehm. Die Wände sind einfach gekalkt. Die meist kleinen Fensteröffnungen sind mit Läden aus Holz versehen. Behaglich ist das Kaufmannshaus nicht, eher ein bewohntes Lager.

Alle über der Diele liegenden Etagen und Dachböden dienen als Speicher für Waren. Die Diele ist mit einem Seilaufzug ausgestattet, über ein Windenrad im Dach werden die Lasten durch Luken über die gesamte Haushöhe zu den Lagerböden transportiert. Zusätzlich können Güter im Keller verstaut werden.

Bis vor Kurzem waren die Fernkaufleute meist eine Hälfte des Jahres unterwegs, um ihre Waren zu begleiten. Allenfalls im Winter blieben sie zu Hause. Nun aber schicken sie Vertreter in die anderen Zentren des Handels: Gehilfen, Kommissionäre oder Geschäftsfreunde. Und beginnen, ihre auswärtigen Geschäfte von einer Schreibkammer an der Längsseite der Diele aus zu lenken.

So können sie von ihrer Heimatstadt aus an mehreren Orten zugleich ihre Geschäfte abwickeln. Können sich gleichzeitig am Nowgorod-, Schonen-,

Flandern- und Englandhandel beteiligen. Und so ihr Geschäftsrisiko verteilen.

Möglich ist all das auch deshalb, weil immer mehr Bürger des Lesens und Schreibens mächtig sind. Neue Formen der Buchhaltung entstehen. Der Händler schreibt Briefe mit Anweisungen für seine fernen Vertreter und Geschäftspartner, er berechnet, kalkuliert, spekuliert. Notiert Zahlenkolonnen in Rechnungsbücher. Und legt das Geld, das er verdient, erneut in Handelswaren an.

Die *scrivekamere* wird zum Mittelpunkt des Geschäftsbetriebs, von dem aus der Kaufmann das sich immer weiter verzweigende Unternehmen regelt. Bald ist es auch Frauen möglich, ihren Männern im Kontor zu helfen, mitunter gar das Geschäft alleine fortzuführen, wenn der Hausherr krank wird oder stirbt.

Auch die Söhne werden schon früh darauf vorbereitet, ins Geschäft einzutreten. Die Ausbildung in den Pfarrschulen reicht längst nicht mehr aus für ihre künftige Tätigkeit. Deshalb besitzt Lübeck seit 1261 eine weltliche Schule für die Ausbildung junger Händler, eine der ersten ihrer Art in deutschen Landen. Dort erhalten die Sprösslinge eine weltzugewandte Schulbildung, werden vertraut gemacht mit Buchführung, Waren- und Münzkunde, Geographie und Recht.

Seit Kaufleute vom Kontor aus arbeiten, können sie sich auch mehr um die politischen Belange ihrer Städte kümmern, vielleicht eine Tätigkeit im Rat übernehmen – obwohl ein Amt im städtischen Führungsgremium Zeit kostet und (bis auf eine Aufwandsentschädigung) nicht bezahlt wird. Regelmäßig kommen die Mitglieder des Rates zusam-

Vor der Chorfassade der mächtigen, um 1350 vollendeten Marienkirche haben Lübecks Bürger ihre Stände. Der eigentliche Marktplatz, auf dem die Bewohner der Stadt aufeinandertreffen, liegt auf der anderen Seite der Kathedrale. Dort gibt es an Markttagen Waren für den täglichen Bedarf, Lebensmittel, Kleider, Schuhe, hier bitten Bettler um eine milde Gabe und verkünden Ratsherren neue Gesetze, werden Gerichtsurteile gefällt und Missetäter an den Pranger gestellt

Für Lübecks Bewohner sind die Straßen ihrer Stadt oft genug ein Ärgernis. Fast immer müssen sie über Abfälle laufen, frei herumstreunende Schweine und Hühner verscheuchen. Oder eine der zahlreichen Baustellen erschwert ihren Weg – etwa wenn wieder neue Holzleitungen verlegt werden, die die Häuser der Bierbrauer mit Frischwasser versorgen. Die Abwässer landen derweil meist noch immer in stinkenden Kloaken

men, die *consules Lubecenses*, allesamt Kaufleute, um über Ausbesserungen an der Stadtmauer zu beraten, Zölle und Gebühren am Hafen.

Wenn sich die Mitglieder auf den Weg zum Rathaus machen, sind sie oft nach der neuesten Mode gekleidet, mit Wams und eng anliegenden Beinlingen. Selbst einflussreiche Bürger gehen in Lübeck zu Fuß. Wer auf einem Pferd sitzt, ist wahrscheinlich ein Auswärtiger und gerade erst in der Stadt eingetroffen. Und nur Warenzüge vom Land rollen mit Wagen in die Stadt hinein.

Das Rathaus liegt an der Nordostecke des Marktplatzes. Dort stehen zwei Gewandhäuser nebeneinander, in denen mit Tuchen gehandelt wird. Noch vor Mitte des Jahrhunderts ist der Rat in das Obergeschoss des einen eingezogen. Im Erdgeschoss und in den übrigen Räumen werden weiterhin Stoffe verkauft.

Um das Jahr 1260 haben die beiden Häuser eine gemeinsame Querfassade erhalten, die ihre Dächer verdeckt: ein Kunstgriff, durch den beide Bauten vom Markt aus gesehen als gewaltiger, einheitlicher Block erscheinen – und so den Einfluss des Rates ausstellen als weltliches Wahrzeichen städtischer Selbstregierung, die Lübeck im vergangenen Jahrhundert erlangt hat.

SCHON GUT 100 JAHRE ZUVOR, um 1160, hat Herzog Heinrich der Löwe, Norddeutschlands mächtigster Fürst, die Herrschaft über Lübeck übernommen und der Stadt die *iura civitatis honestissima* verliehen, die „ehrenvollsten Rechte", um die Ansiedlung von Kaufleuten zu fördern.

Vermutlich erhielt Lübecks Bürgerversammlung bereits damals das Recht, „Willküren" zu erlassen, Gesetze für Handel und Gewerbe. Und wahrscheinlich auch die persönliche Freiheit seiner Bürger: Wer ein Jahr und einen Tag in der Stadt gewohnt hatte, war für immer ein freier Mann. Damit besaßen die Lübecker schon zu Beginn ihrer Geschichte Rechte, die Bürger älterer Städte erst nach und nach mühsam errangen.

Im Jahr 1226 erhob Kaiser Friedrich II. Lübeck sogar zur reichsfreien Stadt. Sie war damit allein dem Kaiser untertan. Zwar zahlten die Lübecker nun

BUND der Kaufleute

Um das Jahr 1200 entsteht in Nordeuropa ein gigantischer Handelsverband: die Hanse

Die Hanse ist eines der ungewöhnlichsten Phänomene der Wirtschaftsgeschichte: Binnen weniger Generationen entsteht vom späten 12. Jahrhundert an aus losen Zusammenschlüssen niederdeutscher Kaufleute ein Handelsimperium, das Nordeuropas Warenverkehr über Jahrhunderte dominieren wird. Eine Macht, die die Ökonomie des Kontinents tief greifend verändert und eine eng vernetzte Warenwelt hervorbringt – und die dennoch in vielem so flüchtig bleibt wie ein Phantom.

Sicher ist: Das Fernhandelsnetz dieses Bundes, gebildet von zeitweise mehr als 200 Städten, verbindet viele kleine, isolierte Märkte von den Küsten Skandinaviens im Norden bis nach Nürnberg und Krakau im Süden zu einem großen, zusammenhängenden Wirtschaftsraum.

Doch als Organisation ist die Hanse nur schwer greifbar. Es gibt kein Gründungsdokument und keine Charta. Die Hanse führt im Namen ihrer Mitgliedsstädte zwar schon bald Kriege wie eine Großmacht, aber sie hat weder eine Flotte noch ein Heer, noch eine gemeinsame Regierung.

Schiffe, Soldaten, Verhandlungsführer stellen die Städte bei Bedarf bereit: freiwillig, da es ihrem jeweiligen Interesse entspricht. Denn die Hanse ist eine Allianz, die nur dann als Einheit agiert, wenn gemeinsame Anliegen bedroht sind.

Die Belebung des Handels setzt bereits im 11. Jahrhundert ein, als Nordeuropas Bevölkerungszahl rapide zu wachsen beginnt – und damit auch die Nachfrage nach Waren aller Art zunimmt. Erstmals seit dem Untergang des Weströmischen Reiches im Jahr 476 wird überregionaler Handel wieder zu einem lohnenden Geschäft.

Immer mehr Kaufleute sind nun zu Land und zur See unterwegs. Und sie schließen sich zu Bündnissen zusammen: zum Schutz vor Überfällen; um auf den ausländischen Märkten gemeinsam höhere Preise durchzusetzen; um die Kosten zu reduzieren; und um fremden Herrschern, die begierig sind nach Luxusgütern aus der Ferne, Zollvergünstigungen und manchmal sogar Handelsmonopole abzutrotzen.

Bald entstehen Bündnisse („Hansen“) von Kaufleuten aus mehreren Handelsstädten, die ähnliche Interessen haben. Ab etwa 1350 verbünden sich dann die Städte selbst – darunter Metropolen wie Köln, Lübeck und Hamburg, aber auch kleinere Städte wie das pommerische Stolp.

Immer wieder zwingen Krisen die Handelsstädte zu einem koordinierten Vorgehen, schweißen sie enger zusammen – und lassen schließlich aus den vielen Bündnissen eine deutsche Hanse werden. Doch selbst auf dem Höhepunkt ihrer Macht um 1400 hat die Allianz keine feste Organisation, keine Satzung, keine gemeinsame Kasse, kein Siegel. Sie beruht weiterhin auf Freiwilligkeit.

Und wie der Auf- lässt sich auch der Abstieg der Hanse nur schemenhaft beschreiben. Unterschiedliche Interessen ihrer Mitglieder sowie die Verschiebung der Handelsströme tragen unter anderem dazu bei, dass die Allianz nach und nach zerfällt. Zum letzten Hansetag im Jahr 1669 erscheinen schließlich nur noch Gesandte von sechs Städten.

Reichssteuern, aber Friedrich II. war ein Herrscher, dessen Machtzentrum nicht in Norddeutschland lag und der vor Ort ohne Einfluss blieb. So erlangte Lübeck de facto seine völlige Selbstständigkeit. Und der Stadtrat begann, die Herrschaft an der Trave zu übernehmen.

Wohl seit 1201 gibt es das Gremium, zunächst nicht mehr als ein ausführendes Organ der Bürgerversammlung. Im Lauf des Jahrhunderts aber ging das Recht, Willküren zu erlassen, auf den Rat über.

Seit 1250 braucht er dafür nicht mehr die Zustimmung der Bürgerschaft. Das Gremium ergänzt sich durch Zuwahl, seine Mitglieder wechseln sich nach einem Rotationsprinzip ab. So wird der Rat immer mehr zur geschlossenen Gesellschaft. Hier bleiben die führenden Fernhändler unter ihresgleichen.

Das Ansehen und der Erfolg eines Handelskaufmanns entscheiden darüber, ob er in das Kollegium aufsteigen kann. Frauen sind vom Rat ausgeschlossen, Handwerker auch, selbst wenn sie wohlhabend sind. Gegen Ende des Jahrhunderts liegt die wirtschaftliche und politische Macht allein in den Händen der wohlhabenden Lübecker Fernhandelskaufleute – die sich mit der neuen, erweiterten Marienkirche ein weithin sichtbares Zeichen ihres Einflusses gönnen.

Mittags ruht die Arbeit am Chor des Gotteshauses. Im Sommer kann der Arbeitstag der Bauarbeiter bis zu 14 Stunden dauern, deshalb stehen ihnen mehrere Pausen zu. Maurer, Mörtelmacher, Handlanger sitzen dann auf gestapelten Backsteinen und aufgeschichteten Balken, essen und schwatzen. Bis der Werkmeister sie zurück an die Arbeit treibt.

Es ist schon der dritte Versuch der Lübecker Bürger, mit ihrer Hauptkirche St. Marien den Dom der Stadt an Größe und Wirkung zu übertreffen. Anfang des 13. Jahrhunderts ist die Marienkirche als kreuzförmige Backsteinbasilika im romanischen Stil errichtet worden – nach dem Vorbild des bischöflichen Doms, aber gewaltiger. Doch sie war noch nicht vollendet, da rissen um 1250 Lübecks Kaufleute wieder Mauern ein, um St. Marien zu einer breiteren Hallenkirche mit einem Turm auszubauen: als Ausdruck des gewachsenen bürgerlichen Selbstbewusstseins und entschiedener Ablehnung des vorherrschenden Kirchentyps.

Während bei dem kreuzförmigen Dom das Mittelschiff erhöht ist, sind in St. Marien die Gewölbe des Hauptschiffs und der beiden Seitenschiffe gleich hoch und damit gleichwertig. Die Kirche erhält so die volkstümlich einfache Form einer bürgerlichen Festhalle – ein Denkmal städtischer Unabhängigkeit.

Nun schon wieder ein vollständiger Umbau. Und nicht etwa ein Wandel im Brauchtum führt zu der Entscheidung. Sondern allein das Geltungsbedürfnis der kaufmännischen Oberschicht.

Bereits der Chorbau lässt erkennen, dass hier eine neue Hierarchie Gestalt annimmt, die Trennung zwischen kaufmännischem Patriziat und den übrigen Bürgern. Das künftige Langhaus wird der Gemeinde offenstehen, der Chor aber den führenden Familien vorbehalten sein. Der Bau idealisiert die gesellschaftliche Ordnung – die Rangfolge jener Schichten, die täglich am zentralen Platz der Stadt aufeinandertreffen: dem Markt.

Während der Hafen der Ort für den Fernhandel ist, wird hier angeboten, was die Bevölkerung für den täglichen Bedarf braucht, Lebensmittel, Alltagsgüter wie hölzerne Eimer und Schüsseln, Kleider, Tuche, Schuhe, Lederwaren, Geschirr.

An Markttagen wird vom frühen Morgen an gehandelt und gefeilscht, in der Mitte des mit Bohlen ausgelegten Platzes auf offenen Tischen, an seinen Rändern vor festen Buden.

Marienkirche und Rathaus liegen an der Nordseite des Marktplatzes. Hier befinden sich die Häuser der reichsten Stadtbürger. Die besonders reichen Fernhändler wohnen auf den großen Eckgrundstücken am West- und Ostrand.

Aus dem Rathaus heraus verliest ein Vertreter des Stadtrats viermal im Jahr neue Willküren, die Höhe der anfallenden Steuern, Regelungen für den Wachdienst, den alle Bürger übernehmen müssen. Auf dem Markt steht die Stadtwaage; der Rat kontrolliert die benutzten Maße und Gewichte.

Hier wird auch Recht gesprochen, in der *Dingstätte*, einer überdachten Laube neben dem Rathaus. Auch der *Kaak*, der Pranger, befindet sich hier. An ihm werden die Prügelstrafen vollzogen, hier werden Missetäter dem Gespött der Passanten ausgesetzt. (Die Hinrichtungsstätte liegt vor dem Burgtor.)

HIER ENTSCHEIDET DER ERFOLG, NICHT DER GESELLSCHAFTLICHE STAND

An Verkaufstagen preisen Bauern aus dem Umland Geflügel, Eier, Butter, Bohnen und Kräuter an. Krämerinnen feilschen mit Mägden. Hausfrauen schieben sich von Tisch zu Tisch, von Bude zu Bude, durch die Menge, um die besten Angebote zu sichten. Vorbei an Bettlern, die auf milde Gaben hoffen.

An Ständen bieten Handwerker ihre Erzeugnisse an. Töpfer verkaufen Kugeltöpfe und Dreibeintöpfe, Kannen mit und ohne Henkel. Knochenschnitzer produzieren direkt auf dem Markt, sägen aus Gebein ihre Kämme. Krämer preisen Brettchen mit erhöhtem Rand als Teller an, Schreiber offerieren ihre Dienste.

Die Buden der Bäcker liegen an der Nordseite von St. Marien, hier verkaufen sie Fladen und duftende dunkle Brotlaibe. Ihre Bäckereien sind wegen der Feuergefahr über die ganze Stadt verteilt, zumeist liegen sie jeweils an den Ecken der Häuserblöcke.

Auch die Fleischhauer haben einen festen Platz, ihre Fleischbänke stehen in mehreren Reihen auf dem Schrangen, einer Freifläche im Osten von St. Marien, in unmittelbarer Nähe zur Baustelle.

Dorthin bringen die Schlachter ihre Rinder- und Schweinehälften. Sie werden an Ort und Stelle zerlegt und in Portionen gehauen. Der Boden des Schrangen ist übersät mit Knochensplittern. Der Gestank von Blut und Fleischabfällen liegt über dem Platz, lockt Fliegen, Ratten und Hunde an.

Die meisten Handwerker leben in bescheidenen Häusern. Und oft gemeinsam mit ihresgleichen. So sind unterschiedliche Viertel entstanden, jedes mit eigenen Geräuschen und Gerüchen.

Übel riechende Gewerbe etwa wurden an den Ostrand der Stadt gedrängt. Die Knochenhauer leben fast ausschließlich in der Fleischhauerstraße, die zur Wakenitz führt. An ihrem Ende, direkt am Fluss, liegen die Schlachthäuser. Das Muhen der Rinder, das Grunzen der Schweine, die hierhergetriebeen werden, ist weit zu hören. Ihre Knochen werden noch verwendet, um Kämme und Perlen herzustellen, der größte Teil der Schlachtabfälle aber wird ins Wasser gekippt.

Auch die Gerber, die Leder für Riemen, Schuhe, Kleidung herstellen, wohnen und arbeiten fast alle an der Wakenitz. In ihren Werkstätten entfernen sie mit dem Scherdegen Fleisch- und Fettreste von den Häuten, durch Räuchern auch die Haare. Die Tierhäute werden in Ziehlöchern und Bottichen gegerbt, dann gespült und getrocknet. Vor allem jetzt im Sommer steigt von den Häuten und Abfällen ein kaum erträglicher Gestank nach Blut und fauligem Fleisch auf.

Laut und heiß ist es in den Vierteln der Schmiede, Harnisch- und Armbrustmacher und Eisenkrämer. Dort wird glühendes Metall bearbeitet, für Klingen, Hufeisen und Werkzeug. Funken sprühen auf und erhellen die Werkstätten.

WOHLHABEND ABER WERDEN nur sehr wenige Handwerker. Allenfalls Bäcker, Fleischer und Bierbrauer können sich Giebelhäuser aus Backstein leisten. Die meisten anderen leben bescheiden, oft an der Grenze zur Armut.

In engen Neben- und Seitenstraßen und Gassen, in Hinterhöfen von Backsteinhäusern, in den weniger dicht bebauten Randbezirken oder direkt an der Stadtmauer stehen ihre Buden: kleine Fachwerkhäuser aus Lehm ohne Giebel. Oft befinden sich mehrere Behausungen unter einem gemeinsamen Dach. Und manchmal sind diese mickrigen Gebäude noch in einzelne Wohnungen aufgeteilt.

Für Tagelöhner, Hilfsarbeiter und Bootsleute aber ist selbst die Miete für solch eine Unterkunft kaum bezahlbar.

Das gilt auch für jene Bewohner der Stadt, deren Tätigkeit mit dem Makel der „Unehrlichkeit" behaftet ist: Totengräber etwa, Abdecker, Gassenkehrer. Ihre einfachen kleinen Katen liegen in engen Höfen, neben Scheunen und Ställen, inmitten von Gestank und Schmutz.

Noch Bedürftigere darben in dunklen, feuchten Kellergeschossen fester Häuser. Nur eine Holzkohlenpfanne spendet kärgliche Wärme.

Jetzt, im Sommer, wenn die Schiffe einlaufen, die Karren und Fuhrwerke unterwegs sind, werden die Tagelöhner überall gebraucht, als Träger oder Hilfskräfte, am Hafen, am Fluss, auf Baustellen. Aber ihr Lohn ist niedrig und wird nur gezahlt, wenn Arbeit vorhanden ist.

Im Winter jedoch ruht die Schifffahrt, meist ab dem 11. November, dem St.-Martins-Tag, und beginnt erst wieder im Februar. Auch der Landtransport geht zurück. Und an der Marienkirche wird in der kalten Jahreszeit zumeist ebenfalls nicht gearbeitet. Vor Wintereinbruch muss die Baustelle gesichert sein, Steine und Mauerkronen werden dann mit Mist bedeckt, um sie vor Frost zu schützen.

Der Mangel an Arbeit im Winter trifft vor allem jene, die nicht mehr haben als ihre Körperkraft. Ersparnisse können

Die Marienkirche, die weithin von Lübecks Bedeutung kündet, übersetzt die bildhauerische Figurenvielfalt der französischen Gotik in eine Bauweise gemauerter Ornamente. Damit verbreiten die Lübecker Kaufleute einen neuen Architekturstil, den bald andere Hansestädte kopieren und der so prägend für das Handelsbündnis wird: die Backsteingotik

Hilfsarbeiter, Handlanger und Tagelöhner nicht anlegen.

Stets sind sie davon bedroht, in die Armut abzusinken. Teil all derer zu werden, die keine Möglichkeit haben, ihren Lebensunterhalt zu verdienen: alleinstehende alte Menschen, meist Frauen; Gebrechliche, Kranke, die keine Familie haben, die für sie sorgt. Die auf Almosen angewiesen sind.

Wohin man in Lübeck auch schaut, sie sind überall: Blinde, Lahme, Sieche – eine zerlumpte Schar von Menschen, die auf das Mitleid der Wohlhabenden hoffen müssen. Bettler belagern den Eingang der Marienkirche, den Markt und die Hauseingänge. Viele hausen in Straßen und Gassen, stets auf der Suche nach einem Unterschlupf.

Lübecks Ruf als reiche Stadt zieht viele Arme an. Aber auch solche, die das Betteln als Beruf betreiben und von Stadt zu Stadt ziehen. Die Einheimischen begegnen den Fremden mit Argwohn. Sie fürchten, es könnten Diebe sein.

Die Elenden bitten um mildtätige Gaben. Und wer hat mehr zu geben als ein Kaufmann?

Viele Fernhändler sind durchaus großzügig. Sie wollen sich Gottes Gunst durch Wohltätigkeit sichern, denn sie wissen, dass die Vertreter der Kirche ihr Treiben mit Misstrauen verfolgen – schließlich zielt jeder Kaufmann darauf, viel Profit zu machen: Die Kirche aber verurteilt Wucher als schmähliche Sünde.

Durch Gaben an die Bettler, durch Testamente zugunsten Bedürftiger, durch Spenden, Stiftungen geben die Reichen der Stadt manches von ihrem Wohlstand ab, stets in der Hoffnung, dass ihnen diese guten Werke dereinst im Jenseits angerechnet werden.

Die älteste karitative Einrichtung der Lübecker Bürger ist das Heiligen-Geist-Spital: ein Ort für die Speisung und Beherbergung jener Armen, die zu alt sind, um betteln zu gehen. Und mehr und mehr auch für pflegebedürftige kranke Menschen. Doch längst reicht der Platz nicht mehr aus.

Und so entsteht ein neues Haus, das Platz für bis zu 200 Menschen bieten soll. Zwölf Ratsherren haben den Neubau beschlossen, fördern ihn mit Stiftungen.

Auch der Umbau der Marienkirche ist eine Investition ins Jenseits. Mit dem Projekt, das sie finanzieren, erfüllen die Kaufleute eine gottgefällige Aufgabe.

Doch es wird noch viele Jahre dauern, bis St. Marien vollendet ist. Um 1300 wird der Chor, wohl erst 50 Jahre später die gesamte Kirche fertiggestellt sein. Aber was für ein Werk ist dann entstanden!

Die Kathedrale misst 100 Meter in der Länge. Das Mittelschiff erreicht mit 38,5 Metern eine gewaltige Höhe und ist fast doppelt so hoch wie das des Lübecker Doms, übertrifft sogar die Höhe des berühmten Gotteshauses im französischen Reims. Die Zwillingstürme von St. Marien, 125 Meter hoch, werden bis zur Vollendung des Kölner Doms im Jahr 1880 das höchste Kirchturmpaar in Deutschland sein.

Eine Backsteinkathedrale zum Ruhme des Bürgertums ist emporgewachsen, nach deren Vorbild bald viele Tochterkirchen an der Ostsee gebaut werden, so in Lüneburg, Wismar, Rostock, Stralsund und Riga. Diese Gotteshäuser geraten zu den Wahrzeichen der Hansestädte.

Aber es ist nicht allein die Größe, die Lübecks Marienkirche heraushebt. Hier ist auch eine ganz eigene Spielart der gotischen Baukunst entstanden.

Die französische Gotik mit ihren Spitzbögen in allen Varianten ist leicht, kühn, himmelstrebend. Sie feiert das Licht als Verkörperung des Göttlichen, und für ihre Fassaden schaffen Steinmetze grazile Figuren.

Der Kirchenbau mit Backstein zwingt dagegen dazu, die komplizierten, bildhauerisch gestalteten Steinformen der französischen Gotteshäuser mit ihren ständig wechselnden Ansichten, ihrem Spiel mit Licht und Schatten, in Mauerwerk umzusetzen.

Im Inneren der Marienkirche verleihen Gurtbögen und Rippen dem Chor zwar eine feingliedrige Eleganz. Die bemalten Backsteinwände hingegen betonen Flächen, die das Licht beruhigen. Und von außen wirkt St. Marien geradezu massig, monumental. Gewaltige Pfeiler und Bögen stützen den Bau.

Fast wie eine Burg erscheint er, fest umgrenzt, zeigt ganz anders als die französischen Kathedralen eine diesseitige Sachlichkeit, Klarheit und Rationalität. Die Kirche steht für die Werte der Kaufleute. Doch in den Vordergrund des Bauwerks tritt stets der Backstein, in all seinen Rot- und Brauntönen.

Der Bau der Marienkirche ist eine Aufgabe für Generationen. Viele, die im Sommer 1285 an ihrer Gestalt mitarbeiten, Maurer, Handlanger, Mörtelmacher, werden ihre Vollendung nicht mehr erleben. Sie sehen vorerst nur, was sie bis zum Ende dieses Tages geleistet haben.

Abends kommt die Stadt langsam zur Ruhe. Die Hirten treiben das Vieh zurück in die Stadt. Die Kaufleute löschen die Kerzen in der Scrivekamere. Matrosen und Handwerksgesellen ziehen in die Tavernen am Hafen. Prostituierte, manche jünger als zwölf, machen ihnen vielversprechende Angebote. Noch mehr hoffen sie auf vermögende reisende Kaufleute, die zu Gast in der Stadt sind.

Die Bürger, die nun in der Nacht die Wachdienste übernehmen, machen sich auf den Weg – keine ungefährliche Aufgabe in einer Stadt, die nachts unbeleuchtet ist. Diebstähle sollen sie verhindern, randalierende Zecher zur Räson bringen, die sich in den Kellerwirtschaften den einen oder anderen *Pott Beeres* zu viel genehmigt haben.

Manchmal fordern übermütige Matrosen und Handwerksgesellen die Stadtwache zu einer Schlägerei heraus.

Auch auf der Baustelle ist der Arbeitstag zu Ende. Die Gerüste sind verlassen. Die Gerätschaften beiseitegeräumt. Im schwindenden Licht zeigen die Backsteine noch einmal ganz neue Farben. Die Abendsonne lässt sie nun tiefrot und violett aufscheinen.

Der Theologe lehrt seine Zeitgenossen die Philosophie des Aristoteles. Doch manche Ideen des Griechen sind für einen Geistlichen gefährlich

Denkverbote lässt er nicht gelten, seine Glaubensbrüder vom Orden der Dominikaner nennt er „Ignoranten, die wie einfältige Tiere gegen das wettern, was sie nicht kennen".

Er selbst will alles wissen, die Natur vollständig erfassen. Die Struktur des Kosmos interessiert ihn ebenso wie die menschliche Verdauung. Berühmt wird Albert, den man bald „Albertus Magnus", Albert den Großen, nennen wird, als er dem Abendland die Gedankenwelt des Aristoteles erschließt.

Dabei birgt die Philosophie des antiken Griechen, die im christlichen Europa erst über die Vermittlung durch die orientalische Wissenschaft seit Ende des 12. Jahrhunderts vollständig bekannt wird, Zündstoff: Da für Zeit und Materie weder Anfang noch Ende denkbar seien, behauptet Aristoteles, habe die Welt ewigen Bestand. Wie aber lässt sich dies mit dem Glauben an einen Schöpfergott vereinbaren?

Das ist eine Herausforderung für Theologen wie Albert. Der um das Jahr 1200 in Lauingen geborene Schwabe hat in Padua und Köln studiert und wurde in Paris zum Magister der Theologie promoviert. Über seine jungen Jahre weiß man nicht viel mehr.

Bald aber ist er bekannt: als Lehrer, Forscher und Schlichter. Heikle kirchenpolitische Missionen führen ihn nach Lyon, Paris und an den päpstlichen Hof. Zwei Jahre lang ist er Bischof in Regensburg, schließlich geht er nach Köln zurück, wo er 1248 den Aufbau und die Leitung des „studium generale et solemne" übernimmt, einer Schule des Dominikanerordens. In Köln auch macht er Karriere als Schlichter, etwa zwischen dem Erzbischof und der Kölner Bürgerschaft.

Seine 36 Abhandlungen, in denen er die aristotelischen Lehren erläutert und ergänzt, lassen Albert keineswegs im Glauben wanken, doch kostet es ihn Mühe, philosophische Erkenntnisse und theologische Glaubenssätze miteinander in Einklang zu bringen. Ist das Universum ewig? Nein, denn in der Schöpfung nimmt mit der Materie auch die Zeit ihren Anfang. Der ewige Gott erschafft alles Sein aus dem Nichts.

Dies ist kein philosophisches Argument, dessen ist sich Albert bewusst: Das „Wahre der Frömmigkeit" kann eben doch nur die Theologie ergründen. Dennoch muss es erlaubt sein, wie Aristoteles das „Wahre in den Dingen" zu suchen.

Alberts systematische Beschäftigung mit den Phänomenen der Natur markiert freilich noch nicht den Beginn der modernen Naturwissenschaft: Er reflektiert die Dinge, doch er experimentiert nicht mit ihnen. Durch seine Kommentierung der Aristoteles-Schriften aber legt er das Fundament, auf dem sein Schüler Thomas von Aquin schließlich eine Synthese von Theologie und Philosophie, von Glauben und Wissen, von Offenbarung und Vernunft schafft, die die katholische Weltsicht bis heute prägt. 1280 stirbt Albertus Magnus in Köln.

KLAUS MEYER

DER SCHWARZE TOD

Es ist die größte Katastrophe des Mittelalters: 1347 erreicht die Pest vom Osten her das Abendland. Unaufhaltsam überwindet sie Flüsse, Meere und Gebirge – und steht im Herbst 1349 vor den Toren Kölns

Text: CAY RADEMACHER

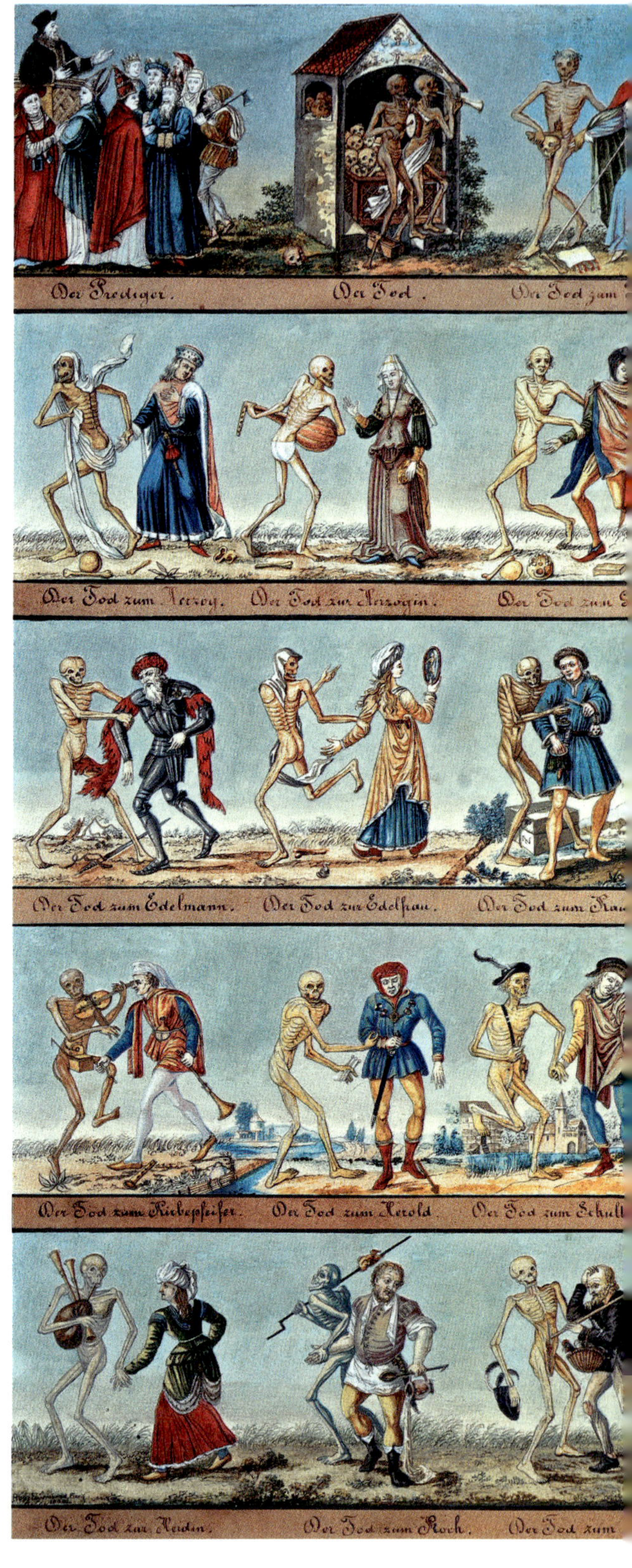

Die Pest trifft Arme und Reiche, Mächtige und Schwache, Priester und Laien. Die unterschiedslose Unbarmherzigkeit der Seuche lässt sogar ein neues Motiv der Kunst entstehen: den Totentanz

Messina, Anno Domini 1347. Der Monat August hat schon begonnen, als am Horizont vor der sizilianischen Hafenstadt genuesische Galeeren auftauchen. Sie werden schon erwartet. Denn seit einem Jahr belagern Mongolen die Stadt Caffa am Schwarzen Meer, einen der wichtigsten dortigen Handelsposten der mächtigen Stadtrepublik Genua. Und man ist neugierig, wie es um Caffa steht.

Doch als die Schiffe sich nähern, fällt Beobachtern wohl Seltsames auf: Die Seeleute manövrieren nicht ganz so geschickt wie sonst, irgendetwas scheint nicht zu stimmen an Bord.

Nachdem die Galeeren endlich festgemacht haben, bietet sich ein Bild des Grauens: Auf und unter Deck, zwischen den Ruderbänken, liegen Tote und Sterbende, viele entstellt von eitrigen Beulen und schwärzlichen Hautflecken. Es stinkt nach Fäulnis und Tod.

Die wenigen Matrosen, die sich, von der unbekannten Krankheit gezeichnet, noch unter Schmerzen auf den Beinen halten können, berichten, dass eine schreckliche Seuche im Mongolenheer ausgebrochen sei. Und einige ihrer Toten hätten die Belagerer in die Festung Caffa geschleudert.

Staunend hören die Bürger Messinas diesen Bericht, mit Abscheu und Schrecken blicken sie auf die Galeeren. Doch ohne besondere Vorkehrungen werden die Überlebenden ins örtliche Spital gebracht und die Toten beerdigt. Amtsleute nehmen die Berichte der Matrosen zu Protokoll und inspizieren das Schiff.

Einige Tage später stirbt der erste Einwohner Messinas. Dann noch einer und noch einer. Der Tod springt von Gasse zu Gasse.

Binnen weniger Tage bricht das öffentliche Leben zusammen, überall herrschen Hilflosigkeit und Verzweiflung.

Es ist schlimmer als im Krieg. Manche Bürger fliehen aus der Stadt, doch der Tod folgt ihnen. Die Einwohner Messinas haben der schrecklichsten aller Seuchen Einlass in ihre Stadt und damit ins christliche Abendland gewährt.

Der Pest.

KÖLN, ANNO DOMINI 1348. Die Stadt am Rhein gilt als Abbild des Himmlischen Jerusalem. Denn wie die verheißene Stadt weist auch die volkreichste deutsche Metropole zwölf große, turmbewehrte Tore in ihrem mächtigen Mauerring auf. So viele Straßen führen zwar gar nicht aus ihr hinaus, aber Kölns Bürger sind derart reich, dass sie sich selbst den Luxus überflüssiger Tore leisten können.

Eine Vielzahl von Kirchtürmen ragt über schindelgedeckte Dächer. Von Weitem schon erkennt ein Reisender, der sich von Süden her nähert, eine der größten Baustellen des Abendlandes: einen himmelstürmenden Domchor mit prächtigen Glasfenstern sowie den Stumpf eines mächtigen Turmes, der einmal mit einem zweiten, später gebauten zu den höchsten der Christenheit gehören wird.

Es ist Sommer. Reiter wirbeln auf der längs des Rheins durch wohlbestellte Felder führenden, ungepflasterten Straße Staub auf. Sie kommen aus Straßburg, 375 Kilometer südlich. Die Räte beider Städte, die reichen Handelsherren und die gelehrten *doctores* aus den Dom- und Klosterschulen kennen sich, tauschen Nachrichten aus, arrangieren Bündnisse und Geschäftskontrakte.

Doch diesmal bringen die Reiter schlechte Nachrichten mit, Gerüchte von einem Verbrechen, wie es die Welt noch nicht erlebt hat.

Die Straße führt durch das Severinstor, das einer kleinen Zwingburg gleicht, in die Stadt. Innerhalb der Mauern sind nur die wichtigsten Straßen so breit, dass zwei Fuhrwerke einander passieren können; die meisten anderen sind jedoch verwinkelt, eng und dunkel.

Die Häuser zu beiden Seiten haben bis zu vier Etagen und sind aus Stein oder Fachwerk errichtet, mit Giebelluken, aus denen die Bäume von Seilwinden ragen.

Der Tod

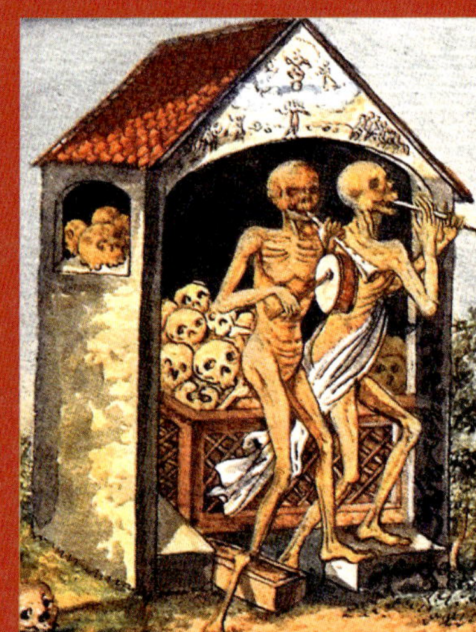

Schon viele Opfer hat der Tod gefunden – und spielt weiter auf zum Tanz

Im Erdgeschoss sind Lagerräume, Weinschenken oder Läden eingerichtet, darüber wohnen die Menschen.

Die Straßen sind ungepflastert, eine Kanalisation existiert praktisch nicht. Schmutz und Unrat liegen überall, dazwischen streunen Hunde und grunzende Schweine. Ratten huschen umher. Es stinkt nach Verfaultem, Kot und den

Laugen der Gerber und Färber. Die Reiter passieren die Kirchen St. Georg, St. Maria im Kapitol, St. Alban und biegen dann rechts ab. Die engen Gassen vor ihnen, die dicht gedrängt stehenden Häuser unterscheiden sich kaum von anderen Stadtteilen. Doch hier sind sie durch kleine Mauern gesichert und nur durch Pforten zu erreichen. Sie begrenzen das Judenviertel. Dann erreichen die Ankömmlinge das Bürgerhaus, in dem sich Rat und Bürgermeister versammeln. Den 15 Ratsherren gefällt der Bericht der Straßburger überhaupt nicht. Als wenn es nicht schon genug böse Gerüchte gäbe!

Der Kardinal

Etliche Geistliche fliehen vor der Pest – und werden doch von ihr befallen

Dabei könnte alles zum Besten stehen in Köln. Siebeneinhalb Kilometer ist die Mauer lang und beschützt mehr als 40 000 Einwohner. Gut 30 durch den Handel mit Frankreich, England und den deutschen Landen reich gewordene Familien beherrschen die Stadt. Sie bilden die „Richerzeche", die alljährlich zwei Bürgermeister bestimmt. Sie stellen auch die 22 Schöffen am Hochgericht, das die meisten Kriminalfälle behandelt. Und sie dominieren den Rat. Köln geht es gut.

Doch Unheil hat sich über die Welt gelegt. Seit 1309 residiert der Papst nicht in Rom, sondern in Avignon, was die Christenheit tief verunsichert; Skandale untergraben das Ansehen der Kirche. Zudem haben sich England und Frankreich in einen Krieg verbissen, der mehr als ein Jahrhundert dauern wird. Darüber hinaus muss Karl IV., der Herrscher des römisch-deutschen Reichs, mit Gegenkönigen um die Macht ringen.

Auch die Natur wirkt wie aus dem Gleichgewicht: Seit einigen Jahrzehnten sind die Winter besonders kalt, viele Sommer nass und kurz – mit schlimmen Folgen für die Ernte. Und das Erdbeben vom 25. Januar 1348 im Friaul wird von vielen als böses Omen angesehen. Doch nichts wird so schlimm sein wie die *magna mortalitas*, das große Sterben.

Bald **wütet** die **Seuche** überall

Einige Jahre zuvor sind in Europa erste Gerüchte von einem giftigen Regen in Indien oder China umgelaufen, von Skorpionen, die vom Himmel gestürzt seien, von schädlichen Dämpfen, tausendfachem Tod. Auf Zypern, in Konstantinopel, im gesamten Morgenland seien ihm Menschen zum Opfer gefallen. Seit Ankunft der Galeeren in Messina sind die Nachrichten nun keine Gerüchte mehr, sondern von schrecklicher Präzision.

Im Februar 1348 verheert die Pest Venedig und Genua. Einlaufende Schiffe aus der Levante beschießt man mit Brandfackeln, um sie vom Anlegen abzuhalten. Geisterschiffe mit toten Besatzungen stranden an Italiens Küsten.

Auch aus Pisa, Siena, Florenz und Rom wird die Seuche bald gemeldet. Von Marseille aus erobert der Schwarze Tod Südfrankreich – auch Avignon, wo sich der Papst auf Anraten seines Leibarztes in seinem Palast verbirgt, in dem nun mit aromatischen Kräutern versetzte Kohlefeuer lodern, die die Luft reinigen sollen.

Barcelona und Valencia fallen noch im Frühjahr an den unsichtbaren Feind. Im Mai wütet die Seuche in Paris, einen Monat später ist sie auf die Britischen Inseln übergesprungen.

Und jetzt, im Sommer 1348, stehen die Reiter aus Straßburg in Köln – und behaupten, die Ursache des Übels zu kennen: Es seien die Juden. Hat man nicht schon 1321 in Aquitanien einen Aussätzigen gefasst, der gestand, im Auftrag der

Köln hat 1348 mehr als 40 000 Einwohner und ist die größte und wohlhabendste deutsche Stadt. Ihr neues Wahrzeichen ist der gewaltige Chor des Doms (hinten rechts), an dem aber noch lange gebaut werden wird

Juden Brunnen vergiftet zu haben? Kennt man nicht den Inhalt der Leinensäckchen, die sie ins Wasser werfen: Menschenblut, Urin, entweihte, zerstoßene Hostien und allerlei Zauberkräuter?

Die Juden, so erzählen die Männer aus Straßburg, hätten das große Sterben in Europa ausgelöst.

Es ist nicht überliefert, was die Ratsherren antworten, doch sie bleiben skeptisch. Sterben nicht die Juden ebenso an der Pest wie die Christen? Und als nüchterne Kaufleute fragen sie sich: Was hätten wir von einer Judenverfolgung?

Sie können vom Ratssaal in das Viertel ihrer jüdischen Mitbürger hineinblicken: 86 Häuser, eine Synagoge, ein Spital, eine Schule, ein Backhaus. Rund 800 Menschen leben hier. Sie sind ebenso wie ihre christlichen Nachbarn *samenburger:* waffenfähige Bürger, denen im Kriegsfall jeweils ein Abschnitt der Stadtmauer zur Verteidigung anvertraut ist.

Ihren Lebensunterhalt verdienen sie als Schneider, Bäcker, Hausierer, Ärzte, Gelehrte – allerdings ausgeschlossen von den mächtigen Gilden, die nur Christen aufnehmen. So arbeiten sie hauptsächlich für ihre Glaubensgenossen. Doch manche sind als Geldverleiher reich geworden, die großen und kleinen Herren, Geistlichen,

Händlern und Handwerkern gegen Pfand aus finanziellen Engpässen helfen.

Christen ist die Zinseinnahme aus Geldverleih untersagt – obwohl es seit einigen Jahren auch in Köln lombardische Bankiers gibt, die sich um dieses Verbot nicht scheren. Zivile und kirchliche Würdenträger nutzen das von den Juden geliehene Geld meist für Bauten, ihren Prunk, für Kriegszüge. Unter ihnen sind viele, die ihre Gläubiger gern loswürden. Doch für die reichen Kölner Familien, die Overstolzens, die Hardevusts oder Lyskirchens, sind die von Juden vergebenen Kredite Betriebskapital ihres Fernhandels: belastet zwar mit beträchtlichen Zinsen, aber dennoch profitabel.

Und dann sind da noch die Steuern, die die Juden an die Stadt zahlen, die erste Tranche am 21. Juni, die zweite zu Weihnachten. Hinzu kommen Schutzgelder und Sondersteuern, die man ihnen auferlegen kann, wann immer es nötig ist, etwa in Kriegszeiten. Niemand im Stadtrat will diesen Geldfluss versiegen lassen.

Die Reiter aus Straßburg finden daher wenig Gehör im Rat. Doch sie bleiben noch ein paar Tage, nehmen sich eine Herberge, besuchen eines der mehr als 100 Schankhäuser, gehen in die Badestube, auf den Markt und erzählen überall vom großen Sterben – und von den Juden, die sich heimlich an Brunnen zu schaffen machten.

GOEBEL SCHALANT ist ein einfacher Handwerker, er fürchtet sich vor den Geschichten, die man sich auf den Straßen zuflüstert: von Kometen und anderen

Himmelserscheinungen, vor einem Regen von Eidechsen, der irgendwo niedergegangen sein soll, vor dem schrecklichen Tod, der nicht einmal so mächtige Städte wie Paris und Florenz verschont.

Allein in der toskanischen Metropole, so erzählen es sich die Leute, sollen seit dem Frühjahr mehr Einwohner von der Pest dahingerafft worden sein, als in Köln leben. Was sollen die Menschen tun, wenn doch selbst die Ärzte der Fürsten hilflos sind? Wohin sollen sie fliehen?

Goebel Schalant ist sich bewusst, dass er ein Sünder ist. Sein ganzes Leben wird von strengen Geboten bestimmt: seine Geburt als ehrlich gezeugtes Kind eines rechtmäßig getrauten Ehepaares, seine Erziehung, seine Erstkommunion, die Messen und Beichten, seine Ehe, seine Pflichten gegenüber der Gemeinde, der Stadt, dem König, den Mitbürgern, den Aussätzigen, sein Tod.

Doch viele Kinder sind eben nicht im Ehebett gezeugt worden. Und wer hat nicht schon geflucht, in der Beichte etwas verschwiegen, Verbotenes gegessen während der Fastenzeit? Nur die Heiligen mögen unbefleckt bleiben in solch sündiger Welt. Goebel Schalant und viele seiner Mitbürger fürchten sich. Wird Gott sie nun für all ihre Sünden strafen?

Die Kirche bietet wenig Trost. Papst Clemens VI. sitzt in seinem Palast zu Avignon. Die Rhône-Stadt ist ein Ort der Verschwendung und des Lasters, heißt es. In Köln ist es nicht viel besser. Erzbischof Walram ist bei den Geldverleihern weit höher verschuldet, als es einem Ehrenmann ansteht. Außerdem hat er sich eingemischt in den Krieg zwischen Frankreich und England – sich mal auf diese, mal auf jene Seite geschlagen.

Jetzt will er sich auf den Weg nach Paris machen – angeblich, weil er der ruinierten Diözese Köln die Kosten seines Aufenthalts nicht länger aufbürden will. Der Ritter Reinhard von Schönau, einer seiner Gläubiger, wird Walrams Stellvertreter in weltlichen Angelegenheiten sein. Doch für den Erzbischof als geistliches Oberhaupt gibt es keinen Ersatz.

Viele Kölner fragen sich in diesen Tagen, ob sie die Erzählungen der Straßburger über die Schuld der Juden nicht doch ernster nehmen sollen. Vielleicht haben ja gar nicht die eigenen Sünden das Unheil über die Welt gebracht, sondern die der anderen!

Hat nicht schon der heilige Augustinus die Juden als Verfemte bezeichnet? Hat nicht Bischof Abogard von Lyon in einem vor einem halben Jahrtausend verfassten Pamphlet vor den Juden gewarnt? Hat nicht der gelehrte Petrus Venerabilis sie „als ohne Verstand und Würde“ abqualifiziert – und Thomas von Aquin, der bedeutende Theologe, die Juden „Sklaven“ der Kirche genannt?

Die Kölner haben Angst. Menschen wie Goebel Schalant. Am liebsten würde er die Stadt abschließen und abwarten, bis die Strafe Gottes vorbeigezogen ist.

Nicht nur das Treiben der Juden verfolgt er nun misstrauisch, sondern auch das der Aussätzigen und das der Menschen mit unehrenhaften Berufen wie Dirne, Kloakenreiniger, Gerber oder Henker. Auch die Gaukler sind ihm verdächtig und das ganze fahrende Volk, überhaupt alle Fremden. Jeder scheint ihm nun gefährlich zu sein.

Bedroht fühlt sich auch Joel ben Uri ha-Lewi. Er ist einer jener Männer, die Geld verleihen, zu drei Pfennig pro Mark die Woche, was einem Jahreszins von etwa 26 Prozent entspricht. Ohne Zweifel Wucher, doch viele, vor allem adelige Gläubiger, bezahlen ihre Schulden nur spät – oder nie –, und die Stadt Köln belegt ihn bei jedem Kriegszug, jeder Unruhe, überhaupt jedem unvorhergesehenen Ereignis mit drückenden Abgaben.

Der Kaiser

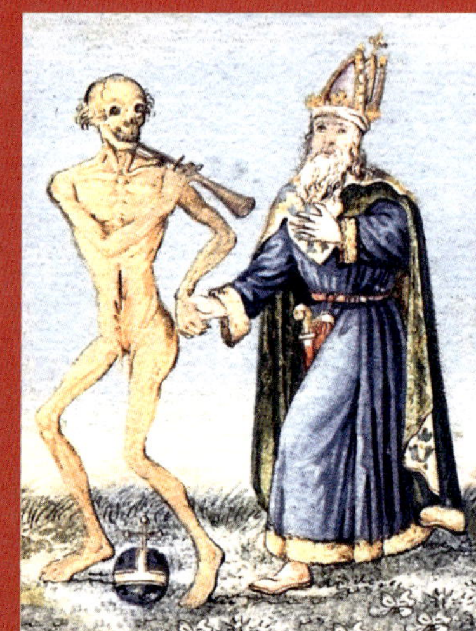

Nicht einmal mächtige Herrscher sind gefeit vor der mörderischen Seuche

Der Schultheiß

Die Kölner Bürgermeister verlieren bald die Kontrolle über die Situation

Die Jungfrau

Manche Infizierte wirken gesund – und sterben binnen weniger Stunden

Der Wucherer

Der Schwarze Tod ist unbestechlich – und holt sich den reichen Mann

Joel ben Uri hat sich daran gewöhnt, auf der Straße den spitzen Judenhut auf dem Kopf zu tragen. Doch seit einigen Jahren scheinen die Diskriminierungen zuzunehmen.

Die Juden haben kleine Mauern hochziehen müssen, um ihr Viertel vor nächtlichen Überfällen zu schützen; auch war es der Wunsch des Rates, sie so vom Rest der Bürger besser isolieren zu können. Vor sieben Jahren haben ihnen die Stadtväter zudem verboten, weitere Häuser zu kaufen, sodass ihr Quartier nicht mehr wachsen kann, obwohl die Gemeinde zahlreicher geworden ist.

Kölns Goldschmiede haben überdies beschlossen, nicht mehr für Juden zu arbeiten. Und das neue, reich geschnitzte Chorgestühl im Dom zeigt Szenen, in denen Joel ben Uris Glaubensbrüder auf derbe Art verspottet werden.

Und nun die Gerüchte von der Schuld der Juden am großen Sterben. Schon sind Glaubensbrüder in Savoyen, Frankreich, der Schweiz verhaftet und gefoltert worden. Kölns erster Rabbiner, Joseph ben Isaak Joselin, erinnert die Ratsherren immer wieder daran, dass sie den Juden der Stadt den für die Steuern versprochenen Schutz gewähren müssen.

Joel ben Uri vertraut den Männern im Rat nicht. Irgendwann nach Ankunft der Straßburger Reiter schleicht er sich in den Hinterhof seines Hauses und vergräbt dort eine Kiste mit Silbergroschen aus Köln und Tours, mit Prager und Florentiner Gulden, Goldschilden aus Bayern, Gulden aus Böhmen – insgesamt 290 Gold- und Silbermünzen.

Dass Papst Clemens VI. am 26. September 1348 die Juden vor dem Vorwurf der Brunnenvergiftung in Schutz nimmt und verbietet, sie ohne Gerichtsverfahren zu töten, auszuplündern oder gegen ihren Willen zu bekehren, wird von den meisten Kölnern kaum beachtet.

Bald darauf hört der Rat von Gerüchten, die Stadt Bern hätte einen „geständigen" Juden an Straßburg ausgeliefert. Sofort werden Boten entsandt. Sie sollen Genaueres herausfinden, aber auch die Skepsis der Ratsherren übermitteln. Die sind nach wie vor gegen eine Verfolgung der Juden – auch weil sie fürchten, dass die „ärgerlichsten und schwierigsten Unruhen entstehen könnten, ja sich das gemeine Volk daran gewöhnen kann, sich zusammenzurotten".

Am 19. Dezember 1348 und am 12. Januar 1349 veröffentlicht der Rat zwei Briefe an die Bevölkerung, in denen er sich zum Schutz der Juden bekennt.

VERGEBENS. DIE SITUATION ist bereits außer Kontrolle. Schon im September 1348 hat ein Mob in Zürich und in den Gemeinden am Genfer See Juden ermordet, ihre Viertel niedergebrannt und geplündert – angestachelt von fanatischen Predigern, getrieben von hysterischer Angst vor der Pest, aber auch von Habgier und der Absicht, lästige Schulden mit den Gläubigern loszuwerden.

Im November brannten in Stuttgart und Augsburg die Judenviertel, im Dezember in Landsberg und Lindau. Im Januar 1349 kommt es in Basel, Freiburg, Speyer und Ulm zu Pogromen; im Februar dann auch in Straßburg.

„Judensleger" nennt man die Täter, im Anklang an die „Hundesleger" – jene Männer, die im städtischen Auftrag streunende Hunde töten. Und das Morden hört nicht auf: Nun geht es in Würzburg und Dresden gegen die Juden, in Worms und Konstanz, im Juli in Frankfurt. Fast nirgendwo greifen Landesherren oder Stadträte wirkungsvoll ein. Im Gegenteil: Manchmal bereichern sie sich am Besitz der Juden, noch ehe es überhaupt zu einem Pogrom gekommen ist.

Die Kirche aber schweigt zu alldem. Selbst der Chronist Kunrat von Megenberg, der nicht an die Legende von der Brunnenvergiftung glaubt, nimmt Stellung gegen die Juden: „Sie sind unserer Frauen Feind und allen Christen."

Und als trotz der Ermordung der angeblichen Brunnenvergifter das große Sterben die Städte überfällt, bleibt es bei dem Hass auf die Juden – auch in den noch nicht betroffenen Orten.

In Bern bricht die Pest im Sommer aus, ebenso in Genf, Basel, Ulm. Am

Ist die **Seuche** eine **Strafe** Gottes?

8. Juli 1349 stirbt das erste Pestopfer in Straßburg, Tausende folgen. Gleichzeitig kriecht die Pest in einem großen Sichelbogen durch Nordeuropa. Ein englisches Schiff mit einer infizierten Besatzung legt im norwegischen Bergen an, von wo aus sich die Plage weiterverbreitet. Andere Schiffe bringen die Seuche in die Ostseehäfen und nach Preußen.

Späteren Generationen scheint der Schwarze Tod rasend schnell über Europa gekommen zu sein, doch für die Zeitgenossen ist die Plage ein langsam, aber unerbittlich herandrängendes Verhängnis.

Von der Schweiz und vom Elsass her erreicht die Seuche den Rhein und kriecht stromab, wobei sie sich entlang des Mains und kleinerer Flüsse auch nach Osten ausbreitet. Gleichzeitig erobert sie die Küstenstädte im Norden und dringt von dort aus nach Süden.

Anfang Februar 1349 hält König Karl IV. Einzug in Köln. Doch hinter den prunkvollen Empfängen, den Umzügen, den Gottesdiensten im Domchor vor dem goldenen Schrein mit den Reliquien der Heiligen Drei Könige lauert die Angst.

In den Wochen darauf wird es immer schlimmer. Der Fernhandel bricht fast zusammen, nur aus Flandern und einigen Hansestädten an der Nordseeküste kommen noch Waren im Rheinhafen an. Nicht mehr aber aus Frankfurt, aus Straßburg, aus London, aus Paris.

Dafür strömen Flüchtlinge in die Stadt, feindselig betrachtet von den Bürgern. Die Ärmeren werden abgewiesen, manche der eigenen Bettler gleich mit hinausgeworfen.

Die Bürgermeister Heinrich vom Kusin und Richolf Overstolz entschließen sich zu einigen halbherzigen Maßnahmen. Das Haus Windeck am Alten Markt etwa wird wegen extremer „Unreinlichkeit" geschlossen. Und: Der Rat droht jedem, der eine „Judenschlacht" beginnen will, mit der Todesstrafe.

Doch es wird keine wirkungsvolle Quarantäne eingerichtet oder eine vollständige Abschottung der Stadt angeordnet – und schon gar nicht erhält das Judenviertel einen gehörigen Schutz.

Juden aus den Dörfern im Umland fliehen in die Kölner Gemeinde. Manche sind aus Worms, Speyer oder Augsburg entkommen und berichten von schrecklichen Erlebnissen. Jeden Tag wird die Stimmung in Köln aggressiver.

Rabbi Joseph ben Isaaks Hoffnung schwindet. Seine Glaubensbrüder verteilen all jene Waffen unter sich, die christliche Schuldner bei ihnen als Pfänder hinterlegt haben, und versuchen, sich weitere zu verschaffen – aber ausgesprochen diskret, damit der Pöbel keinen Vorwand zum Losschlagen hat.

Im Sommer 1349 verlieren Bürgermeister und Rat vollends die Kontrolle über die Situation in der Stadt. Die *buessleut* sind da – Geißler, die sich peitschen, um in der Nachahmung der Leiden Jesu Christi ihre Sünden zu büßen. Mit dem Aufkommen der Pest sind die *geisselbrodere* populär geworden als Mahner und Todesboten. Denn sind nicht Ärzte und Priester, ist nicht sogar der Papst hilflos gegenüber der Seuche?

Irgendwann stehen sie vor den Toren: barfüßige Männer, gekleidet in grobes Sackleinen, aufgestellt in Zweierreihen wie bei einer Prozession. Fahnen- und Kreuzträger gehen ihnen voran, andere tragen Kerzen oder Reliquien.

Der Ritter

Weder Schwert noch Harnisch schützen den Kämpfer vor der Pest

Vier Geißler führen den Zug an, leiten ihre Anhänger in einem monotonen Singsang: „Jesus Christus ward gefangen / und an ein Kreuz gehangen. / Das Kreuz war vom Blute rot / wir beklagen sein Martyrium und seinen Tod. / Für Gott vergießen wir unser Blut / das ist für unsere Sünden gut."

Die Herzogin

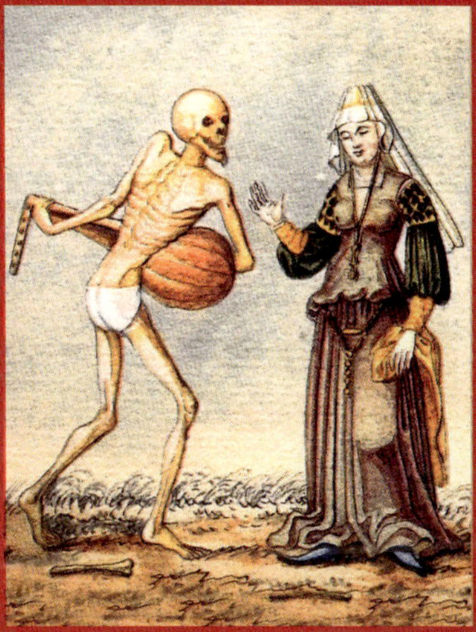

Auch die vornehme Fürstin kann den Todesklängen nicht widerstehen

Die Glocken läuten, als die Prozession sich in die Stadt hineinbewegt. Die Menschen stehen an den Straßen; viele beten, weinen, manche wollen sich dem Zug der Buessleut unverzüglich anschließen. 33 und einen halben Tag lang sollen die marschieren – einen Tag für jedes Lebensjahr Christi. Sie dürfen keine Frau anrühren und nicht betteln, müssen laut ihre Sünden bekennen und ihren geistlichen Meistern bedingungslos gehorchen.

In Kirchen ziehen sich die Flagellanten bis auf das Unterkleid aus. Mit ihren Geißeln – einem Stock mit drei Riemen, in die Nägel und Eisendornen eingeknotet sind – schlagen sie sich auf den Rücken, gelegentlich so heftig, dass das Blut an die Kirchenwände spritzt. Manche umrunden den Altar, während sie sich geißeln, andere werfen sich bußfertig auf den Boden.

Längst haben die meisten Handwerker in Köln ihre Werkstätten geschlossen, die Händler ihre Läden. Das Volk strömt vor den Kirchplatz und wartet auf die Geißler, auf deren Predigt unter freiem Himmel.

Ein Geißler zeigt ein Schriftstück vor, und dann folgt eine Aufzählung jener Orte, an denen jeder dritte Einwohner nicht überlebt hat: Sizilien, Zypern, Rom, Avignon, Padua.

Wird nicht die Pest schon in der Offenbarung des Johannes als eine der Plagen beschrieben, die der Ankunft des Antichrist vorausgehen? „Dann hörte ich eine mächtige Stimme aus dem Tempel, die sagte zu den sieben Engeln: ‚Geht und gießt die sieben Schalen mit dem Zorn Gottes über die Erde aus!' Der erste Engel ging und goss seine Schale über die Erde. Da bekamen alle, die das Kennzeichen des Tieres trugen und sein Standbild angebetet hatten, ein schmerzhaftes und schlimmes Geschwür."

Kann jetzt, da dieses neue Zeitalter heraufdämmert, die Kirche noch helfen? Nein, ruft der Geißler aus und predigt weiter: „Viele sind nur deshalb Priester geworden, weil sie gut essen und trinken wollten – und nicht, weil sie Gottes Wort predigen wollten!"

Verflucht ist, wer nicht büßen will! Verflucht, wer nicht beichten will – und zwar dem Geißler-Meister, obwohl der Laie ist! Verflucht, wer sich den Geißlern entgegenstellt!

Goebel Schalant steht in der Menge, die gebannt zuhört. Benennen die Geißler nicht den Grund für das große Sterben? Gott straft die Sünder und markiert die Zeit des Antichrist. Und zeigen sie nicht, wie man seine Seele retten kann? Durch Buße – und durch Blut?

Es sind Fanatiker, die da vor ihm stehen. Sie liefern eine hypnotisierende Mischung aus neuesten Nachrichten über die Seuche, Bibelzitaten, Kritik an den Pfaffen, Heilsversprechen, Bußübungen – und Hassbildern. Denn auch die Geißler predigen Gewalt.

Obwohl die Buessleut das Volk faszinieren, geht nur eine Minderheit einen Monat lang in Sack und Asche und schlägt sich mit einer dornengespickten Peitsche blutig. Aber die Prediger hämmern ihnen ein, nicht mehr darauf zu vertrauen, dass Priester und Obrigkeit etwas gegen das Böse unternehmen. Denn die Zeit eilt bis zum Beginn der Herrschaft des Antichrist. Aufgerufen ist jeder, selber gegen ihn zu kämpfen.

Das hohe Domkapitel, die Äbte und Prioren der Klöster, die Ratsherren und die beiden Bürgermeister hören die Hetze der Buessleut nicht gern. Denn kaum jemand gehorcht noch. Ein Chronist berichtet: „Die Leute aber sagten zu den Priestern: ‚Was könnt ihr uns erzählen? Das sind Leute, die die Wahrheit sagen'."

Nach den Predigten sind viele Kölner bereit, den Geißlern Obdach zu gewähren. Die zerlumpten, blutüberströmten Männer bleiben tagelang in der Stadt, überall sieht man sie bei ihren Bußübungen, überall reden sie von Sünden und der Reinwaschung durch Blut.

KÖLN GLEICHT NUN einem siedenden Kessel: überfüllt von Flüchtlingen, wirtschaftlich schwer getroffen, hysterisiert durch die wildesten Gerüchte.

Mitte August 1349 besucht der König erneut die Stadt, für ungefähr zwei Wochen. Wieder Prunk und Prozessionen, die Erregung steigt.

Dann die Nachricht, dass Erzbischof Walram in Frankreich unter ungeklärten Umständen gestorben ist. Dem Gerücht zufolge hat der französische König den Erzbischof eigenhändig erwürgt, dessen Leichnam verhöhnt und aufknüpfen lassen.

Vielleicht ist es das Bewusstsein, ohne einen geistlichen Oberhirten zu sein, das die Dämme brechen lässt: Jedenfalls stürmt nun ein Mob das Judenviertel. Ob das Pogrom geplant ist oder nicht – nur so viel ist klar: In der Nacht auf den 24. August 1349, der Bartholomäusnacht, dringen Männer und Frauen aus Köln und dem Umland, bewaffnet mit Schwertern, Knüppeln und Fackeln, ins Judenviertel ein. Darunter auch Goebel Schalant.

Es beginnt eine Mordnacht, wie sie Köln noch nicht erlebt hat. Die niedrigen Mauern des Judenviertels sind für die Menge kein Hindernis. Sie brechen die Türen auf und stürzen in die Häuser. Verzweifelt wehren sich die Juden, doch unterschiedslos werden Männer, Frauen, selbst Kinder ermordet. Der reiche Geldwechsler Joel ben Uri wird mit seiner Familie erschlagen; Rabbi Joseph ben Isaak wählt den Märtyrertod.

Bald brennen die ersten Häuser. Später werden Chronisten behaupten, dass die Juden lieber den Feuertod gewählt hätten, als sich taufen zu lassen. Doch selbst wenn einer der Angegriffenen wirklich die Taufe als Rettung hätte wählen mögen – in dieser Nacht hätte das keine Aussicht auf Gnade verschafft.

Die Mörder plündern, zerren weg, was ihnen wertvoll erscheint. Immer mehr Häuser brennen und werfen gespenstisches Licht auf die Gassen mit erschlagenen Menschen. Einige „Judensleger" stürmen die Synagoge und reißen den Boden auf, weil sie Schätze darunter vermuten. Sie finden nichts. Schließlich greift das Feuer sogar auf das Rathaus über, das teilweise niederbrennt.

Am nächsten Morgen sind von dem Judenviertel im Herzen der Stadt nur rauchende Ruinen geblieben. Auch am hellen Tag ziehen Plünderer hindurch, immer noch auf der Suche nach den sagenhaften Reichtümern der Geldwechsler. Gut eine Woche lang geht das so, dann ist Kölns jüdisches Viertel nichts als eine öde Trümmerstätte.

Von den 800 Menschen, die hier gewohnt haben, sowie der unbekannten Menge von Flüchtlingen aus dem Umland konnten nur wenige in der ersten Nacht fliehen.

In dieser Zeit bleiben Rat und Kirche untätig. Kein Wachsoldat greift ein, kein Geistlicher stellt sich dem Mob in den Weg, kein Wort des Bedauerns danach. Fast scheint es, als wären die reichen Handelsherren und die Geistlichen froh, dass der Zorn der aufgeputschten Menge den Juden gilt und nicht ihnen.

Erst einige Wochen später werden der Rat und die Kurie des Erzbischofs aktiv: Sie streiten sich um die Erbschaft der Erschlagenen.

Schließlich einigen sie sich auf säuberliche Teilung. Die Plünderer werden nur dann streng verfolgt, wenn sie ihre Beute nicht ausliefern.

So gerät auch Goebel Schalant ins Visier der Justiz – und daher werden seine Gedanken und Befürchtungen, die er vor dem Pogrom hatte, nun protokolliert.

Doch wird keiner der Judensleger je als Mörder gehenkt.

Und auch jetzt schwillt die allgemeine Hysterie nicht ab. Denn die Pest verbreitet sich weiter rheinabwärts. Die Geißlerbewegung findet regen Zulauf, und ihre Vorwürfe gegen die Kirche werden immer schriller.

Schließlich aber untersagt der Papst am 20. Oktober 1349 offiziell das öffentliche Geißeln. Daraufhin löst sich die Bewegung ziemlich rasch auf. In Köln werden viele Buessleut aus der Stadt geworfen, mitunter sogar „verderbt und gehangen", wie ein Chronist berichtet. Am 18. Dezember 1349 wird Wilhelm von Gennep neuer Erzbischof von Köln.

Der Bauer

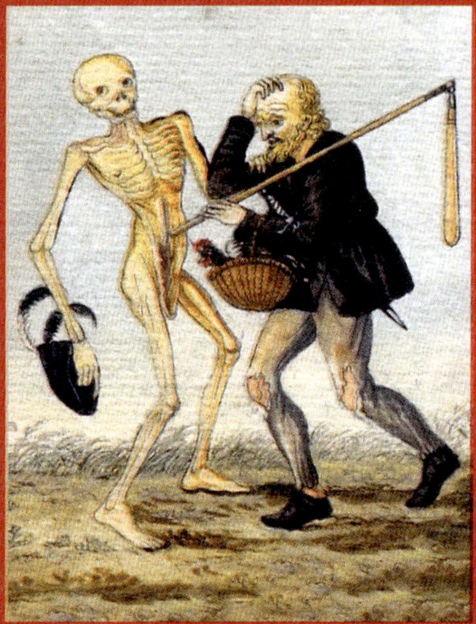

Auf dem Land kommt die Seuche langsamer voran – ist aber genauso tödlich

Der Doktor

Auch viele Ärzte sterben: Sie haben kein wirksames Mittel gegen die Krankheit

Wenig später erreicht der Schwarze Tod die Stadt am Rhein.

NIEMAND WIRD JE WISSEN, wer als Erster in Köln erkrankt: ein Bürger, ein Händler, jemand vom fahrenden Volk, ein Rheinschiffer, ein Flüchtling? Anfangs ähneln die Symptome einer der üblichen winterlichen Erkältungen, mit Kopfschmerzen, Fieber und Benommenheit.

Doch dann schwellen den Kranken die Lymphknoten zu faustgroßen Beulen an. Und wenn sie aufbrechen, quillt daraus eine stinkende, eitrige Flüssigkeit. Spätestens jetzt werden Familie und Freunde des Kranken in Angst und Schrecken geraten, weil sie begriffen haben: Die Pest ist in Köln.

Die Kranken kämpfen einige Stunden oder Tage gegen die Krankheit an – und fallen dann ins Delirium, schließlich in ein tiefes Koma, ehe sie sterben. Doch in den wenigen Tagen, die der Todeskampf gedauert hat, sind bereits weitere Menschen von Beulen gezeichnet: vielleicht Verwandte oder Nachbarn oder eines der *fischwiever* vom Markt, bei dem die schon fiebrigen Kranken noch vor einigen Tagen eingekauft haben.

Der Pesterreger ist ein Bakterium, dessen Wirtstier die Ratte ist und der durch den Biss des Rattenflohs von Tier zu Tier oder auch zum Menschen übertragen wird. Ratten und Flöhe sind in dieser Zeit alltäglich – so alltäglich, dass niemand auf die Idee kommt, zwischen ihnen und dem schrecklichen Sterben einen Zusammenhang zu sehen.

Aus der Antike sind Berichte über verheerende Seuchen überliefert; unbekannt ist, ob es sich dabei auch um die Pest handelte.

Zweifellos aber hat sie zur Zeit des byzantinischen Kaisers Justinian von 541 an Konstantinopel heimgesucht und ist bis zum Jahr 750 immer wieder aufgeflackert im östlichen Mittelmeerraum.

Dann zog sich die Seuche für Jahrhunderte aus Europa zurück und blieb wahrscheinlich nur in wenigen Gebieten Zentralasiens endemisch. Weshalb sie so lange verschwunden ist und ausgerechnet Mitte des 14. Jahrhunderts Orient und Okzident überrollt, kann bis heute niemand wirklich befriedigend erklären.

Lückenhaft sind auch die Berichte über die ersten Tage der Seuche in Köln. Mag sein, dass sie sich zunächst langsam ausbreitet, denn der Floh fällt bei Temperaturen unter zehn Grad Celsius in Gliederstarre.

Doch bei manchen Erkrankten verwandelt sich die Beulenpest in die noch tückischere Lungenpest – wenn der Erreger das Atemorgan des Infizierten befällt. Bluthusten, Nervenlähmungen

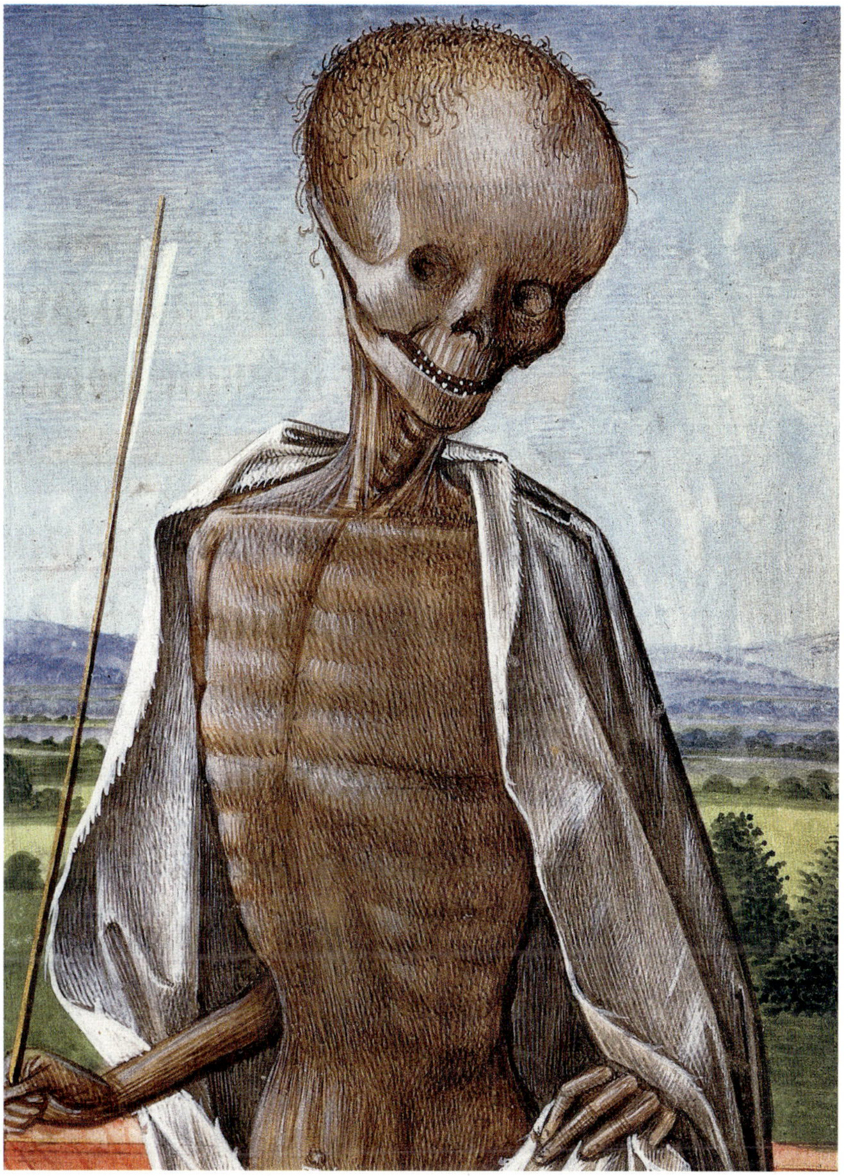

Als todbringenden Bogenschützen stellen sich Maler und Bildhauer die Pest vor. Denn die aufplatzenden Beulen vieler Erkrankter erscheinen den Menschen wie Wunden, verursacht von unsichtbaren Geschossen

und schließlich ein qualvoller Tod durch Ersticken sind die Folgen.

Einmal akut, wird die Lungenpest durch Tröpfcheninfektion übertragen, durch winzige Flüssigkeitsspuren in der Luft, wie eine Grippe. Sie zerstört den Körper mit schrecklicher Effizienz: Von der Infektion bis zum Tod vergehen meist nur zwei Tage, in manchen Fällen sogar nicht mehr als ein paar Stunden.

Nur eines von zwei Opfern überlebt die Beulenpest und ist für eine gewisse Zeit gegen die Krankheit immun, wenn auch manchmal Schäden, etwa Lähmungen, zurückbleiben. Die Lungenpest dagegen überlebt so gut wie niemand.

Den Kölnern ist kaum bewusst, woher die Krankheit kommt, wie sie übertragen wird. Vielmehr glauben sie – jetzt, da niemand mehr die Juden beschuldigen kann – an die Pesthauch-Theorie.

Nach dieser Lehre, die von der angesehenen Medizinischen Fakultät der Universität Paris als die allein richtige anerkannt wird, hat eine ungünstige Konstellation von Mars, Jupiter und Saturn bereits im März 1345 zu *aer corruptus* geführt, zu schädlichen Ausdünstungen in der Luft, die wiederum das Gleichgewicht der vier Körpersäfte im Menschen – Blut, Schleim, gelbe und schwarze Galle – durcheinanderbrachten.

Es ist zu einer inneren Fäulnis gekommen, hervorgerufen durch einen Überschuss an Blut.

Manche Ärzte geben sich zwar mit dieser Erklärung nicht zufrieden und sezieren sogar Pesttote, kommen der Seuche aber auch damit nicht auf die Spur.

Die *doctores* veröffentlichen eine Unzahl von Ratschlägen, von *pestconsilia*.

Und manche mögen tatsächlich den einen oder anderen gerettet haben: etwa der Hinweis, man solle Pestbeulen aufschneiden, damit die giftige Flüssigkeit den Körper verlassen kann, oder die Aufforderung, die Häuser mit Essigwasser auszuwaschen. Das ist zwar nutzlos gegen die Krankheit selbst, kann aber – auch wenn die Ärzte den Zusammenhang so nicht kennen – den Floh vertreiben.

Ansonsten aber sind die Ratschläge ein Kompendium der Hilflosigkeit.

Meide giftigen Südwind, öffne die Fenster nur gen Norden! Regelmäßiges Aderlassen mindert den fatalen Blutüberschuss! Meide die giftige Luft über stehenden Gewässern! Meide zu viel direktes Sonnenlicht! Lege den Kranken auf ein Hochbett, damit dessen giftige Ausdünstungen nur die oberste Luftschicht im Zimmer vergiften und sich kein anderer anstecken kann!

Wirkungsvoll, aber letztlich ebenfalls ein Eingeständnis eigener Hilflosigkeit ist nur der Rat: Flieh aus der Stadt, in der die Pest wütet! Doch für die meisten Kölner gibt es keine Flucht.

Wohin auch? Mit jedem wärmeren Frühlingstag greift die Seuche schneller um sich. Sie springt von Haus zu Haus, von Gasse zu Gasse, wütet aber auch in den Städten und Dörfern der Umgebung, in Klöstern und auf Herrensitzen.

Jeden trifft es: den Schmied vor dem Amboss, den Arbeiter im Tretrad eines Krans am Rheinhafen, den Bettler auf dem Domhof, den Wachsoldaten auf der Stadtmauer, den Schreiber in der Amtsstube.

Manche brechen an Ort und Stelle zusammen, andere schleppen sich nach Hause, mit hühnereigroßen Beulen unter den Achseln und an den Leisten, der Körper übersät mit Geschwüren und schwarzen Flecken, gekrümmt von inneren Schmerzen. Atem, Schweiß, Urin, Kot – alles stinkt nach Fäulnis.

Glücklich die Infizierten, die abends noch scheinbar gesund zu Bett gehen und den nächsten Morgen nicht mehr erleben. Die meisten aber müssen verzweifelt

Der Kaufmann

Das Kölner Handelsnetz reicht bis nach Asien, den Ursprungsort der Seuche

Die Edelfrau

Die Pest verunstaltet die Kranken: mit Geschwüren und schwarzen Flecken

Die **Kirche** verliert an **Autorität**

Der Krämer

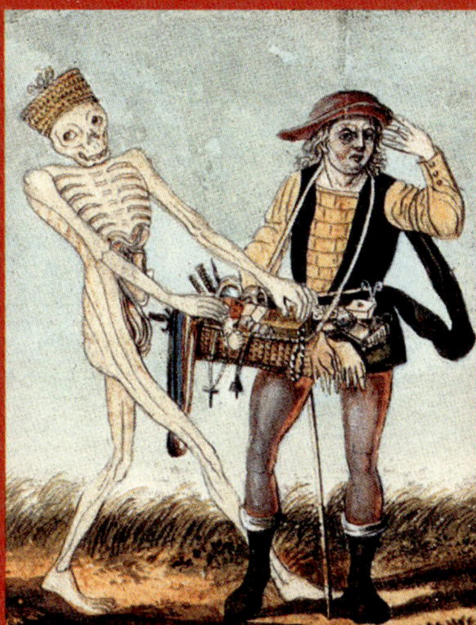

Der massenhafte Tod lässt die Wirtschaft vieler Städte zusammenbrechen

Die Malerin

Erkrankt ein Familienmitglied an der Seuche, trifft sie oft auch alle anderen

ansehen, wie ihr Anblick, manchmal nur ein erstes Symptom oder auch der bloße Ansteckungsverdacht genügen, dass der Mann oder die Frau, die eigenen Eltern, die Kinder sie fluchtartig verlassen.

Viele Opfer verbringen ihre letzten Stunden in Blut, Schmutz und Qualen in gespenstisch leeren Häusern.

Besonders verheerend wirkt die Pest dort, wo viele Menschen auf engem Raum zusammenleben: in Hospitälern, Klöstern, dem Stadtgefängnis, in Herbergen, Siechenhäusern, auf Rheinschiffen.

Nachdem in so einem Haus der Erste zusammengebrochen ist, dauert es oft nur Tage, bis dort niemand mehr lebt.

Plötzlich beneiden die Bürger die sonst so verachteten Gerber. In deren Wohnungen und Werkstätten, abseits der anderen wegen der schrecklich stinkenden Tierhäute, sterben weniger Menschen als in den anderen Gassen (vermutlich wirken die Gerbstoffe desinfizierend).

Notare lehnen es ab, den Kranken das Testament aufzusetzen. Auch Ärzte verweigern sich. Viele fühlen allenfalls den Puls mit vom Patienten abgewendeten Blick, einen Schwamm mit Essig vor dem Mund und oft in Begleitung von Trägern, die stark rauchende Fackeln halten – denn der Qualm schützt angeblich vor „schädlichen Ausdünstungen“.

NICHTS ABER TRÄGT MEHR zur Verzweiflung der Menschen bei als die Weigerung vieler Geistlicher, den Sterbenden die Sakramente zu spenden, und so verliert die Kirche in den Monaten der Seuche beim Volk sehr an Ansehen.

Die neuen Bürgermeister Peter Schoenewedder und Werner vom Spiegel versuchen, das städtische Leben einigermaßen zu bewahren. Doch die Mitglieder der reichen Familien sind aus der Stadt geflohen: ebenjene Männer, die wichtige öffentliche Ämter innehaben.

Wer bleibt, der leidet nicht minder als die Armen. Vier der 22 Schöffen sterben, höchstwahrscheinlich an der Pest. Bürgermeister und Rat verhängen – viel zu spät – ein Einreiseverbot und weisen einige Bettler, Gaukler und andere Fremde aus. Die irren über die Landstraßen durch ein verödetes Land. Herden, deren Hirten irgendwann zusammengebrochen sind, zerstreuen sich, auf manchem Feld steckt gar noch der Pflug im Acker, doch der Bauer ist tot oder geflohen.

In ihren Herrensitzen verschanzen sich die Landadeligen. Bleiben ihre Burgen frei von der Seuche, sind sie gerettet; eine einzige Erkrankung aber macht eine Feste zur tödlichen Falle. Der Ritter Christian von Dürffenthal flieht mit seiner Familie auf seine Burg gut 35 Kilometer westlich der Stadt – die Pest löscht das ganze Haus Dürffenthal aus.

In Köln bemüht sich der Rat derweil, die Märkte offen zu halten – denn es sind die einzigen Orte, an denen die Bürger noch die rasch teurer werdenden Lebensmittel erwerben können. Schenken und Freudenhäuser aber lässt man schließen, vor allem wohl, um öffentlich Bußfertigkeit zu zeigen, damit sich der Zorn Gottes lege.

Auf dem Höhepunkt der Seuche im Frühherbst 1350 bricht Kölns städtisches

Leben praktisch zusammen. Nur noch die Kirchen sind geöffnet und Apotheken. Dort kaufen Verzweifelte dubiose Wundermittel und machen die Apotheker steinreich – sofern sie die Pest überleben.

Für die Kranken, die von furchtlosen Familienangehörigen in die Hospitäler bei St. Agnes, St. Gereon oder in eines der anderen Häuser gebracht werden, bedeuten diese hoffnungslos überfüllten und schmutzigen Orte, an denen nur noch wenige Mönche und Nonnen sich um die Patienten kümmern, weil die anderen entweder geflohen oder tot sind, meist das sichere Ende.

Unablässig rollen die Handkarren mit Leichen durch die Gassen, gezogen von vermummten Gestalten: Bettlern, Krüppeln und solchen Männern, die bereit sind, diese lebensgefährliche und verachtete Aufgabe zu übernehmen.

Längst ist es nicht mehr möglich, die Toten in der Kirche oder auf einem der 19 kleinen Friedhöfe zu begraben; selbst das Wachs für die Kerzen ist fast unbezahlbar teuer geworden. Während der schlimmsten Wochen sterben in Köln wohl jeden Tag etwa 100 Menschen.

Vor den Toren der Stadt heben Männer hastig Massengräber aus – viele so flach, dass streunende Hunde die Leichen wieder ausgraben können und zerreißen. Verwesungsgeruch mischt sich mit den üblichen Ausdünstungen der Stadt und dem Fäulnisgestank der Pest.

Wer noch lebt, reagiert unterschiedlich auf das große Sterben. Manche verkriechen sich in ihre Häuser und warten verzweifelt, manche auch nur dumpf und teilnahmslos auf das Ende. Chronisten berichten von der erstickenden Hoffnungslosigkeit, die die Pest begleitet.

Andere genießen das Leben, solange es noch geht, stürzen sich in orgiastische Ausschweifungen. Es gibt ja genug Häuser, deren Bewohner die Seuche dahingerafft hat, sodass man darin machen kann, was man will.

Und die Kirche? Der Klerus hat an Autorität verloren, weil viele Geistliche vor der Seuche geflohen sind – oder schlimmer noch: weil Priester ihre Gemeinde verlassen haben, um sich eine andere, reichere zu sichern, deren Pfarrer an der Pest gestorben ist.

Doch es gibt auch Geistliche, Ärzte, Amtsleute, Bürger anderer Schichten, die nicht davonrennen, sondern unter Einsatz des eigenen Lebens den Kranken beistehen, die arbeiten und versuchen, irgendwie das Alltagsleben aufrechtzuerhalten, und die Trost in einer neuen Spiritualität finden. Um Schutz flehen sie zum heiligen Sebastian; die Pfeile, durch die er als Märtyrer zu Tode kam, werden als „Pestpfeile“ verstanden.

Nie wieder wütet die Pest so schlimm

ERST ZUM ENDE des Jahres 1350 klingt die Seuche in Köln ab. Im gleichen Jahr hat sie Bremen, Lübeck, Magdeburg, Schweden und Dänemark verwüstet. Die Siedlungen auf Grönland sind durch die Pest völlig entvölkert.

Am Karfreitag 1350 stirbt Alfons XI. von Kastilien und León an der Krankheit: der einzige europäische König, der der Seuche erliegt. Das schottische Heer, das gegen das von der Seuche geschwächte, verhasste England angetreten ist, wird im Juli vom Schwarzen Tod vernichtet.

Bis 1353 erobert Magna Mortalitas auch Russland; sie hat einen Sichelbogen durch Europa gezogen. Seltsamerweise bleiben einige Städte und Landschaften weitgehend verschont – so Nürnberg, Mailand, Teile Böhmens. Weshalb, ist bis heute ein Rätsel. Die Pest bleibt noch lange in Europa endemisch, wütet allerdings niemals wieder so heftig wie in der Mitte des 14. Jahrhunderts.

Das große Sterben verdient seinen Namen: Forscher schätzen, dass zwischen 1347 und 1353 etwa jeder Dritte der damals 60 bis 75 Millionen Europäer sein Leben wegen der Seuche lässt.

Auch Köln verliert gut ein Drittel seiner Einwohner. Andere deutsche Städte werden härter getroffen, in Hamburg und Bremen fallen zwei von drei Menschen der Seuche zum Opfer.

Das abgebrannte Kölner Judenviertel lässt der Rat nach dem Rückzug der Pest vollends niederreißen. Eine Kapelle entsteht auf den Trümmern der Synagoge. Dort, wo früher Häuser und Geschäfte eng beieinanderstanden, legt die Stadt einen großzügigen Platz an.

Erst unter den Bombentrümmern des Zweiten Weltkriegs finden die uralten Fundamente sich wieder. Und was allen Plünderern entgangen ist, das graben 1953 Archäologen aus: den Gold- und Silberschatz des Joel ben Uri ha-Lewi.

Das Zeugnis einer fernen Angst und einer vergeblichen Hoffnung.

Im 14. Jahrhundert entstehen die ersten deutschen Universitäten – etwa in Heidelberg, der Residenz des pfälzischen Kurfürsten

Am 19. Oktober 1386 beginnt in Heidelberg die erste Universität auf deutschem Boden mit der Lehre. Gegründet hat sie Ruprecht I. Der Pfalzgraf bei Rhein will seine kaum 4000 Einwohner zählende Residenzstadt zu einem Anziehungspunkt für Studenten und Gelehrte aus allen Teilen Europas machen, seinen Untertanen in den weit verstreuten Territorien seiner Herrschaft imponieren und sich als Förderer der Wissenschaften darstellen.

Dafür musste der Fürst zuvor ein Gründungsprivileg des Papstes erwirken, denn der wacht über das jahrhundertealte Lehrmonopol der Kirche – erst recht, nachdem Gelehrte wohl 1088 in Bologna erstmals eine Schule gegründet haben, um dort Grammatik, Rhetorik und Logik zu studieren (zuvor hatten nur Kloster- und Domschulen Studien angeboten, etwa in Theologie, Musik und Mathematik).

Seit dem 13. Jahrhundert gründen Laien und Kleriker vor allem in Italien, Spanien und Frankreich weitere Bildungseinrichtungen, die bald „Universitäten" genannt werden: als Bezeichnung für die Gemeinschaft von Lehrenden und Studierenden (*universitas magistrorum et scholarium*). Doch während Papst und Herrscher südlich der Alpen die Gründung von Hochschulen fördern – um hoch qualifizierte Akademiker als Diplomaten und Beamte zu gewinnen –, entsteht die erste Universität Mitteleuropas erst 1348. In Prag.

In Heidelberg unterrichten 16 Magister 165 Studenten. Ruprecht hat selbst keine höhere Bildung genossen, dennoch gelingt es ihm, Professoren so renommierter Universitäten wie der in Paris abzuwerben. Adelige sind kaum unter den meist über 14-jährigen Studienanfängern – jeder Zweite kommt aus einer wohlhabenden Kaufmanns- oder Handwerkerfamilie. Aber auch die Söhne ärmerer Sippen sind zugelassen und werden von der (geringen) Einschreibegebühr befreit. Untergebracht sind sie in Studentenheimen, deren Bewohner sich zuweilen zu dritt ein Bett teilen.

Das Grundstudium beginnt an der Artes-Fakultät mit Seminaren zur lateinischen Grammatik und den Schriften des Aristoteles. Doch besuchen nur wenige eine Universität, um sich für einen Beruf zu qualifizieren: Kaum mehr als zehn Prozent melden sich nach etwa fünf Jahren zum Magisterexamen an – den meisten genügen ein bis zwei Jahre. Dann beherrschen sie die Grundlagen der lateinischen Sprache und wissenschaftliche Methoden (anschließend treten viele wohl in den väterlichen Betrieb ein). Und längst nicht jeder Magister besucht danach die weiterführenden Fakultäten für Medizin, Juristerei oder Theologie.

Gelehrt wird in Vorlesungen, in denen die Texte der antiken Lehrmeister erläutert werden, sowie in streng reglementierten Debatten, in denen Magister und Studenten sich einem Problem stellen, es definieren und durch ein Streitgespräch aus These und Gegenthese lösen.

13 Universitäten entstehen bis zum Ende des Mittelalters in deutschen Landen – so in Köln (1388) und Erfurt (1389). Um 1520 haben bereits 250 000 Studenten eine deutsche Universität besucht. Nach dem Examen beginnen viele eine Karriere als „gelehrte Räte", beeinflussen die Politik der Landesherren, werden Richter oder Advokaten, Leib- oder Stadtärzte.

Ruprecht I. erlebt nicht mehr mit, welche Bedeutung Heidelbergs Universität erlangt. Der Pfalzgraf bei Rhein stirbt 1390, vier Jahre nach der Gründung der Hochschule, die bis heute seinen Namen trägt.

CAROLINE LAHUSEN

Immer wieder geht Karl IV. auf Reisen. 1378 besucht er den König von Frankreich zu außenpolitischen Besprechungen in Saint-Denis bei Paris

Im 14. Jahrhundert stürzt das Heilige Römische Reich in eine tiefe Krise. Machtlose Könige können sich in den deutschen Landen kaum durchsetzen, ihr Wort gilt wenig, ihr Herrschaftsanspruch wird vom Papst in Zweifel gezogen. In dieser Zeit kämpft sich ein junger böhmischer Fürst auf den Thron. Als Karl IV. wird er dem Reich Stabilität geben – und ein Verfassungsdokument, das fast ein halbes Jahrtausend überdauert: die Goldene Bulle. Dies ist die Geschichte eines Herrschers, der sein Leben lang mit Herzögen und Fürsten, mit Bischöfen und Stadträten um die Macht ringt – die Geschichte eines Kaisers im späten Mittelalter

Text: FRANK OTTO

KA

DER KAMPF

RL

DES KAISERS

IV.

Mehr als 1300 Jahre sind seit der Kreuzigung Christi vergangen – und die Welt jener Menschen, die an ihn glauben, befindet sich in einer tiefen Krise.

Hungersnöte, Heuschreckenschwärme und Erdbeben verunsichern Europas Christenheit im 14. Jahrhundert. Der Papst hat Rom verlassen und residiert seit 1309 in Avignon. Nun, rund 35 Jahre später, baut einer seiner Nachfolger den dortigen Palast gewaltig aus, lebt in Völlerei und Prunk und vermehrt durch den Handel mit geistlichen Ämtern die Einkünfte der Kurie.

Manche Kardinäle und Bischöfe, aber auch einfache Mönche und Priester tun es dem Heiligen Vater nach. Zahllos sind im Volk die Klagen über Unzucht und Geldgier der Geistlichen; ein Bischof, so meinen viele, könne gar nicht in den Himmel kommen.

Nach Avignon ist der Papst einst unter Einfluss des Königs von Frankreich gezogen. Seither sitzen Franzosen auf dem Stuhl Petri. Und oft handeln sie eher wie Gefolgsleute des Herrschers denn als Oberhäupter der Christen im Abendland.

Doch Frankreich wird bedroht. Gerade rüstet Englands König zur Invasion, weil er seine Besitzungen auf dem Kontinent gefährdet sieht und Anspruch auf Frankreichs Krone erhebt. Bald werden seine Söldner das Land verheeren und einen Krieg entfesseln, der ein Jahrhundert lang wütet.

Und das Heilige Römische Reich?

Ist der Kaiser nicht der Verteidiger der Christenheit und Erster unter allen Herrschern? Ist er nicht dazu ausersehen, Frieden und Einheit zu stiften?

Tatsächlich ist Ludwig IV., der amtierende Kaiser, von einer solchen Stellung weit entfernt. Mit dem Papst hat er sich überworfen, Europas Könige denken gar nicht daran, ihm eine Vorrangstellung einzuräumen, und auch in den Regionen seines eigenen Reiches kann er nur eingeschränkt regieren:

• Da sind die deutschen Lande, zersplittert in unzählige Fürstentümer, Grafschaften, Städte, geistliche Territorien;

• dazu das Königreich Böhmen, das stets eine Sonderstellung einnimmt und in dem die Mehrheit des Volkes Tschechisch spricht;

• dann Oberitalien, wo mächtige Städte wie Mailand, Genua oder Florenz dem Kaiser nur dann noch gehorchen, wenn der ein Heer über die Alpen schickt und sie bedroht;

• und schließlich das Königreich Burgund im Südwesten des Imperiums, in dem der Einfluss des römisch-deutschen Herrschers zugunsten des benachbarten Frankreichs stetig schwindet.

Die wahren Mächtigen im Römischen Reich sind die Landesherren – vor allem die sieben Kurfürsten: die Erzbischöfe von Mainz, Köln und Trier sowie

Auf dem Weg nach Saint-Denis begegnet der aus Böhmen stammende Kaiser Karl IV. den Abgesandten der Stadt Paris. Sein ältester Sohn Wenzel (mit Krone) reitet neben ihm

der böhmische König, der Pfalzgraf bei Rhein, der Herzog von Sachsen und der Brandenburger Markgraf. Sie allein haben das Recht, den König des Heiligen Römischen Reiches zu wählen.

Und nur der König kann sich zum Kaiser krönen lassen.

Die Kurfürsten regieren ihre Länder weitgehend unabhängig. An einem allzu starken, gar übermächtigen König sind diese hohen Herren nicht interessiert.

Das Reich hat keine Hauptstadt, kein einheitliches Recht, keine große, dem Herrscher ergebene Armee, keine allgemein gültige Münze, nicht einmal eine gemeinsame Sprache.

Nach dem Tod des Staufers Friedrich II. 1250 (siehe Seite 68) ist gut 60 Jahre lang niemand zum Kaiser gekrönt worden. Für das Reich begann ein Jahrhundert der Wirren, in dem die regierenden Familien ständig wechselten: eine Phase der ausländischen Kronanwärter und Gegenkönige, der Amtsenthebungen, blutigen Fehden und Morde.

Als Ludwig IV. 1347 stirbt, strebt aber ein Mann seine Nachfolge an, der es sich zur Aufgabe gemacht hat, das Kaisertum mit neuem Glanz und alter Macht zu erfüllen.

Ein Mann, der die Krone für sich und seine Familie erringen will. Ein hoher Herr und Ritter, der die offene Schlacht scheut, dafür aber nicht zögert, jedermann zu bestechen oder seine eigenen Kinder nur Tage nach ihrer Geburt in Eheversprechen zu verschachern – und notfalls auch seinen Gefolgsleuten Morde an denjenigen erlaubt, die eigentlich unter seinem Schutz stehen.

Dieser Mann wird seinen Lebenstraum verwirklichen. Er wird als Karl IV.

MIT JEDER REISE SICHERT KAISER KARL IV. SEINEN EINFLUSS

Kaiser des Römischen Reiches werden und diesem wieder Frieden bringen und Glanz verleihen.

KARL IST DREI JAHRE alt, als ihm das kindliche Urvertrauen in die Sicherheit der Welt vermutlich zerstört wird – von den eigenen Eltern.

Er wird am 14. Mai 1316 in Prag als Sohn König Johanns von Böhmen geboren. Der Vater aus dem Geschlecht der Luxemburger hat die Krone durch Heirat mit Elisabeth, der Erbtochter des böhmischen Herrscherhauses, erworben.

Böhmen ist zusammen mit der Markgrafschaft Mähren das größte zusammenhängende Herrschaftsgebiet im Römischen Reich. Ein Drittel von Europas Silber wird in seinen Bergwerken gewonnen. Prag ist mit 40 000 Einwohnern eine der größten und reichsten Städte. Doch das Einzige, was Johann an seinem Königreich interessiert, ist die Möglichkeit, Geld aus ihm herauszupressen. Er hält sich nur in Böhmen auf, um Sondersteuern zu erheben oder Krongüter zu verpfänden.

Als Elisabeth erfährt, dass Johann ihre Heimat Böhmen gegen ein anderes Land eintauschen will, das näher an Luxemburg liegt, bricht sie mit ihrem Gemahl und flieht mit dem Sohn auf die westböhmische Festung Elbogen.

Doch Johann überfällt die Burg seiner Gattin und bringt den Jungen in seine Gewalt. Der Dreijährige wehrt sich.

Der Vater, so berichtet ein Chronist, lässt Karl in einen Kerker sperren, in den

In Begleitung des Thronfolgers macht sich der französische Monarch Karl V. auf, seinen Gast in Saint-Denis zu begrüßen. Die beiden Herrscher sind verwandt: Der Kaiser ist der Onkel des Königs

nur durch eine kleine Öffnung Licht dringt. Erst nach zwei Monaten Dunkelhaft kommt der Knabe wieder frei; seine Mutter sieht er wohl nie wieder.

Fortan wird er auf der Hut sein, misstrauisch gegen jeden, der ihm gefährlich werden könnte.

Als Karl 14 Jahre alt ist, droht ihm der Tod: 1331 entsendet König Johann seinen Sohn, der am französischen Hof ausgebildet worden ist und neben Tschechisch auch Deutsch, Italienisch, Französisch und Latein spricht, als seinen Vertreter über die Alpen.

Der Vater (der immer wieder versucht, sich neue Territorien anzueignen) hat in Italien unter dem Vorwand, dem zerstrittenen Land Frieden zu bringen, ein gutes Dutzend Kommunen unter seine Schutzherrschaft gebracht. Karl soll ihm nun helfen, die Ansprüche gegen aufkommenden Widerstand zu sichern.

Doch am Ostermontag 1331 verübt ein gedungener Mörder in Pavia einen Anschlag auf den Thronfolger: Der Täter mischt Gift unter die Speisen. Karl verdankt sein Leben allein seiner Frömmigkeit, die es ihm verbietet, vor der Kommunion zu essen; etliche Männer aus seinem Gefolge aber sterben.

Der Prinz sieht in der Rettung einen Hinweis auf seine göttliche Auserwähltheit. Der Attentäter wird gefasst. Unter Folter gesteht er, auf Befehl Azzo Viscontis gehandelt zu haben – eine Überraschung. Denn der Herr von Mailand gehört zu Johanns Bündnispartnern.

Und vielleicht lernt Karl hier eine weitere Lektion. In dieser Welt kann man noch nicht einmal Verbündeten trauen.

Zweieinhalb Jahre später beendet König Johann das letztlich erfolglose italienische Abenteuer. Seinen Sohn beordert er als Statthalter nach Böhmen und Mähren. Der inzwischen 17-Jährige soll sich vor allem um die desolaten königlichen Finanzen kümmern, während Johann dem Land fernbleibt; er kämpft im Westen darum, Erbansprüche auf das Herzogtum Limburg durchzusetzen.

SELBST KLEINE GESTEN SIND VON GROSSER BEDEUTUNG

Keine Burg habe sich bei seiner Rückkehr mehr im Besitz der Familie befunden, notiert Karl. Alle habe der Vater verpfändet. Der Hradschin, das Prager Königsschloss, sei „verödet, verwahrlost und verfallen“.

Wie ein gewöhnlicher Bürger muss er sich ein Stadthaus zur Wohnung suchen. Und so macht er sich im Oktober 1333 daran, Geld einzutreiben. Mit großer Energie, ungeachtet seiner zarten Konstitution. Im Gegensatz zu seinem Vater kann er dabei Revolten weitgehend vermeiden, da er als Abkömmling des alten böhmischen Königs im Land beliebt ist.

Dank eiserner Sparsamkeit und seines guten Einvernehmens mit den böhmischen Adeligen gelingt es Karl, binnen zweier Jahre 16 Burgen zurückzuerwerben, dazu etliche verpfändete Güter.

Erfolgreich ist er – bis ihn sein argwöhnischer Vater kurzerhand wieder abberuft. Vielleicht fürchtet der König, sein Sohn könne Böhmen zu einer eigenständigen Machtbasis ausbauen und sich dann gegen ihn wenden, nach dem Vorbild seiner Mutter.

Allzu oft muss sich Karl jedoch nicht mehr dem Willen des Vaters beugen. Denn Johann plagt der graue Star, und die Augenkrankheit verschlimmert sich rapide. Der 44-jährige, schöne, unstete, harte Mann, der große Reiter und Turnierheld, dieser glänzende Kavalier und jähzornige Potentat – erblindet.

Nun ist er zunehmend auf seinen Sohn angewiesen, den klein gewachsenen, schmalen, kränkelnden Verwaltungsfachmann, der sich nichts aus Ritterturnieren macht.

Im Jahr 1341 übernimmt Karl abermals als Regent die Macht in Böhmen. In pietätvoller Rücksicht auf seinen Vater lässt er sich aber noch nicht zum König von Böhmen krönen. Allerdings kürzt der Sohn die Gelder für den Erblindeten – der nüchterne Rechner gibt nur dann großzügig Geld aus, wenn die Investition einen Gewinn verspricht.

KARL IST INZWISCHEN 25 Jahre alt – und als Markgraf von Mähren und Regent von Böhmen nun einer der Mächtigen im Kreise der Fürsten. Doch er ist keineswegs am Ziel. Der Mann, den viele Zeitgenossen als „Krämer“ schmähen, strebt nach den höchsten Würden, deren Besitz ein Adeliger begehren kann: der Königs- sowie der Kaiserkrone.

Bereits knapp 30 Jahre zuvor war ein Luxemburger römisch-deutscher König: Heinrich VII., der Vater Johanns und Großvater Karls. Als Heinrich 1313 starb, wählten die Kurfürsten aus taktischen Gründen jedoch nicht Johann, sondern einen Mann aus dem Hause Wittelsbach zum Herrscher: Ludwig IV. („der Bayer“).

Der verschmähte Johann trug als einer der Königswähler diese Entscheidung zwar mit, doch empfindet er seither einen persönlichen Groll gegen Ludwig – der sich nun auf Karl überträgt.

Denn so unterschiedlich Vater und Sohn in vielem auch sein mögen: Der Wunsch, dem Hause Luxemburg wieder die Königskrone zu verschaffen, eint sie durch die Jahrzehnte.

Ludwig ist ein starker Gegner, denn er hat die gewaltige Hausmacht der Wittelsbacher im Rücken. Angehörige seiner

Vor den Toren von Saint-Denis begrüßen sich Karl IV. und der französische König: Ehrerbietend entblößen die beiden mächtigsten Monarchen der Christenheit ihre Häupter und reichen sich die Hände

Familie gebieten nicht nur über Bayern, sondern unter anderem auch über die Kurpfalz sowie die Mark Brandenburg.

Aber Ludwig hat sich einen gefährlichen Feind gemacht: den Papst, auf dessen Wohlwollen er eigentlich angewiesen ist. Denn wie alle deutschen Herrscher seit Otto dem Großen träumt Ludwig davon, Kaiser zu werden, und der Tradition gemäß kann nur der Heilige Vater ihn zum Imperator krönen.

Ludwig hat jedoch im Jahr 1323 Gesandte über die Alpen geschickt, um in einen inneritalienischen Konflikt einzugreifen – aufseiten der Mailänder Herrscherfamilie Visconti und damit nicht im Sinne des Mannes auf dem Stuhl Petri, der von Avignon aus über den Kirchenstaat in Italien wacht.

Der Papst hat daher Ludwigs auch in deutschen Landen umstrittene Königswahl für ungültig erklärt und den Wittelsbacher mit dem Kirchenbann belegt; wer Ludwig seither noch gehorcht, verfällt selbst mit sofortiger Wirkung der Exkommunikation.

Umgekehrt hat der Bayer seinerseits den Stellvertreter Christi der Ketzerei angeklagt, eine Gruppe von papstkritischen Franziskanermönchen um sich versammelt – und sich schließlich in Rom von einem Vertreter der Stadt die Kaiserkrone aufs Haupt setzen lassen.

Anfangs erhielt er für diesen Akt die Zustimmung vieler Fürsten in Deutschland, die den absoluten Machtanspruch des Papstes missbilligen.

Doch seither hat sich Ludwig viele hohe Herren zu Feinden gemacht, unter anderem, weil er durch skrupellose Tricks die Ländereien des Hauses Wittelsbach vergrößert hat – und dieser Meinungsumschwung bietet Karl die Gelegenheit, sich des verhassten Bayern zu entledigen.

Seit 1342 sitzt Karls früherer Lehrmeister am Pariser Hof auf dem Stuhl Petri: Clemens VI. Der neue Papst, ein väterlicher Freund des Böhmen, setzt die Politik seiner Vorgänger gegen Ludwig fort.

Karl schließt einen Pakt mit dem Heiligen Vater: Er verpflichtet sich, den Kirchenstaat in Italien nicht anzutasten, und erkennt den Papst als außenpolitische Schiedsinstanz an; im Gegenzug ruft der Papst die Kurfürsten zu einer Neuwahl des römisch-deutschen Königs auf.

Nun ist es an Karl, sich eine Mehrheit im Kurfürstenkollegium zu sichern. Das kostet ihn Bestechungsgelder und weitreichende Zugeständnisse. Seinem Onkel etwa, dem nach Landgewinn strebenden Erzbischof Balduin von Trier, sichert er zu, nicht ohne dessen vorherige Genehmigung im Trierer Herrschaftsgebiet einzugreifen.

Der Plan des 30-Jährigen geht auf – vorerst zumindest: Am 11. Juli 1346 wählen fünf der sieben Kurfürsten ihn zum römisch-deutschen König.

Allgemeine Anerkennung aber hat er damit noch lange nicht gewonnen. Die meisten Reichsstädte stehen weiterhin fest zu Ludwig. Die Bürger Aachens, jener Stadt, in der die römisch-deutschen Könige traditionsgemäß gekrönt werden, halten vor Karl die Tore verschlossen. Und aus Ludwigs Residenzstadt München wird er als „Söldling und Botengänger des Papstes“ beschimpft.

Karl kann dem Feind noch nicht einmal entgegenziehen, denn aus Frankreich ereilt ihn ein Hilferuf: Die Engländer sind dort mit einer Streitmacht gelandet. Der Hundertjährige Krieg tritt in eine neue Phase ein. Karl und sein Vater schulden dem Verbündeten Beistand.

Am 26. August 1346 führen sie bei Crécy in Nordfrankreich 500 Ritter gegen die englischen Langbogenschützen. Bald weicht das französische Heer unter schweren Verlusten zurück. Nicht aber König Johann: Den blinden Herrscher geleiten ritterliche Gefährten mitten hinein in das Schlachtgetümmel. Drei, vier Schwerthiebe führt er gegen den für ihn unsichtbaren Gegner, dann wird er tödlich getroffen.

Ist dies die letzte Lektion des Stolzen für den Sohn, dem er sich nicht mehr gewachsen und doch moralisch überlegen fühlt? Dass der Vater – im Gegensatz zu seinem Erstgeborenen – als Ritter gelebt hat und auch als Ritter zu sterben weiß?

Karl entkommt leicht verletzt der Schlacht und kehrt ins Reich zurück. Seine Lage ist bedrohlich, die Zahl der Verbündeten gering: Nur vier Kurfürsten und wenige Bischöfe wohnen seiner Krönung in Bonn bei; danach muss er, als Kaufmann verkleidet, durch das von Ludwigs Leuten beherrschte Land nach Prag schleichen.

Dort rüstet er zum Kampf gegen den Bayern, als ihm Boten die Nachricht überbringen, dass sein Widersacher am 11. Oktober 1347 bei einer Bärenhatz am Herzschlag gestorben ist.

Und so, wieder errettet in höchster Not, fühlt sich Karl erneut im Glauben bestätigt, von Gott auserwählt zu sein.

Geschlagen geben sich die Wittelsbacher noch nicht. Aber mit Glück und viel Geld kann Karl sämtliche Angriffe abwehren: Er findet einen von den Wittels-

Grundgesetz

Die von Karl IV. 1356 initiierte Goldene Bulle ist eines der Grundgesetze des Heiligen Römischen Reiches deutscher Nation. Sie regelt die Wahl des Königs (und damit des Reichsoberhaupts), für die es vorher keine allgemein anerkannte Ordnung gab. So galt im Reich des 9. und 10. Jahrhunderts, dass nach dem Tod des Herrschers zumeist der älteste Sohn, fast immer jedoch ein Verwandter, den Anspruch auf die Krone erhob. Oft machten die Herrscher ihre Söhne schon zu ihren Lebzeiten zu Unter- oder Mitkönigen. Der neue Monarch konnte sich aber nur dann durchsetzen, wenn die einflussreichsten Fürsten, darunter die Herzöge von Sachsen, Franken, Schwaben und Bayern, zustimmten.

Als aber Heinrich II. 1024 starb, ohne einen Nachfolger zu hinterlassen, änderten die Großen des Reiches – die etwa 40 bedeutendsten Fürsten, Erzbischöfe und Bischöfe – das Prozedere: Die Erhebung wurde zu einer Wahl. Die mächtigen Adeligen versammelten sich fortan, um über mehrere Kandidaten zu verhandeln und sich dann auf einen als König zu einigen. Dabei spielte die Verwandtschaft zum jeweiligen Herrscherhaus immer noch eine bedeutende Rolle.

Der „Sachsenspiegel“, eine um 1225 verfasste Gesetzessammlung, nannte schließlich einen Kreis von nur noch sieben Königswählern: die Kurfürsten. Es waren die Erzbischöfe von Mainz, Köln und Trier, der Pfalzgraf bei Rhein, der Herzog von Sachsen, der Markgraf von Brandenburg und der König von Böhmen. Formal hatten die Genannten lediglich ein Vorwahlrecht, und die übrigen Großen stimmten nach ihnen ab – tatsächlich aber entschieden die sieben Kurfürsten von 1257 an die Wahl nur noch allein (die Gründe für die Verkleinerung der Wählerschaft liegen im Dunkeln).

Die Goldene Bulle legt nun verbindlich fest, wer zum Kreis der Kurfürsten gehört, und regelt offen gebliebene Fragen, so den Ablauf der Wahl und die Reihenfolge der Stimmabgabe. Als Ort der Königswahl schreibt sie die Bartholomäuskirche in Frankfurt am Main fest. Die Bestimmungen der Bulle werden bis zur Auflösung des Heiligen Römischen Reiches im Jahr 1806 gelten.

Seidenbänder schnüren 44 Pergamentseiten zur Goldenen Bulle von 1356. Die Schrift zur Regelung des deutschen Wahlkönigtums gilt als wichtigstes Verfassungsdokument in der Geschichte des Heiligen Römischen Reiches

bachern aufgestellten schwachen Gegenkönig finanziell ab, der sich daraufhin zurückzieht. Brandenburg entreißt er seinen Gegnern, indem er das Land einem alten Mann zuspricht, der von sich behauptet, der rechtmäßige Markgraf zu sein – obwohl jedermann glaubt, dass der bereits vor 29 Jahren gestorben ist. Und sogar den Tod seiner Frau im Sommer 1348 weiß Karl geschickt zu nutzen. Er wirbt im Geheimen um eine Großnichte Ludwigs des Bayern. Der Coup gelingt: Zur Überraschung aller heiratet er die Verwandte des Feindes.

Damit bricht der Widerstand der Wittelsbacher zusammen; deren Oberhaupt Markgraf Ludwig von Brandenburg erkennt Karl als König an. Der zeigt sich als großmütiger Sieger und bestätigt den Unterlegenen sämtlichen Länderbesitz, auch Tirol und Brandenburg (den angeblichen Markgrafen, dessen wahre Identität nie geklärt wird, lässt er fallen).

ERNEUT UND DIESMAL einstimmig wählen die Kurfürsten Karl IV. am 17. Juni 1349 in Frankfurt am Main zum römisch-

deutschen König. Fünf Wochen später wird er in Aachen gekrönt. Die beiden Städte sind die traditionellen Orte von Wahl und Krönung des von den Ottonen begründeten Königtums.

Die deutschen Lande haben 36 Jahre nach dem Tod Heinrichs VII. zum ersten Mal wieder einen von allen Fürsten und auch vom Papst anerkannten Herrscher.

DER KAISER SETZT EHER AUF DIPLOMATIE ALS AUF KRIEG

1350 übergeben ihm die Wittelsbacher die Reichskleinodien, die Insignien des römischen Königs. Dazu gehören unter anderem die juwelenverzierte Plattenkrone mit Bügel und Kreuz und – von größtem Wert – jene Lanze, mit welcher der Legende nach einst die Seite des Gekreuzigten geöffnet worden ist.

Der Besitz dieser Hoheitszeichen ist mächtiger Beweis für die Legitimität seines Königtums. Sie werden auf Burg Karlstein verwahrt und einmal im Jahr in Prag vor Tausenden von Schaulustigen ausgestellt.

Der dreijährige Kampf um die Krone aber hat Karls Finanzen ruiniert. So knapp ist dem König das Geld geworden, dass ihm ein Wormser Metzger wegen unbezahlter Rechnungen den Auszug aus der Stadt verwehren will und dafür auch Unterstützung in der Bevölkerung findet.

Gastwirte geben dem Herrscher und seinem Hof nur noch zu essen, wenn sie zuvor ein Pfand erhalten oder jemand sich als Bürge zur Verfügung stellt.

Güter im Gesamtwert von 1,8 Millionen Gulden hat Karl verteilt – eine Summe, die etwa dem Doppelten der Staatsschulden Englands in der Bankenstadt Florenz entspricht. Fast die Hälfte davon ist an die Kurfürsten geflossen.

In einer Sänfte zieht Karl IV. 1378 in Saint-Denis ein, dem geistlichen Zentrum der französischen Dynastie. Der Kaiser will mit seinem Gastgeber, König Karl V., über die ungeklärte Thronfolge in Ungarn und Polen verhandeln

Weil der König als Reichsoberhaupt über so gut wie keine Einkünfte verfügt, hat Karl dafür Schulden aufnehmen, Adelstitel verkaufen und königliche Rechte verpfänden müssen: Er hat Bürger zu Rittern und Grafen zu Fürsten erhoben, Kaufleute von Zöllen befreit, Städte und deren Bewohner verliehen.

Mit dem Erwerb der Königskrone hat Karl freilich nur eine Hälfte der Rendite seiner immensen Investition eingestrichen; für die zweite muss er nach Rom reisen und sich zum Kaiser erheben lassen. Auf das damit verbundene Prestige kann Karl nicht verzichten, wenn er seine Herrschaft absichern will.

Doch gerade, als Karl IV. sich anschickt, endlich Kaiser zu werden, bricht das Verderben über Europa herein: die Pest (siehe Seite 110). Die Ernte des Schwarzen Todes ist entsetzlich: In Mainz und Köln etwa sterben zeitweise täglich 100 Einwohner, in Nürnberg erliegen 10 000 Bürger der Seuche, in ganz Deutschland rund ein Drittel der 13 bis 15 Millionen Untertanen Karls. Auch Reiche und Mächtige verschont die Seuche nicht: Karls Schwester und wohl auch seine Tochter fallen ihr zum Opfer.

Apokalyptische Todesfurcht grassiert, das Volk sieht in der Pest eine Strafe des Himmels. Die Verschreckten suchen nach Schuldigen – und finden sie in den Juden.

Deren Riten sind ihren christlichen Mitbürgern schon lange verdächtig. Viele Geistliche denunzieren die Juden als Gottesmörder. Und einige hohe Herren sind bei jüdischen Bankiers verschuldet.

Vielerorts kommt es zu Pogromen: Synagogen werden angezündet, die Juden vertrieben und zu Tausenden ermordet. Schuldscheine werden verbrannt, das Eigentum der Getöteten oder Flüchtigen unter den Bürgern aufgeteilt.

Auch Karl IV., als deutscher Herrscher nach altem Recht eigentlich zum

Schutz der Juden verpflichtet, profitiert von dem Massenmord: Denn wo Bürger gegen Juden wüten, fallen Bargeld und bewegliche Güter häufig an den König.

In Nürnberg erlaubt Karl dem Stadtrat gegen Bezahlung sogar Tage vor Ausbruch eines Pogroms, Judenhäuser und eine Synagoge abzureißen – und legitimiert damit vorab eine Mordaktion, bei der dann am 5. Dezember 1349 fast 600 Menschen ihr Leben verlieren.

Erst nach dem Abklingen der ersten Pestwelle kann Karl sich wieder seinem großen Ziel zuwenden: der Krönung zum Kaiser des römisch-deutschen Reiches.

Mit einer kleinen Streitmacht reist der kostenbewusste König nach Italien. Wahrscheinlich fällt ihm das Reiten schwer, zeigen sich bereits die ersten Anzeichen einer Gichterkrankung, die ihm in späteren Jahren schwer zusetzen wird.

Das Ziel ist indessen alle Schmerzen wert: Am Ostersonntag, dem 5. April 1355, zieht er feierlich in Rom ein, wo in der Peterskirche ein Legat des Papstes darauf wartet, Karl die ersehnte Kaiserkrone aufzusetzen.

Es gibt danach für ihn keinen Grund, länger in Italien zu verweilen. Er hat Wichtigeres zu tun, als sich in die mörderischen Streitigkeiten der italienischen Städte einzumischen, denen er schon in seiner Jugend fast zum Opfer gefallen wäre. Noch am Tag seiner Krönung verlässt er Rom, drei Tage später zieht er gen Norden. Karl IV. steht im Zenit seiner Laufbahn.

Als Nächstes wendet er sich einer umfassenden Reform seines Herrschaftsgebietes zu. Karl will das Heilige Römische Reich wieder erstarken lassen – und in ihm die Stellung des Kaisers. Das Reformgesetz, das dem Reich eine neue Grundordnung geben soll, wird auf einem Hoftag in Nürnberg verhandelt. Die Kurfürsten und viele hohe Adelige sind zu den Gesprächen geladen worden, dazu die Vertreter der Städte.

Am 25. November 1355 zieht der Kaiser mit großem Gefolge in Nürnberg ein. Mehrere Notare seiner Prager Kanzlei begleiten ihn; etliche ihm nahestehende Bischöfe und Äbte, Herzöge und Grafen dienen ihm als Berater. Dazu kommt sein Hof.

Der Herrscher nimmt Quartier im „Haus zum Güldenen Schild“, dem großräumigen Domizil einer Bürgerfamilie in der Schildgasse 10. Im großen Saal dieses Hauses finden wohl auch viele Verhandlungen statt. Allerdings ist der Raum mit rund 100 Quadratmetern zu klein für alle Delegierten; Vollversammlungen werden deshalb unter freiem Himmel oder in einer Kirche abgehalten. Häufig konferiert aber Karl allein mit dem Kollegium der Kurfürsten.

Als geschickter Taktiker eröffnet der Kaiser die Verhandlungen mit einem Thema, bei dem er alle einig weiß: Rasch

kann er Einverständnis über die Grundlagen der Königswahl herstellen.

Die sich bis dahin aus Gewohnheitsrecht herleitende Position der sieben Kurfürsten als Wähler wird schriftlich fixiert. Ebenso, welchen Reichsfürsten die Kurwürde zusteht. Es sollen nicht, wie zuvor mehrmals geschehen, verschiedene Fürsten Ansprüche auf dieses Amt erheben können.

Auch das Mehrheitsprinzip wird nun offizielles Recht; wie schon seit Langem praktiziert, gilt ein Bewerber dann von den Kurfürsten als gewählt, wenn er vier der sieben Stimmen erhält.

Neu ist hingegen die Bestimmung, dass die Besitzungen der vier weltlichen Kurfürsten von nun an als unteilbar gelten; zudem wird die Vererbung ihres Titels auf den jeweils Erstgeborenen verbindlich vorgeschrieben.

Karl erhofft sich von diesen Regelungen mehr Stabilität im Reich, die Kurfürsten sehen darin eine Stärkung ihrer Stellung gegenüber den übrigen Fürsten.

Doch dann, so lassen die Quellen vermuten, geraten die Verhandlungen ins Stocken. Karl wird ungeduldig, untersagt sogar die bis dahin so häufigen üppigen Festmähler der Delegierten (so mussten für ein morgendliches Bankett des Trierer Erzbischofs vier Ochsen, sieben Schweine, 18 Ferkel, 13 Kälber und 178 Rebhühner ihr Leben lassen).

Der Herrscher ist ein gewiefter Unterhändler. Mit freundlicher, aber unbewegter Miene sitzt er am Konferenztisch, lässt stets die anderen reden, während er nur zuhört; dabei zerbricht er spielerisch mit den Händen kleine Zweige und macht seine Gesprächspartner damit zunehmend nervös.

Bei einem Festmahl sitzt Karl V. (in Blau) zwischen dem römisch-deutschen Herrscher und dessen Sohn Wenzel. Der Kaiser (in Gold) ist zeitlebens um gute Beziehungen zu Frankreich bemüht – er wurde am französischen Hof erzogen

KARL IST GEBILDETER ALS FAST ALLE HERRSCHER SEINER GENERATION

Doch in Nürnberg, so scheint es, wirkt Karls Taktik nicht wie gewohnt. Die Kurfürsten wissen genau, was sie verhindern wollen: eine Einschränkung ihrer Herrschaftsrechte. Kein König soll ihnen beispielsweise verbieten können, eine Fehde zur Durchsetzung ihrer Ansprüche zu erklären. Kein Kaiser soll darüber bestimmen, wie sie Münzen zu prägen oder einen reisenden Kaufmann mit Abgaben zu belegen haben.

So enden die zähen Verhandlungen in Nürnberg mit einem Kompromiss, mit einem Gesetzeswerk, dass die Königswahl umfassend regelt, ansonsten aber in Ansätzen stecken bleibt. Karl ist Realist genug, um sich mit diesem Ergebnis zufriedenzugeben – zumal er, quasi nebenbei, dafür gesorgt hat, dass ihm als König von Böhmen eine Vorrangstellung unter den Kurfürsten eingeräumt wird.

Am 10. Januar 1356 verkündet er die Neuordnung seines Reiches. Die Proklamation findet auf dem Hauptmarkt statt, gegenüber der zerstörten Synagoge. Die wird nach dem von Karl genehmigten Pogrom nun mit einer Kirche überbaut.

Die kaiserliche Kanzlei hängt dem Gesetzeswerk ein goldenes Siegel an. Als „Goldene Bulle" wird sie fast 500 Jahre lang die Königswahl im Heiligen Römischen Reich regeln (siehe Seite 132).

AUCH NACH SEINER KRÖNUNG zum Kaiser und der Verkündung der Goldenen Bulle bleibt Karl rastlos. Überall will er präsent sein, ob er sich in Arles zum König von Burgund krönen lässt oder als erster Kaiser seit Friedrich I. Barbarossa die Hansestadt Lübeck im fernen Norden besucht. Immer wieder quält er seinen fragilen Leib mit wochenlangen Ritten.

Dreimal zieht er in seinem Leben nach Italien, mindestens fünfmal nach Frankreich. Besonders häufig reist er in die großen Städte des Reiches; fast 50 Besuche etwa gelten Frankfurt am Main und Nürnberg gar 74.

Er heiratet insgesamt viermal, zeugt elf Kinder. Sie sind ihm schon als Säuglinge Tauschobjekte gegen Land oder eine lukrative Erbschaft. Seinen dritten Sohn etwa verlobt er bereits vier Tage nach dessen Geburt mit der Tochter des Nürnberger Burggrafen. Scheint sich dann aber anderswo eine profitablere Verbindung aufzutun, löst der Kaiser eine Verlobung auch ebenso rasch wieder.

Am häufigsten hält sich Karl in Prag auf, und hier findet er vielleicht manchmal ein wenig Ruhe. Die böhmische Metropole baut er zu einer prachtvollen Residenz aus, wie es im Reich keine zweite gibt. Dort führt er der Welt Ordnung und Glanz seiner Herrschaft vor Augen: mit einer modernen, effizienten Kanzlei, in der 200 Beamte Dienst tun; mit dem luxuriös wieder aufgebauten Königspalast auf dem Hradschin, den ihm der Vater so verwahrlost überlassen hat.

Aber auch durch das zahlreiche Personal seines Hofstaats, der unter Karl größer ist als je einer im Reich zuvor: Köche, Diener, Ärzte und Apotheker, die sich um das körperliche Wohl des kränklichen Herrschers kümmern, gehören dazu; Narren, Musikanten, Künstler und Architekten, Hofgeistliche sowie persönliche Bedienstete der Königin.

Nicht zuletzt macht Karl Prag mit der Gründung der ersten Universität in Mitteleuropa 1348 zu einem Zentrum der Gelehrsamkeit, einem geistigen Mittelpunkt des Heiligen Römischen Reiches.

Doch was wird nach seinem Tod geschehen? Gelangt dann vielleicht ein Habsburger oder Wittelsbacher auf den Königsthron und versucht, die Macht des Hauses Luxemburg zu brechen?

Nach Abschluss der Gespräche brechen Karl IV. und Wenzel in Richtung Heimat auf. Der Kaiser ist der erste römisch-deutsche Herrscher seit fast 140 Jahren, dem es bereits zu Lebzeiten gelungen ist, dem eigenen Sohn den Thron zu sichern

Um seinem Geschlecht auch in der nächsten Generation die Hegemonie im Reich zu sichern, versucht Karl, seinen ältesten Sohn Wenzel noch zu seinen Lebzeiten zum König wählen zu lassen. Seit dem Staufer Friedrich II. mehr als 100 Jahre zuvor hat dies kein Herrscher mehr zuwege gebracht.

Zwei Stimmen im Kurkolleg sind dem Kaiser sicher, die böhmische und die brandenburgische. Beide Territorien gehören seiner Familie, seit Karl die Mark Brandenburg 1373 für eine ungeheure Summe gekauft hat.

Um aber auch die anderen Kurfürsten für die Wahl seines Sohnes zu gewinnen, muss er einmal mehr seine Überzeugungskraft und weitere Bestechungsgelder einsetzen: Verpfändete Güter im Wert von 50 000 Gulden erhält allein der Pfalzgraf Ruprecht.

Und tatsächlich: Am 10. Juni 1376 wählen die Kurfürsten Wenzel einstimmig zum römisch-deutschen König. Ein Ziel glaubt Karl IV. damit endlich erreicht zu haben: die Königswürde für das Haus Luxemburg zu sichern.

GEMEINSAM MIT WENZEL bricht der von Gicht geplagte Kaiser Ende des Jahres 1377 zu einer längeren Frankreichreise auf, um unter anderem außenpolitische Themen zu besprechen. Am 22. Dezember ziehen sie gemeinsam in Cambrai ein, rund 180 Kilometer nordöstlich von Paris gelegen, und feiern dort Weihnachten.

Anfang 1378 treffen sie zu Beratungen mit dem französischen König in Paris und Saint-Denis zusammen. Für Karl IV. ist es zudem eine Rückkehr an viele Stätten seiner Kindheit, die er weitgehend am französischen Hof verbracht hat. Ein Reigen von feierlichen Einritten, Begrüßungsritualen und festlichen Banketten bestimmt den Staatsbesuch.

Die beiden Monarchen – Kaiser Karl IV. und sein Neffe, König Karl V. von Frankreich – begegnen sich dabei mit größter gegenseitiger Ehrerbietung. Es ist eine Demonstration vollendeter Diplomatie zwischen zwei der mächtigsten Herrscher Europas mitsamt ihren jeweiligen Thronerben.

Doch der Kaiser überlebt diesen letzten Triumph nicht lange. Am 29. November 1378 stirbt Karl IV. in Prag mit 62 Jahren nach einem Reitunfall an einer Lungenentzündung. Im Veitsdom findet er die letzte Ruhe.

Wenzel aber, der Sohn, streitsüchtig und ungeschickt, verstrickt sich nach anfänglichen Erfolgen in heillose Fehden mit dem böhmischen Adel. Zudem verliert er den Rückhalt der Reichsfürsten durch sein Desinteresse an den Angelegenheiten des Reiches.

Sie klagen ihn 1400 als „unnützen, unachtbaren, unwürdigen" Herrscher an und setzen ihn als deutschen König ab. Obendrein verliert er mit Brabant und den fränkischen Besitzungen wesentliche Teile der Luxemburger Hausmacht.

Zwar gelingt es Karls jüngerem Sohn Siegmund, die Reichskrone zurückzugewinnen, doch stirbt er 1437 ohne männlichen Nachfolger. Im Jahr darauf wählen die Kurfürsten Siegmunds Schwiegersohn, einen Habsburger, zum neuen König: Albrecht II.

Karls Hoffnung, das römisch-deutsche Königtum auf Dauer in seiner Familie zu halten, ist endgültig dahin.

Was überdauert, das ist die Goldene Bulle. Sie ist das wichtigste Verfassungsdokument, das das Heilige Römische Reich je gehabt hat, und bleibt fast ein halbes Jahrtausend lang verbindlich: so lange wie kaum ein anderes Gesetz der deutschen Geschichte. Erst 1806 wird sie nach der Niederlage gegen Napoleon obsolet – genauso wie das Reich, dem sie als Verfassungsgesetz gedient hat. ┘

Kämpfer für die Eintracht der CHRISTENHEIT

NIKOLAUS VON KUES

Nach Jahrzehnten der Spaltung versucht der Geistliche, die katholische Kirche wieder unter dem Papsttum zu einen

Der Titel seiner ersten großen Schrift „De concordantia catholica" ist das Programm seines Lebens: allgemeine Übereinstimmung. Danach strebt der Kleriker als papstkritischer Teilnehmer des Basler Konzils, darum ringt er als papsttreuer Kirchenreformer in den deutschen Landen, dafür kämpft er bis zu seinem Tod als Kardinal in Italien.

1401 wird Nikolaus in Kues an der Mosel als Sohn eines wohlhabenden Schiffers geboren. Die Welt, so scheint es vielen Menschen in jener Zeit, ist aus den Fugen geraten, die Christenheit ist tief zerstritten: Gleich drei Päpste sehen sich als Stellvertreter Christi auf Erden. Zwar beendet das Konstanzer Konzil 1417 die Spaltung der Kirche – es gibt nun wieder nur einen Heiligen Vater –, andere drängende Probleme aber sind noch nicht gelöst.

Was zum Beispiel soll man tun gegen die Verweltlichung des Klerus, den Verfall der Klostergemeinschaften, den Missbrauch von Abgaben, den Aberglauben, die Verrohung der Gesellschaft?

Eine Reform der römischen Kirche ist dringend notwendig, doch wer soll dabei das Sagen haben: der Papst oder das Konzil?

Nikolaus, der unter anderem an der Universität Padua eine umfassende Ausbildung als Kirchenrechtler genossen und anschließend als Sekretär des Erzbischofs von Trier weitreichende praktische Erfahrungen gesammelt hat, setzt sich auf dem 1431 einberufenen Konzil in Basel anfangs für eine Stärkung der Kirchenversammlung ein: Was alle angeht, darüber sollen auch alle entscheiden, davon ist er überzeugt.

Als er jedoch während des Konzils die Erfahrung macht, dass die Mehrheit sich Unfehlbarkeit anmaßt und die Minderheit tyrannisiert, schwenkt er um: Eintracht gewährleiste allein der Papst. Sein Meinungswechsel löst Empörung aus – besonders bei manchen seiner Landsleute, die ihn nun als „des Papstes Herkules wider die Deutschen" schmähen.

Nikolaus kümmert das wohl nicht. Zwei Jahre nach dem Ende des Konzils, 1451, nimmt er die Reformen persönlich in Angriff. Als päpstlicher Gesandter reist er fortan unermüdlich durchs Heilige Römische Reich, lässt Synoden einberufen, Klöster neu organisieren und in den Kirchen auf Deutsch verfasste Tafeln mit dem Vaterunser und den Zehn Geboten anbringen – volkssprachliche Texte, lange vor Martin Luther.

Später setzt Nikolaus seine Arbeit am päpstlichen Hof fort. Doch sein Lebensziel, die Eintracht der Kirche, erreicht er nicht. Die heraufdämmernde Reformation wird die Gegensätze sogar noch vertiefen. Dem Denker Nikolaus von Kues indes gelingt die Synthese. In Gott als der unendlichen Einheit fallen alle Gegensätze und Widersprüche zusammen. Diese These begründet und entfaltet er in zahlreichen mathematischen, naturwissenschaftlichen und theologischen Schriften.

Sein theologisches Fazit: Allen Glaubenslehren liegt eine wahre Religion zugrunde. Daher ist gegenseitiger Respekt geboten, Übereinstimmung möglich. 1464 stirbt der Kirchenphilosoph in Italien.

KLAUS MEYER

DIE KAISER AUS ÖSTERREICH

Rudolf von Habsburg begründet 1273 den Aufstieg seiner Dynastie zu Königen des römisch-deutschen Reiches. Doch erst sein Nachfahre Friedrich III. kann der Familie 1452 auch den Kaisertitel sichern. Bis 1806 werden ihn fast ausschließlich Habsburger tragen —— Text: PAUL HERZ

A

AEIOU: Wieder und wieder schreibt König Friedrich III. aus dem Hause Habsburg diese Buchstabenfolge in sein Notizbuch. Auch seinen persönlichen Besitz kennzeichnet er damit, selbst an den Gebäuden seiner Residenz in Wiener Neustadt lässt er die Lettern anbringen.

Was die Zeichen bedeuten, darüber schweigt der Monarch. „Alles Erdreich ist Österreich untertan", wird ein Unbekannter Jahre später den Notizen hinzufügen. Mag sein, dass dies tatsächlich mit der Buchstabenfolge gemeint ist, denn Friedrich schmiedet hochfliegende Pläne für die Zukunft seines Hauses.

Mehr noch: Alte Prophezeiungen sagen, dass mit einem Friedrich eines Tages ein Friedenskaiser kommen wird, der das Reich erneuert. Die Weissagungen bestärken den Herrscher in dem Glauben, dass er und seine Familie zu besonderem Wirken berufen sind.

Als glanzvolle Königsdynastie gelten die Habsburger anfangs allerdings nicht. Der Ursprung ist bescheiden. Um 1020 erbaut ein Adeliger im schweizerischen Aargau eine feste Burg, Habichtsburg oder Habsburg genannt: einen einfachen Wehrturm, dem später einige Wohnbauten hinzugefügt werden. Die kleine Feste gibt dem Geschlecht bald den Namen, und durch kluge Heiraten und eine geschickte Politik vergrößert die Familie nach und nach ihren Besitz.

Als die Kurfürsten 1273 den Grafen Rudolf von Habsburg zum römisch-deutschen Herrscher wählen, reicht sein Einfluss aber über den Südwesten des Reiches noch nicht hinaus.

Rudolf I. baut die Herrschaft aus. In zähen Kämpfen nimmt er dem Böhmenkönig die Herzogtümer Österreich und die Steiermark ab und gibt sie 1282 seinen Söhnen zu Lehen (siehe Seite 84).

Das trägt ihnen eine bedeutende Standeserhöhung ein: Die Söhne des Grafen werden Herzöge. Und im Osten des Reiches setzen die Habsburger sich fortan fest – für mehr als 600 Jahre wird Österreich unter ihrer Herrschaft stehen.

Im Jahr 1440 wird Friedrich III. römisch-deutscher König. Seine Regentschaft wird 53 Jahre lang währen und ist die längste in der Geschichte des Reiches.

Der Habsburger benutzt erstmals den Begriff „deutsche Nation" und versucht so, die Fürsten an sich zu binden. Fortan ergänzen die Chronisten, wenn vom Heiligen Römischen Reich die Rede ist, den Titel immer häufiger um den Zusatz „deutscher Nation".

Friedrich III. kontrolliert den gesamten habsburgischen Besitz, der von der Donau bis zur Adria und an die Vo-

1452 wird Friedrich III. zum Kaiser gekrönt. Er ist das erste Oberhaupt des Reichs, das bewusst die »deutsche Nation« beschwört

gesen reicht und zu dem neben Österreich auch die Steiermark, Kärnten, Krain, Tirol sowie Teile Schwabens und des Elsass gehören. Kaum ein europäischer Fürst gebietet über ein so großes Territorium.

Doch außerhalb dieses Gebiets besitzt die Stimme des Königs nur wenig Gewicht, denn die Herzöge und Grafen im Reich regieren ihre Länder nahezu selbstständig. Friedrichs Versuche, etwa das Unwesen der Fehde einzudämmen und den Frieden zu sichern, scheitern.

Zu diesen Problemen kommen Schwierigkeiten in den habsburgischen Ländern. Der Adel und die eigene Familie machen ihm dort die Herrschaft streitig. Während seine königlichen Vorgänger unermüdlich durch das Reich gezogen sind, verlässt Friedrich seine Erblande deshalb über Jahrzehnte so gut wie nie (nur 1452 zieht er nach Rom, wo ihn der Papst zum Kaiser krönt).

Das Reich regiert er von seinen Residenzen in Wiener Neustadt und Graz aus. Seine Untertanen erhalten Tausende von Briefen; viele davon schreibt der Kaiser mit eigener Hand. Darin zitiert er Bittsteller vor seinen Thron; weigert sich, ungehorsamen Fürsten deren Privilegien zu bestätigen, droht mit der Reichsacht.

Erscheinen Gesandte am Kaiserhof, lässt er sie oft Wochen warten. Werden sie dann vorgelassen, stehen sie vor langwierigen Verhandlungen. Denn Friedrich ist zäh, sitzt Konflikte aus, gibt nicht nach. Diplomaten treibt er damit in Rage.

So äußert der französische Gesandte, er habe es mit einem feigen, verdrießlichen, schwermütigen, geizigen Mann zu tun, welcher der hohen Ehre seines Amtes nicht würdig sei. Tatsächlich hat Friedrich wenig mit dem Ideal eines Königs gemein. Er liebt vielmehr die Gartenarbeit und züchtet Hühner.

Doch dann erwächst dem Kaiser im Westen ein mächtiger Gegner: Herzog Karl der Kühne von Burgund, der weite Landstriche zwischen dem Oberlauf der Rhône und der Nordsee beherrscht. Ein Teil seiner Grafschaften und Herzogtümer gehören zum Reich, der Rest dagegen zum benachbarten Frankreich.

1473 trifft Karl den Kaiser in Trier. Für beide steht viel auf dem Spiel. Friedrich hat einen Blick auf die reichen Besitzungen des Herzogs geworfen und will seinen Sohn Maximilian mit dessen Erbtochter Maria vermählen, um so die burgundischen Länder an Habsburg zu binden. Karl ist einverstanden, verlangt als Gegenleistung aber die Königswürde – eine unerhörte Forderung. Zwar haben viele Herrscher ihre Söhne zu Mitkönigen erhoben, doch Karl gehört nicht einmal zur königlichen Familie.

Dennoch ist Friedrich zu Verhandlungen bereit. Aber die beiden können sich nicht einigen. Und so sorgt der Kaiser für einen Eklat: Er reist aus Trier ab, ohne sich von Karl zu verabschieden.

Kein Jahr später erreichen Friedrich dringende Bittbriefe der Stadt Köln. Herzog Karl sei in einen Streit um das dortige Erzbistum eingetreten und mit seinen Truppen bis an den Rhein vorgerückt. Die Kölner Ratsherren fürchten um die Sicherheit ihrer freien Stadt.

Friedrich ruft zum Reichskrieg. In den Briefen fordert er von seinen Fürsten und den Städten nicht nur den Gehorsam ein – sondern erklärt ihnen erstmals in der Geschichte, sie seien es auch „dem Heiligen Reich, euch selbst und der deutschen Nation" schuldig.

Der Appell verfehlt seine Wirkung nicht. Ein großes Heer wird zusammengezogen, vor dem sich Karl zurückziehen muss. Friedrich hat gesiegt. Auch seine Diplomaten haben Erfolg: Im Friedensvertrag verspricht der Herzog dem Kaiser, seine Tochter Friedrichs Sohn Maximilian zur Frau zu geben. Burgund ist den Habsburgern damit sicher. Bald darauf stirbt Karl, und Maximilian erbt seine reichen Länder.

Nun bleibt Friedrich noch eine große Aufgabe im Leben: Er will seinem Sohn den römisch-deutschen Thron sichern. Nach langen Verhandlungen wählen die Kurfürsten Maximilian 1486 tatsächlich zum König.

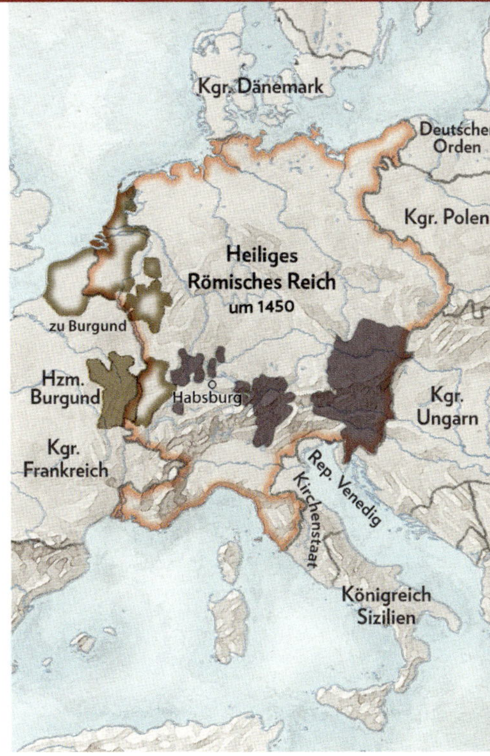

Das Stammland der Habsburger im Gebiet der heutigen Schweiz geht 1415 an die Eidgenossenschaft verloren – und mit ihm jene Burg, die der Dynastie den Namen gegeben hat. Doch zu dieser Zeit hat sich das Zentrum ihrer Herrschaft längst in die Region des heutigen Österreich verlagert, wo die meisten ihrer Besitzungen liegen (dunkel eingefärbt). Gleichzeitig verliert das römisch-deutsche Reich Einfluss und Territorien im Südwesten an Frankreich, den künftigen Rivalen Habsburgs

Vater und Sohn könnten unterschiedlicher kaum sein. Der junge Habsburger feiert prächtige Feste, bei denen er selbst Turniere reitet, und eifert den Helden jener alten Ritterepen nach, die er für die Nachwelt aufzeichnen lässt.

Doch selbst als König muss Maximilian noch dem Vater gehorchen. Der wacht bis zuletzt eifersüchtig darüber, dass sein Sohn nicht vorzeitig die Reichsgewalt an sich zieht.

Als Friedrich 1493 im Alter von 77 Jahren stirbt, hat er durch das burgundische Erbe den Besitz der Familie erheblich vergrößert. Und er sichert seinem Haus die Krone.

Bis das Heilige Römische Reich im Jahre 1806 erlischt, folgen ihm fast ausschließlich Habsburger auf den Thron. ⌋

Millionen Bücher werden binnen weniger Jahre nach Gutenbergs Erfindung mithilfe von Setzkästen, Einfärbeballen und Pressen (rechts) gedruckt. Doch ein zeitgenössisches Bild des Erfinders gibt es nicht. Das (nicht authentische) Porträt links stammt aus dem 16. Jahrhundert

ZEICHEN einer neuen ZEIT

Um 1450 macht der Mainzer Johannes Gutenberg eine Erfindung, die die Geschichte verändern wird. Sein neuartiger Buchdruck mit beweglichen Metall-Lettern revolutioniert die abendländische Kultur. Und bereitet damit den Weg für die Entstehung der modernen Welt

Text: JENS-RAINER BERG

Da liegt sie. Eine Revolution aus 1282 Seiten. Schlichte hölzerne Deckel umfassen die beiden mächtigen Folianten. Auf den 30 mal 45 Zentimeter messenden, seidig schimmernden Pergamentblättern im Inneren sind je zwei Textspalten gesetzt, 42 Zeilen lang, in gotischer Buchschrift ausgeführt – so klar, gestochen und ebenmäßig, wie es sie nie zuvor gegeben hat.

Die Worte sind uralt: Sie stammen aus der „Vulgata", der lateinischen Bibel des Kirchenlehrers Hieronymus aus dem 4. Jahrhundert. Seit Langem schon haben Kleriker nach ihr Gottes Wort verkündet. Und doch ist diese Version der Heiligen Schrift, die jetzt im Jahr 1454, gerade vollendet, auf einem Tisch in Mainz liegt, so radikal anders, dass mit ihr ein neues Zeitalter anbricht: Sie ist das erste Großwerk, das Meisterstück, der Geniestreich des Johannes Gutenberg, Erfinder des Buchdrucks mit beweglichen Metall-Lettern. Die Gutenberg-Bibel.

Binnen weniger Jahrzehnte wird die neue Technik, die es erlaubt, Texte exakt, günstig und in nie gekannter Geschwindigkeit zu vervielfältigen, das Wissen Europas dramatisch zunehmen lassen. Mit ihrer Hilfe verbreiten sich bahnbrechende Ideen, welche die nächsten Jahrhunderte nachhaltig prägen. Immer mehr Menschen außerhalb der Klostermauern und Lehrstuben beginnen zu lesen, sich zu bilden und zu informieren, gedruckte Nachrichten und Pamphlete werden zu Tausenden unters Volk gebracht. So treibt nicht zuletzt der Buchdruck die Kultur des Abendlandes nach und nach über die Schwelle vom Mittelalter zur Neuzeit.

Der Auslöser dieser gewaltigen Umbrüche, der Drucker und Geschäftsmann Johannes Gutenberg, ist nicht zufällig ein Stadtbürger. Denn es sind die Städte, nicht das geschwächte Königtum oder die zerstrittene Kirche, die dem Deutschland des späten Mittelalters seinen Lebenspuls vorgeben. Wie Inseln der Freiheit und Innovation erheben sie sich in einer überkommenen, feudal und agrarisch geprägten Welt.

Die Vertreter des aufstrebenden Bürgertums, die Handwerker, Kaufleute und Unternehmer, sind in den urbanen Mikrokosmen längst zum Motor des Fortschritts geworden. Weitgehend unabhängig von adeligen Herren organisieren sie ihr Leben selbstbestimmter als irgendwo sonst. In ihren Städten ballen sich Wirtschaftskraft und Kapital, Bildung und Ideenreichtum. Hier entwickeln sich neue Formen des Vergnügens, des Bauens, der Kultur.

Und es sind diese betriebsamen, dicht besiedelten Flecken in den Weiten des Heiligen Römischen Reiches, die wagemutige Individuen hervorbringen: Menschen, die Zukunft zu gestalten vermögen. Menschen wie Johannes Gutenberg.

Dabei reicht die Geschichte der mittelalterlichen Stadt bereits weit zurück, bis vor die Jahrtausendwende. In Mainz etwa ließ ein Bischof Mitte des 6. Jahrhunderts auf den Trümmern einer ehemaligen Römerstadt eine Kirche und Häuser am Rheinufer errichten.

Auch an anderen Orten, wo die römische Großmacht ihre Siedlungen errichtet hatte, etwa in Köln oder Straßburg, entstand um diese Zeit wieder städtisches Leben. Später gründeten Adelige weitere Städte, etwa Freiburg im Breisgau, um in ihnen Handel zu treiben und so vom lukrativen Warenumschlag in ihren Territorien zu profitieren.

Vom 12. Jahrhundert an trotzten immer mehr dieser Gemeinden den Fürsten das Recht auf Selbstverwaltung ab – ein Recht, das die Städte nun juristisch vom flachen Land unterschied. Zur Zeit Gutenbergs zählt das Reich bereits 4000 solcher Orte mit Stadtrecht. Einige von ihnen beherbergen weniger als 200 Seelen, andere wie Wien sind Metropolen von mehr als 20 000 Einwohnern. Mainz gehört mit etwa 6000 Menschen in diesen Jahren zwar nicht zu den größten Städten, doch es ist eine der bedeutendsten.

Prächtig erstreckt sich die Mainzer Rheinfront auf rund zwei Kilometer Länge am linken Ufer des Flusses. Dahinter zieht sich das Stadtgebiet gut anderthalb Kilometer durch die Rheinebene. Eine zinnenbewehrte Mauer, alle 100 Meter überragt von einem Wachturm, umfasst das Areal. Sie soll die Bewohner vor marodierenden Räuberbanden schützen, aber auch vor den Attacken fremder Fürsten. An einigen Stellen verstärkt ein vorgelagerter Graben die lückenlose Wehranlage.

Wer die Stadt durch eines der zahlreichen Tore betritt, stößt sogleich auf ein Gewirr schmaler Straßen und Gassen. Tagsüber ist Platz hier äußerst rar. Frauen hasten zum Markt,

Handwerker schleppen Material in ihre Werkstätten, Tagelöhner streifen auf der Suche nach Arbeit umher, Träger beliefern Kunden, Fuhrleute treiben ihre Pferdewagen voran. Vor kleinen Trauben Staunender zeigen Gaukler ihre Taschenspielerkünste. Bettler begehren murmelnd Almosen.

Wohlhabende Frauen gehen in Leibröcken aus farbigem Stoff; ihr Haar ist meist von einem Tuch oder einer Haube bedeckt. Männer kleiden sich mit einem eng taillierten Obergewand und einer Art Strumpfhose.

Die Straßen, zum Teil mit Flusskieseln oder behauenen Steinen gepflastert, gleichen vielfach Kloaken, denn die Anwohner schütten ihre Abwässer und Fäkalien meist einfach vor die Häuser. Oft müssen die Bürger Trippen tragen, Unterschuhe mit hohen Holzstützen, um unbeschadet durch die stinkenden Pfützen waten zu können.

Neben den Straßen mit prächtigen Bürgerhäusern aus Stein liegen Gassen, die von schmalen Wohngebäuden gesäumt sind. Deren Fassaden, meist aus Fachwerk, erheben sich höchstens drei Stockwerke über die Erde, oft weniger. Erker und Vorbauten ragen in Gassen hinein und verdecken die Sonne.

Den größten Schatten wirft der Dom im Zentrum der Stadt – ein Monumentalbau, von sechs Türmen bekrönt. Umgeben ist die Bischofskirche von Stiften, Klöstern und Pfarreien. Der Mainzer Erzbischof ist einer der einflussreichsten Männer des Reiches. Der Geistliche gebietet über die größte Kirchenprovinz Europas. Etliche Bistümer gehören ihr an, darunter die nahen Rheinorte Speyer und Worms.

Zugleich ist der Erzbischof als Landesherr des Territoriums Kurmainz ein mächtiger Fürst. Er sitzt dem Kollegium der sieben Kurfürsten vor, die als Einzige den König wählen dürfen. Häufig empfängt der Kleriker Herzöge und Grafen zu politischen Treffen.

ABER AUSGERECHNET ÜBER die eigene Stadt haben die Mainzer Kirchenfürsten schon seit geraumer Zeit die Macht verloren: Vor mehr als 200 Jahren hat der damalige Erzbischof Siegfried III. der Stadt weitgehende politische Freiheiten gewährt – nachdem die in einer Auseinandersetzung zwischen Kaiser und Papst Partei für die Kirche ergriffen hatte. Seither regiert die Stadt ein von den „Geschlechtern", 28 reichen Großfamilien, dominierter Rat.

Diese Ratsherren oder die ihnen vorstehenden Bürgermeister vertreten Mainz nach außen, schließen Verträge mit anderen Städten und Fürsten und führen das militärische

Bewohner eines Dorfes feiern ein Kirchenfest. Aus manchen solcher Siedlungen am Fuße herrschaftlicher Burgen wachsen im Mittelalter nach und nach Städte heran – mit eigenen Befestigungen, eigenem Recht und einer selbst gewählten Obrigkeit

Oberkommando über die städtische Miliz. Sie befehligen auch die Wachen an den Toren, beaufsichtigen Baustellen und kämpfen gegen den Schmutz auf den Straßen an.

Und sie erheben die Gelder für die Stadtkasse, darunter die Vermögensteuer (Bürger müssen in unregelmäßigen Abständen gut 0,1 bis 0,5 Prozent vom Wert ihrer Habe zahlen) sowie die Abgaben auf Mehl, Wein und andere Waren.

Der Rat ist zudem verpflichtet, den öffentlichen Frieden innerhalb der Mauern zu wahren: Eine Art Stadtverfassung – das „Friedebuch" – verbietet unter anderem das Tragen von Dolchen, Schwertern und anderen Waffen, das Zusammenrotten in den Straßen sowie allgemeine „Aufsässigkeiten". Streitereien zwischen Bürgern, ebenso blutige Raufereien und Totschlag, kommen vor das Bürgermeistergericht, das im Rathaus abgehalten wird, dem Sitz der Stadtregierung.

Einmal im Jahr versammeln sich die Bürger auf dem Hof des Bischofssitzes, um den neuen Bürgermeistern zu huldigen. Es ist ein elitärer Kreis, der sich hier trifft: Denn in Mainz, wie in den meisten Städten, kann Bürger nur werden, wer über Grundbesitz im Ort verfügt. Für Knechte und Tagelöhner, Mägde und Handwerksgesellen ist das eine fast ebenso unüberwindliche Hürde wie für Adelige und Geistliche, denen in vielen Städten der Erwerb von Immobilien untersagt ist. Frauen genießen grundsätzlich kein volles Bürgerrecht.

So kommen von den knapp 6000 Mainzer Einwohnern nur rund 1000 alljährlich auf dem Hof des Erzbischofs zusammen. Feierlich wird dabei das Stadtrecht verlesen. Und schließlich schwören die Anwesenden einen Eid auf ihre Gemeinschaft: das Ritual der städtischen Freiheit.

Dieses urbane Freiheitsprinzip ist so machtvoll, dass theoretisch jeder – auch der Besitzlose –, der in eine Stadt kommt und sich dort niederlässt, nach Jahr und Tag nicht mehr wie die große Mehrheit der Landbewohner von einem adeligen Herrn abhängig ist (Historiker werden dieses Recht später mit dem Satz „Stadtluft macht frei" umschreiben). In der Praxis aber haben viele Städte Abmachungen mit den Grundherren der Umgebung getroffen, damit dieses Privileg bei Weitem nicht allen Landbewohnern zugutekommt.

UM DAS JAHR 1400 wächst die enge Schwurgemeinde der Mainzer Bürger. Dem Kaufmann Friele Gensfleisch und seiner Frau Else Wierich wird ein Sohn geboren: Johannes. (Seinen Zunamen Gutenberg wird sich „Henchen" erst später selbst geben, nach dem „Hof zum Gutenberg", dem Anwesen der Eltern.) Der Junge wächst in besten Verhältnissen auf: Gutenbergs Vater stammt aus einer begüterten Patrizierfamilie, einem jener Geschlechter, die seit Generationen die Geschicke von Mainz dominieren und so zu einer Art Stadtadel geworden sind. Wahrscheinlich hat der Tuchgroßhandel der Familie zu Reichtum verholfen.

Der Handel hat auch die Stadt wohlhabend gemacht. Hier, nahe der Mündung des Mains in den Rhein, werden Weine aus dem Elsass umgeschlagen, gesalzener Dörrfisch von der Nordseeküste, feine Stoffe aus Brabant, Weizen und Nüsse, Mandeln, Feigen und Zwetschgen aus dem fruchtbaren Mainzer Umland. Flößer treiben große Mengen Holz gen Mainz, wo der überall begehrte Bau- und Brennstoff für den Weitertransport zu provisorischen Schiffen gezimmert wird.

Gewöhnliche Lastkähne, die Mainz täglich erreichen, müssen an den Kaianlagen festmachen, selbst wenn der Schiffer die Stadt eigentlich nur passieren will. Denn alle Fracht-

Der Handel mit Stoffen ist ein besonders einträgliches Geschäft. Viele Tuchkaufleute gehören zur Oberschicht der Patrizier, so auch Gutenbergs Vater

kapitäne haben Flusszoll zu entrichten. Zudem müssen sie ihre Waren nach geltendem Stapelrecht für drei Tage den Mainzern zum Kauf anbieten.

Und so arbeiten die zwei großen hölzernen Kräne am Hafen auf Hochtouren, stampfen die Knechte in den Treträdern der Seilwinden, damit die schweren Weinfässer oder Tuchballen möglichst zügig aus den Bäuchen der Schiffe schweben. Träger bringen die gelöschten Güter zu den Lagerplätzen am Ufer oder schleppen sie, an jeweils zu zweit geschulterten Holzstangen, zum städtischen Kaufhaus kurz hinter der Stadtmauer.

Das Haus, mit etwa 20 Meter Höhe das eindrucksvollste weltliche Bauwerk von Mainz, hat eine Grundfläche von rund 1200 Quadratmetern. Ein mächtiger Block, dessen Mauern nach oben in Zinnen auslaufen, verziert mit großflächigen Reliefs des Königs und der sieben Kurfürsten.

Der Bau ist einer der ältesten seiner Art in Deutschland; bereits zu Beginn des 14. Jahrhunderts sind die stabilen Gewölbe eingeweiht worden. Das Erdgeschoss bietet weiträumigen Platz für Eisen, Zinn, Öle, Wein und andere schwere Güter, im Obergeschoss stapeln Knechte leichtere Waren wie Kräuter, Seide oder Garne.

Gutenberg ist nur der Zweitgeborene,
und so bleibt ihm des Vaters Tuchhandel verwehrt

Doch das Gebäude ist weit mehr als ein sicherer Aufbewahrungsort. An mehreren Waagen bestimmen Wieger Zentner für Zentner das genaue Gewicht der Güter. Kaufhausbeamte begutachten die Qualität, über die Schreiber in einer abgeteilten Stube akribisch Buch führen. Sie leisten die Vorarbeit für die Kaufleute, die hier en gros Geschäfte machen.

Denn das ist der eigentliche Zweck des Kaufhauses: Großhandel. Rotholz aus Indien ist hier zu bekommen, Schwefel, Kreide und glitzernder Weinstein für die Herstellung von Farben. Für Notfälle lagert auf dem Dachboden die städtische Kornreserve.

Mainz ist zudem ein Zentrum des Ochsenhandels. Mehr als 200 Tiere pro Treck treiben Reiter von Ungarn aus zum Rhein. Wohl auf dem Dietmarkt, dem größten Platz der Stadt, werden die Herden weiterverkauft; dort holen sich die Mainzer Metzger frischen Nachschub.

Die Fleischer, die für ihre Schinkenspezialitäten weit bekannt sind, gehören zu den besonders angesehenen Handwerkern. Sie sind wie alle Handwerksmeister in Zünften organisiert: Genossenschaften, die unter anderem kontrollieren, was und wie viel produziert wird, und die ihre Mitglieder und deren Angehörige unterstützen, wenn diese erkranken oder sterben.

Fast 60 Zünfte sind in Mainz vertreten, darunter die Leineweber und Schneider, die Färber und Schmiede, die Glockengießer und Steinmetzen, die Schuh- und Handschuhmacher, die Gerber und Glaser.

Kannengießer fertigen Zinngefäße an, Plattner imposante Harnische. Sporenmacher präsentieren ihren Kunden Reitutensilien, Spengler kunstvoll verzierte Beschläge. Die Fassbinder verkaufen ihre Fässer in allen Größen, die Wagner einzelne Räder oder ganze Fuhrwerke.

Auf den Märkten der Stadt kann der junge Johannes Gutenberg neben den Gütern des täglichen Gebrauchs, neben Obst, Butter, Gemüse, Lampenöl wohl auch Steigbügel, Messer und Fangseile für die Jagd auf wilde Tiere bewundern. Adelige erstehen kunstvoll gefertigte Hüte, Knielederhosen, Stulpenstiefel oder luxuriöse Seidengewänder. Könige geben bei Goldschmieden ihr Majestätssiegel in Auftrag.

In vielen Städten hat die große Zahl wohlhabender Kunden über Generationen ein leistungsfähiges, stark spezialisiertes Handwerk entstehen lassen. Technische Neuerungen – so die durch Pferdekraft angetriebenen Spinnräder und Zwirnmühlen oder halb automatische Drehbänke, die mit Wasserkraft arbeiten – ermöglichen es, größere Warenmengen zu produzieren. Mancherorts investieren frühe Unternehmer eigenes oder geliehenes Geld, lassen gleich mehrere Handwerker für sich arbeiten und machen damit häufig gute Gewinne.

Gutenbergs Familie hat mit diesen dynamischen Unternehmern wahrscheinlich nichts zu tun. Der Vater, ein Mann von konservativer Gesinnung, ist fest in der Elite von Mainz etabliert. Für den Sohn ist dennoch kein Platz in der Hautevolee reserviert: Da seine Mutter die Tochter eines Krämers ist, bleibt Johannes die Mitgliedschaft bei den Münzerhausgenossen verwehrt – und nur diese Patrizier besitzen das Recht auf das einträgliche Geschäft mit Geld und Edelmetallen.

Auch das Privileg, wie der Vater mit Tuchen handeln zu können, steht Johannes als zweitgeborenem Sohn nicht zu. Und die zunftstolzen Handwerksmeister werden den Sohn eines Patriziers wohl kaum in die Lehre nehmen.

So ist Johannes eines schon bald klar: Will er Erfolg haben, muss er den auf eigene Faust suchen.

Immerhin erhalten Bürgersöhne wie er in Mainz eine gute Bildung. An zahlreichen Pfarrschulen lernen die Kinder Latein. Auf kleinen, mit einer dunklen Wachsschicht überzogenen Holztafeln üben sie schreiben. Die hölzernen Griffel

sind am oberen Ende zu einem Spatel abgeflacht, mit dem jeder Fehler leicht ausgestrichen oder die Tafeln wieder für die nächste Aufgabe geglättet werden können.

Einige Eltern leisten sich Privatlehrer für ihren Nachwuchs. Als besonders gut gilt jedoch der Unterricht in einem der zahlreichen Klöster, etwa dem St.-Viktor-Stift im Süden der Stadt, wo Verwandte Gutenbergs geistliche Ämter innehaben. Hier lesen die Schüler auch komplizierte Texte lateinischer Schriftsteller.

Manche Mainzer schicken ihre Kinder anschließend auf eine Hochschule in der Ferne. Im Sommersemester 1418 etwa führt das Matrikelbuch der zum Erzbistum Mainz gehörenden Universität Erfurt einen „Johannes aus Eltville". Einiges spricht dafür, dass sich hinter jenem kurzen Eintrag der Student Johannes Gutenberg verbirgt – in Eltville, nur wenige Kilometer rheinabwärts, besitzen Verwandte ein Anwesen, das seine Eltern mit den Kindern gelegentlich bewohnen.

Gut möglich auch, dass sich Gutenberg, neben seinen regulären Studien in Rhetorik und Philosophie, Musik und Geometrie, Astronomie, Arithmetik und Grammatik, in der Bibliothek an mathematischen und physikalischen Werken griechischer Autoren schult.

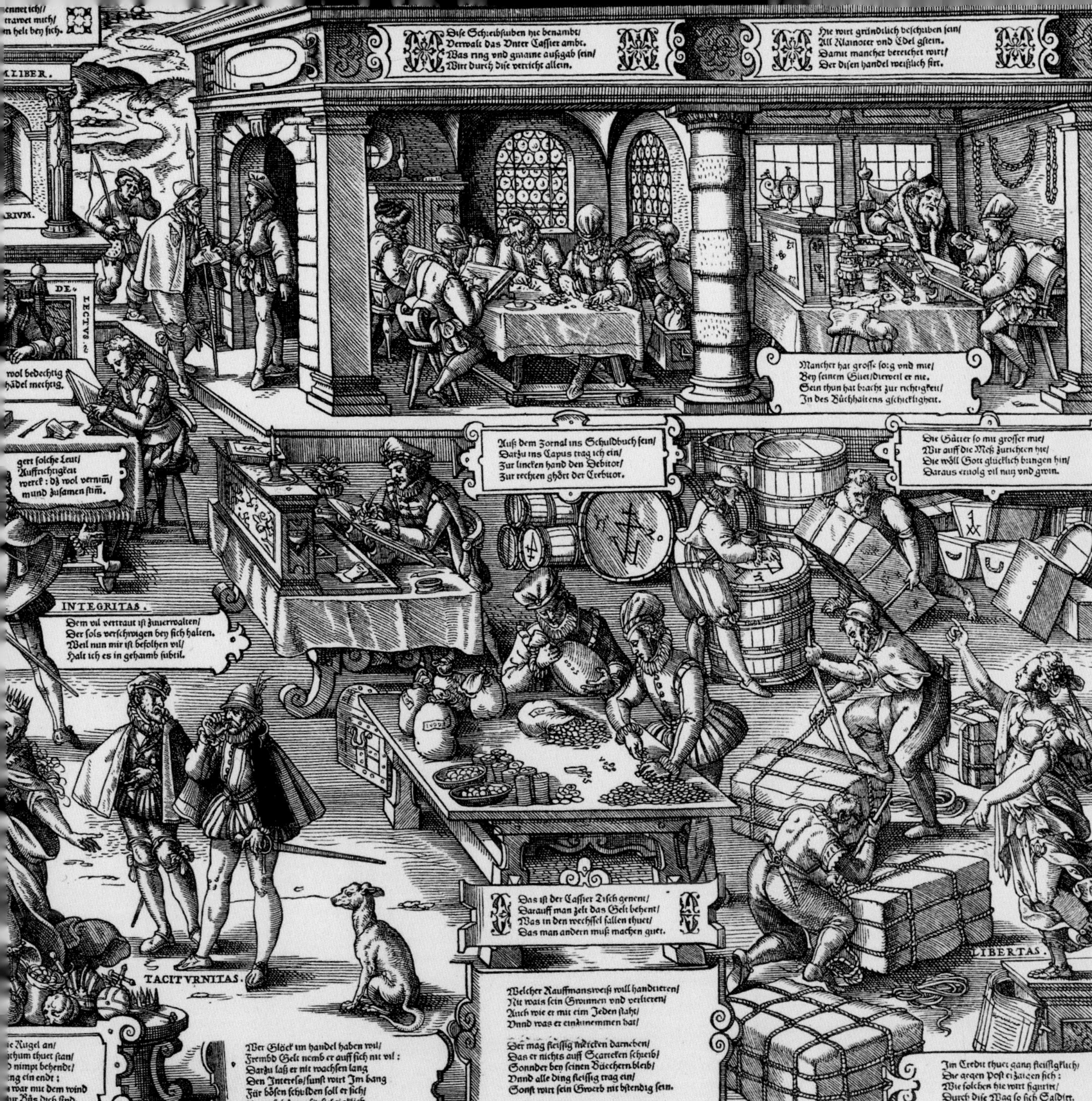

Mainz, der Geburtsort Gutenbergs, zählt zu den bedeutendsten Handelszentren am Rhein. Vor allem in dem riesigen Kaufhaus der Stadt werden Güter en gros umgeschlagen, ähnlich wie auf diesem Schaubild aus dem 16. Jahrhundert. Bedienstete wiegen die Waren (oben links) und verschnüren sie für den weiteren Transport (unten rechts)

Zudem erkennt der Student in Erfurt wohl noch etwas anderes: den Mangel an preiswerten Lehrbüchern. Denn bislang werden selbst die dicksten Wälzer in langwieriger Handarbeit Seite für Seite, Buchstabe für Buchstabe mit Federkiel und Tinte abgeschrieben, meist von Mönchen oder Nonnen, seit einiger Zeit auch von kommerziellen weltlichen Schreibern.

Zwar ist ein paar Jahrzehnte zuvor der Holzschnitt von Asien aus nach Europa gelangt. Doch die Holzdrucker produzieren in der Regel nur Spielkarten, Heiligenbildchen und Flugblätter. Zu aufwendig ist das Schnitzen jeweils ganzer Seitenstempel, die dann – weil sie nicht mehr zu verändern sind – nur für Exemplare eines einzigen Titels verwendet werden können.

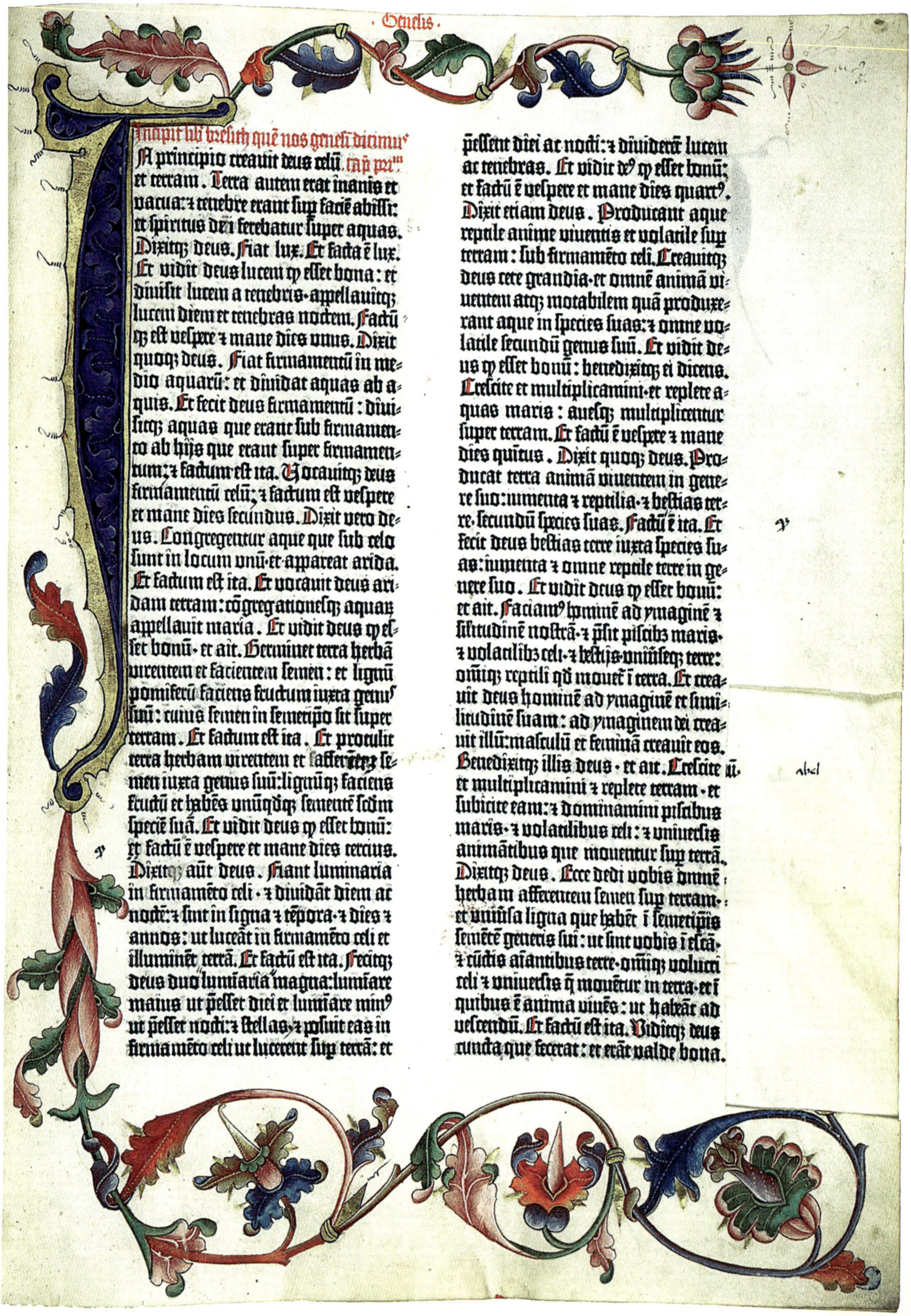

Genesis.

Incipit liber bresith quē nos genesī dicim⁹
In principio creauit deus celū cap. pri^m
et terram. Terra autem erat inanis et
vacua: et tenebre erant sup faciē abissi:
et spiritus dei ferebatur super aquas.
Dixitq; deus. Fiat lux. Et facta ē lux.
Et vidit deus lucem q esset bona: et
diuisit lucem a tenebris: appellauitq;
lucem diem et tenebras noctem. Factū
q; est vespre et mane dies unus. Dixit
quoq; deus. Fiat firmamentū in me-
dio aquarū: et diuidat aquas ab a-
quis. Et fecit deus firmamentū: diui-
sitq; aquas que erant sub firmamen-
to ab hiis que erant super firmamen-
tum: et factum est ita. Vocauitq; deus
firmamentū celū: et factum est vespere
et mane dies secundus. Dixit vero de-
us. Congregentur aque que sub celo
sunt in locum unū et appareat arida.
Et factum est ita. Et vocauit deus ari-
dam terram: cōgregationesq; aquaz
appellauit maria. Et vidit deus q es-
set bonū: et ait. Germinet terra herbā
virentem et facientem semen: et lignū
pomiferū faciens fructum iuxta genus
suū: cuius semen in semetipō sit super
terram. Et factum est ita. Et protulit
terra herbam virentem et afferentē se-
men iuxta genus suū: lignūq; faciens
fructū et habēs unūqdq; sementē scdm
speciē suā. Et vidit deus q esset bonū:
et factū ē vespere et mane dies tercius.
Dixitq; aūt deus. Fiant luminaria
in firmamēto celi: et diuidāt diem ac
noctē: et sint in signa et tēpora: et dies et
annos: ut luceāt in firmamēto celi et
illuminēt terrā. Et factū est ita. Fecitq;
deus duo luminaria magna: luminare
maius ut pēsset diei: et luminare min⁹
ut pēsset nocti: et stellas: et posuit eas in
firmamēto celi ut lucerent sup terrā: et
pēssent diei ac nocti: et diuiderēt lucem
ac tenebras. Et vidit de⁹ q esset bonū:
et factū ē vespere et mane dies quart⁹.
Dixit etiam deus. Producant aque
reptile anime viuentis et volatile sup
terram: sub firmamēto celi. Creauitq;
deus cete grandia: et omnē animā vi-
uentem atq; motabilem quā produxe-
rant aque in species suas: et omne vo-
latile secundū genus suū. Et vidit de-
us q esset bonū: benedixitq; ei dicens.
Crescite et multiplicamini: et replete a-
quas maris: auesq; multiplicentur
super terram. Et factū ē vespere et mane
dies quintus. Dixit quoq; deus. Pro-
ducat terra animā viuentem in gene-
re suo: iumenta et reptilia: et bestias ter-
re. secundū species suas. Factū ē ita. Et
fecit deus bestias terre iuxta species su-
as: iumenta et omne reptile terre in ge-
nere suo. Et vidit deus q esset bonū:
et ait. Faciam⁹ hominē ad ymaginē et
similitudinē nostrā: et psit piscibz maris:
et volatilibz celi: et bestijs uniūsēq; terre:
omniq; reptili qd mouet ī terra. Et crea-
uit deus hominē ad ymaginē et simi-
litudinē suam: ad ymaginem dei crea-
uit illū: masculū et feminā creauit eos.
Benedixitq; illis deus: et ait. Crescite
et multiplicamini et replete terram: et
subicite eam: et dominamini piscibus
maris: et volatilibus celi: et uniuersis
animātibus que mouentur sup terrā.
Dixitq; deus. Ecce dedi vobis omnē
herbam afferentem semen sup terram:
et uniūsa ligna que habēt ī semetipis
semētē generis sui: ut sint vobis ī escā
et cūctis aīantibus terre: omniq; volucri
celi et uniuersis q mouentur in terra: et ī
quibus ē anima viuēs: ut habeāt ad
vescendū. Et factū est ita. Viditq; deus
cuncta que fecerat: et erāt valde bona.

Für Gutenbergs Großprojekt, die Herstellung einer repräsentativen Bibel, liegen Metallbuchstaben von insgesamt 240 Kilogramm Gewicht in Setzkästen. Die so gedruckten Seiten schmücken Buchmaler anschließend per Hand aus

So bleiben fixierte Texte rar und teuer. Viele Studenten schreiben ihre Lehrwerke daher lieber eigenhändig ab. Und vielleicht ist genau dies der Moment, in dem sich Gutenberg vornimmt, daran etwas zu ändern.

UM 1420 KEHRT ER nach Mainz zurück. Noch immer bewohnt die Familie den Hof zum Gutenberg, in dem Johannes wohl den Großteil seiner Kindheit verlebt hat.

Patriziergüter wie dieses bestehen meist aus einem vornehmen Steinbau – nicht selten einem Wohnturm mit vier oder mehr Geschossen und einem Festsaal. Dahinter schließt sich ein Hof an, den die Bewohner über einen Torgang von der Straße aus erreichen. Hier stehen Schuppen für Pferdewagen, Vorratsspeicher, Ställe für Pferde und Kleinvieh, Behausungen für das Gesinde.

Ein Ziehbrunnen spendet Grundwasser, das auch die Wäscherinnen im angrenzenden Waschhaus nutzen. Einige Patrizier haben sich für ihre Gebete gar Privatkapellen eingerichtet.

In den schmaleren Häusern, die von Handwerksmeistern und Krämern bewohnt werden, spielt sich das Familienleben vor allem im Obergeschoss ab, über der Werkstatt oder dem Laden zu ebener Erde. Zur Straße hin liegt die mit einem Ofen beheizte Stube, hinten die Schlafkammer mit den Betten. Dazwischen, oft lichtlos in der Mitte eingezwängt, die Küche.

Die Fensteröffnungen zu Straße und Hof – klein und mit geöltem Pergament, hauchdünn geschabtem Horn oder feiner Leinwand verschlossen – lassen nur wenig Tageslicht herein.

Gutenbergs Mitarbeiter fügen die Texte gemäß seiner neuen Methode aus einzelnen Lettern zusammen, die sie einem Setzkasten entnehmen

Noch finsterer sind die winzigen Wohnungen der Armen, die sich meist ein Hinterhaus mit mehreren Familien teilen müssen. Dabei gilt: je höher das Stockwerk, desto mittelloser die Mieter.

Als Friele Gensfleisch 1419 mit 70 Jahren stirbt, gerät Johannes über das beträchtliche väterliche Erbe mit seinem Bruder und dem Schwager aneinander. Erst vor Gericht kann der Streit geschlichtet werden. Gutenberg ist nun ein gebildeter Mann mit einigem Vermögen. Was soll er mit seinem Leben anfangen? Wie soll er seine Pläne verwirklichen? Die Chancen in der Stadt sind groß – aber auch die Ablenkungen.

Am Flachsmarkt, nur 100 Meter vom Gutenberg-Hof entfernt, treffen sich Vergnügungssüchtige im „Heißen Stein", der Spielbank, wo aus Knochen gefertigte Würfel auf derben Tischen rollen. Viele Mainzer lieben das Spiel, vor allem wenn es um Geld geht. Mitte der 1420er Jahre verleiht der Stadtrat die Konzession für den „Heißen Stein" an fünf private Gesellschafter. Die Pächter sind verpflichtet, „gut redliche Würfel" zu stellen, von denen allein in der Spielbank der Nachbarstadt Frankfurt in manchen Jahren 7000 Stück verschlissen werden.

Außerhalb dieses Etablissements aber verbieten die Mainzer Ratsherren das Glücksspiel. Zu häufig haben betrunkene, vom Erfolg verlassene Bürger randaliert. Nur Brettspiele wie Schach sind noch erlaubt. Und das Würfeln um Wein und Speisen mit Freunden daheim.

W

Weitaus schlechter angesehen als der „Heiße Stein", aber von höchster Stelle geduldet ist das Frauenhaus, in dem „gemeine Töchter" Männern ihre Dienste anbieten. Anfangs war das Bordell sogar direkt dem bischöflichen Domkapitel unterstellt.

Denn die Kleriker denken pragmatisch: Viele Junggesellen können erst dann eine Familie gründen, wenn die oft lange Ausbildung zum Handwerker oder Kaufmann abgeschlossen und die Zukunft gesichert ist. Das Bordell soll unverheiratete Gesellen und Reisende davon abhalten, Bürgersfrauen und Mainzer Töchter zu belästigen. Dass von Zeit zu Zeit auch Ehemänner und Mönche dort aufgegriffen werden, ändert daran nichts.

Die Prostituierten, meist Frauen, die Menschenhändler aus anderen Teilen des Reiches hierher verschleppt haben, empfangen ihre Freier wohl in einer großen Stube. Hier wird geplaudert, und der Wirt schenkt überteuerten Wein aus. Im oberen Stockwerk oder um die Stube herum liegen die Kammern, unbeheizt und nur mit einem Bett eingerichtet. Zwei bis fünf Pfennige kostet der Bordellbesuch, etwa so viel wie ein Pfund Rindfleisch. Selbst Tagelöhner müssen dafür kaum mehr als einen Vormittag arbeiten.

Manchmal lassen sich gleich mehrere Vergnügen miteinander verbinden. In einigen Mainzer Badestuben wie dem

Alltag in Mainz: In den städtischen Badestuben können sich die Bürger waschen und dabei speisen, doch werden auch Intimitäten geduldet

Haus „Zur ewigen Mauer" schwitzen die Gäste im Dampf und lauschen Lautenspielern, essen vom Personal gereichte Speisen oder singen selbst. Bader spülen die Leiber in großen Holzbottichen mit kaltem und heißem Wasser ab, massieren sie, schlagen sie zur besseren Durchblutung mit dem Badequast, reiben die Haut mit Bürsten aus Kardendistel.

Alle zwei Wochen kommen die Mainzer im Schnitt hierher, einige patrizische Haushalte verfügen sogar über eigene kleine Bäder. Handwerksgesellen erhalten regelmäßig früher frei und ein paar Heller extra, um die Badestuben besuchen zu können. Klagt ein Besucher über Unwohlsein, wird er zur Ader gelassen oder mit Schröpfköpfen und Blutegeln therapiert. Männer und Frauen baden meist gemeinsam – und nicht selten bieten auch hier gemeine Töchter ihre Dienste an.

Ein anderer beliebter Ort ist das Wirtshaus. Wein ist ohnehin Grundnahrungsmittel, jeder Bürger trinkt im Durchschnitt fast anderthalb Liter täglich. Zu den Saufgelagen im „Goldenen Schwan" schenken die Wirte freilich noch weit größere Mengen aus.

Der gesellschaftliche Mittelpunkt jedoch sind die Trinkstuben. Stadtadel, Handwerksknechte, Krämer – fast jede soziale Gruppe besitzt ein solches Lokal. Hier preisen Patrizier die Vorzüge neuer Gespanne, tauschen Kaufleute Informationen über ferne Märkte aus, organisieren sich Gesellen gegen ihre Meister, während diese den Aufstand gegen die mächtigen Geschlechter planen.

Denn in Mainz ist ein Machtkampf in vollem Gange. Die Zeiten werden unruhiger.

B

Bereits 1333 mussten die alten Patriziergeschlechter – wie in immer mehr deutschen Städten – einen Teil ihrer Macht an die selbstbewussten Handwerker und Kleinhändler abtreten: Das war der Preis für eine dringend nötige Steuererhöhung, die die Stadtregierung nur mit Unterstützung der Zünfte durchsetzen konnte. Fortan stellten die Handwerker- und Krämervereinigungen die Hälfte aller Vertreter im Rat.

Zu Beginn des 15. Jahrhunderts verschlechterte sich die Finanzsituation der Stadt zusehends. Der Ton zwischen Zünften und dem glücklos wirtschaftenden Rat, dem die Meister zudem Cliquenwirtschaft vorwarfen, wurde schärfer. Als 1411 ein oppositionelles Zunftbündnis forderte, den Stadtadel höher als bislang zu besteuern, verließen 117 Angehörige der Geschlechter unter Protest die Stadt, zogen auf ihre Landgüter oder zu Verwandten in anderen Städten – und zahlten erst einmal überhaupt keine Abgaben. Auch Johannes Gutenberg ging in dieser Zeit mit seinen Eltern nach Eltville.

Zwar konnten sich die politischen Lager wieder einigen, die Exilanten kehrten zurück. Doch die Schulden der Stadt nahmen weiterhin zu. Der Konflikt schwelte – bis er jetzt, im Jahr 1428, umso heftiger wieder ausbricht: Eine Gegenregierung aus einflussreichen Zunftvertretern und abtrünnigen Ratsmitgliedern stürzt den alten, tief zerstrittenen Rat und fordert erneut höhere Steuern für die Geschlechter.

Abermals reagieren die Patrizier mit einem Exodus. Auch dieses Mal ist Gutenberg unter den Auswandernden. Und offenbar fasst der Mainzer in jenen turbulenten Jahren den Entschluss, seiner Geburtsstadt für längere Zeit den Rücken zu kehren.

Andere Städte bieten bessere Bedingungen. Zum Beispiel Straßburg, die aufstrebende Metropole am Oberrhein. Dreimal größer als Mainz. Und dennoch um einiges ruhiger: Zünfte und Patrizier haben, nach ebenfalls heftigen Kämpfen, Frieden geschlossen. Zudem ist die Stadt reich, der Handel mit Südfrankreich und Oberitalien floriert. Hier gibt es mehr als genug Geld, um Neues zu wagen.

Gutenberg zieht um das Jahr 1434 jedoch nicht ins Zentrum der Stadt, sondern richtet sich in einer kleinen Vorortsiedlung ein, 2,5 Kilometer außerhalb der Mauern.

Der Standort ist ideal: Die Ill fließt direkt am Grundstück vorbei. Die Strömung kann schweres Gerät antreiben – Mühlräder, Hammerwerke oder Ähnliches. Anders als in der eng bebauten Stadt, wo die Brandgefahr groß ist, kann Johannes eine eigene Esse betreiben und mit flüssigem Metall hantieren.

Krankheit und Tod sind in den Städten allgegenwärtig: Barbiere und Bader arbeiten nebenbei als Wundärzte und nehmen sogar Amputationen vor

Vor allem aber ist er dort unbehelligt. Denn er will neue technische Verfahren erproben. In einer Zeit, in der es keinerlei Schutz für Patente gibt, ist es ratsam, dabei möglichst wenige Neugierige zusehen zu lassen.

Und sein Projekt ist ehrgeizig. Alle sieben Jahre wandern große Mengen von Pilgern in das 400 Kilometer entfernte Aachen, um die dortigen Reliquien zu verehren, darunter ein Gewand Mariens und die Windeln Jesu.

Überaus begehrt sind handtellergroße Abzeichen aus einer Blei-Zinn-Legierung, die an die Pilgerreise erinnern sollen. In ihrer Mitte tragen die Embleme kleine Spiegel, mit denen die Gläubigen etwas vom Segensschein der Reliquien einzufangen hoffen. Doch immer wieder kommt es vor, dass Pilger ohne Abzeichen heimgehen müssen, weil die Aachener Handwerker nicht genügend Devotionalien fertigen konnten.

Das ist eine Marktlücke, wie Johannes erkennt. Die nächste Pilgerfahrt wird 1439 stattfinden – möglichst mit Abzeichen aus dem Hause Gutenberg. Jetzt braucht der Mainzer nur noch Kapital.

Anfang 1438 gründet er gemeinsam mit Hans Riffe, einem wohlhabenden Patrizier aus Straßburg, sowie zwei weiteren Partnern ein Unternehmen. Riffe ist der Hauptinvestor, die beiden anderen sollen neben etwas Geld vor allem ihre Arbeitskraft beisteuern. Gutenberg verpflichtet sich, sie in jedes Detail seines Verfahrens einzuweihen, ihnen „Lehrherr" zu sein. Alle sind am erwarteten Gewinn beteiligt.

WIE GENAU DAS UNTERNEHMEN die Pilgerabzeichen herstellt, ist nicht überliefert. Sicher scheint, dass Johannes eine völlig neuartige, sehr viel rationellere Methode als den bislang üblichen mühsamen Guss in Sandformen erdacht hat. Möglicherweise eine Stanztechnik mithilfe einer großen Presse.

Doch dann, die fertigen Abzeichen stapeln sich bereits im Lager, droht das Unternehmen zu scheitern: Die Aachener Geistlichkeit sagt die Wallfahrt ab, offenbar aus Angst vor einer neuen Pestwelle. Erst ein Jahr später sollen die Pilger in die Wallfahrtstadt kommen. Bis dahin wird es für die Gesellschafter keine Einnahmen geben. Bedeutet das den Bankrott?

Gutenberg ist ein gelassener Mann. Zu Beginn seiner Straßburger Zeit schuldete ihm seine Heimatstadt Mainz beispielsweise mehrere Hundert Gulden – Zinsen für eine Summe, die er der klammen städtischen Kasse Jahre zuvor geliehen hatte.

Als nun ein Mainzer Stadtbediensteter zufällig in Straßburg weilte, ließ Johannes ihn kurzerhand festnehmen. Die rechtlichen Gepflogenheiten erlaubten ihm, jeden Bürger von Mainz persönlich für die Schulden der Stadt haftbar zu machen. Doch Gutenberg erzwang nichts; er ging diplomatisch vor. Nachdem der Mann versprochen hatte, für die Rückzahlung zu sorgen, ließ er ihn ziehen – und erhielt bald darauf auch tatsächlich sein Geld.

Jetzt, in finanzieller Bedrängnis, redet der Erfinder mit seinen Partnern. Und überzeugt sie, weiteres Kapital in das Unternehmen zu stecken. Für diese zusätzliche Investition soll er die Gesellschafter an zukünftigen Erfindungen und seinem kaufmännischen Sachverstand teilhaben lassen.

Schon die Gerätschaften für die Produktion der Aachener Abzeichen sind offenbar so geheim, dass Gutenberg, als ein Geschäftspartner plötzlich an Pest erkrankt und stirbt, sofort seinen Diener losschickt, um so schnell wie möglich Teile einer hölzernen Presse aus dem verseuchten Haus zu entfernen. Damit sie ja niemand zu Gesicht bekomme.

Vieles deutet darauf hin, dass sich Gutenberg in diesen Jahren Schritt um Schritt, Erfahrung um Erfahrung seiner großen Erfindung annähert. In Straßburg indes wird das erste gedruckte Buch nicht entstehen.

Sogar der Kaiser bewundert ***die Erfindung des Mannes aus Mainz***

Vielleicht sind es französische Söldner, die um 1444 raubend durch das Elsass ziehen und Straßburg bedrohen, die den Mainzer Erfinder wieder zurück in die Heimatstadt treiben. Oder es ist der Tod seines älteren Bruders, drei Jahre später, der ihn zur Rückkehr bewegt. Sicher ist nur: Ab 1448 lebt Gutenberg wieder in Mainz. Experimentiert und sucht kapitalkräftige Partner. Und wie zuvor findet er – dank seiner Eloquenz und dem Vorhaben, das immer klarere Konturen annimmt – nahezu problemlos neue Geldgeber.

Im Oktober 1448 leiht ihm sein Vetter 150 Gulden, verzinst mit fünf Prozent. Ein gutes Jahr später gewährt der Investor Johannes Fust einen Kredit von 800 Gulden und schießt bald darauf noch einmal die gleiche Summe zu. Ein ordentliches Bürgerhaus kostet etwa 500 Gulden – das Unternehmen hat also beeindruckende Dimensionen angenommen.

Dann ist es so weit. Nach mehr als anderthalb Jahrzehnten Entwicklungsarbeit trocknen die ersten Drucke in der Mainzer Werkstatt. Das Grundprinzip der Erfindung ist genial einfach: Gutenberg löst Texte in ihre kleinsten Bestandteile auf, in die 26 Buchstaben des lateinischen Alphabets sowie in häufig vorkommende Abkürzungen und Vorsilben.

Mit Einzellettern aus Metall kann er beliebige Texte zusammensetzen und die Teile zudem immer wieder verwenden. Um die Farbe von den Typensätzen auf Papier zu übertragen, nutzt er den gleichmäßigen Druck einer Spindelpresse.

Das Verfahren besteht aus einer Vielzahl neuartiger Details. Gutenberg hat ein Instrument zum Guss der Lettern ersonnen sowie eine Legierung aus Blei, Zinn, Kupfer, Eisen und dem seltenen Halbmetall Antimon, die ihm als Rohmaterial für die Buchstaben dient; er hat für die Druckerschwärze eine passende Mischung aus Öl, Lampenruß, Firnis und anderen Zutaten gefunden und gemeinsam mit Drechslern eine Presse konstruiert, die seinen Anforderungen entspricht.

Schon bald machen sich Fust und Gutenberg an die Herausgabe einer repräsentativen Bibel. Ein gigantisches Vorhaben und Härtetest für die neue Technik. Der Paukenschlag, der den Durchbruch bringen soll.

ANFANG 1453. Mehr als 20 Leute arbeiten nun in den kalten Werkstatträumen. Sechs Setzer hocken vor großen Kästen mit Dutzenden von Fächern. In raschem Tempo greifen sie nach den dort abgelegten Metall-Lettern und fügen Buchstabe für Buchstabe zu Zeilen zusammen, aus denen sie schließlich die Seiten auf einem Holzbrett aufbauen. Etwa 60 000 Typen mussten zuvor gegossen werden, darunter auch gleiche Buchstaben in unterschiedlichen Breiten, damit die Setzer die Zeilen zum Blocksatz austarieren können.

Hilfskräfte färben die Satzspiegel mithilfe halbkugelförmiger Ballen aus Leder ein. An sechs wuchtigen hölzernen Pressen, die fast bis zur Decke reichen, arbeiten jeweils zwei Drucker. Sie platzieren die Sätze, fixieren das befeuchtete Papier kurz über den schwarz glänzenden Buchstabenreihen. Drehen über einen Hebel die mächtige Gewindestange – und mit einem Ruck senkt sich die schwere Druckplatte auf das Papier. Für jedes Blatt aufs Neue. 230 760-mal.

Dann sind die 180 Rohexemplare der 1282 Seiten starken Bibel fertig. Gutenberg und seine Mitarbeiter brauchen dafür etwa drei Jahre. Ein professioneller Schreiber könnte in gleicher Zeit gerade ein einziges Exemplar vollenden. Gut ein Viertel der Bibeln haben die Männer auf Pergament gedruckt: getrockneter Tierhaut. Den Rest auf dem noch recht jungen, aber günstigeren Papier, das aus Textilfasern geschöpft wird.

Gutenberg hat nur den reinen Text in schwarzer Farbe abgebildet. Die roten Zeilen, die üblicherweise Anfang und Ende der Evangelien und Bücher kennzeichnen, überlässt er den geschickten Händen von professionellen Schreibern. Die Verzierungen der Seitenränder mit Blumenranken oder ausschweifende Ornamente steuern traditionelle Buchmaler bei.

Und schließlich, irgendwann im Jahr 1454, kann Johannes eines der ersten fertigen Bücher begutachten.

Die Zeitgenossen sind begeistert. Noch ehe die letzte Bibel die Pressen verlässt, sind bereits alle Exemplare verkauft. Bischof Enea Silvio Piccolomini, der Sekretär Kaiser Friedrichs III., feiert den Erfinder, nachdem er ihn 1454 auf der Frankfurter Herbstmesse getroffen hat, als „bewundernswerten Mann".

Dessen Bibel, so Piccolomini in einem Brief, sei „in höchst sauberer und korrekter Schrift ausgeführt". Mühelos und ganz „ohne Brille" habe er sie lesen können. Sogar der Kaiser habe schon einige Lagen jener so erstaunlichen Druckblätter zu Gesicht bekommen.

Gutenbergs Novität verbreitet sich mit ungeheurer Geschwindigkeit und Wucht. Von Valencia bis Danzig, von London bis Neapel, selbst im fernen Konstantinopel vervielfältigen Menschen Texte bald mithilfe beweglicher Lettern. Drucker arbeiten in mehr als 40 Städten. Allein in Rom eröffnen mehr als drei Dutzend Offizine. Bis zum Jahr 1500 werden auf dem gesamten Kontinent wahrscheinlich etwa 40 000 Buchtitel gedruckt, insgesamt vielleicht acht Millionen Exemplare. Eine nie da gewesene Zahl neuer Schriftstücke.

Immer mehr Menschen lernen lesen, denn immer mehr Menschen können es sich nun leisten, zu lesen. Innerhalb von 30 Jahren nach Gutenbergs Erfindung fallen die Preise für Bücher um 75 Prozent. Mehr und mehr werden die großformatigen Folianten durch handlichere Bücher abgelöst. Und für das breitere Publikum veröffentlichen die Verleger auch Romane, spannende Reiseberichte und satirische Erzählungen auf Deutsch, Italienisch oder Französisch.

Drucke, auf einzelnen Blättern gefertigt, informieren jetzt massenhaft über sensationelle Ereignisse, über Wundergeburten oder Kriegsausbrüche, über falsche Münzen genauso wie Überschwemmungen.

„Newe Zeytungen" – „neue Nachrichten" – heißen diese noch unregelmäßig erscheinenden Blätter, die Vorformen moderner Zeitungen.

Besonders die Humanisten preisen die Erfindung des Buchdrucks. Fest glauben die Anhänger dieser Geisteshaltung daran, dass durch das Studium bislang schwer zugänglicher antiker Texte die Wissenschaften nördlich der Alpen eine solche Blüte erleben werden wie in Italien. Dass die Menschen, so ihre Überzeugung, zu ethisch vollkommeneren Individuen reifen werden.

Der Buchmarkt ist bald voll von den Schriften Vergils und Ciceros, von den Fabeln Äsops, den medizinischen Traktaten des antiken Arztes Galen.

In den wachsenden privaten Bibliotheken stehen sie neben den neueren Werken von Humanisten wie Leonardo Bruni, Francesco Petrarca und Erasmus von Rotterdam – von Gelehrten, welche die Würde des Individuums feiern und das Ende des Mittelalters proklamieren. Wie kaum eine andere Geistesbewegung profitiert der Humanismus von der neuartigen Kommunikationstechnik Gutenbergs – und sorgt zugleich dafür, dass deren Siegeszug anhält.

Fast alle Städter kochen über offenem Feuer, wie in diesem Wirtshaus, wo ein Küchenjunge den Fleischspieß dreht. Manche Häuser der Armen haben nicht einmal Kaminabzüge. Der Rauch, der die Räume erfüllt, greift Augen und Lungen an

Ein Triumph, der schließlich sogar die mittelalterliche Allmacht der Kirche erschüttert. Der Wittenberger Theologe Martin Luther geißelt zu Beginn des 16. Jahrhunderts deren Lehre als Menschenwerk; allein die Bibel bezeuge Gottes Offenbarung. Deshalb müsse jeder Laie selbst die Heilige Schrift in die Hand nehmen, um die göttliche Wahrheit zu erfahren.

Ein Wunsch, der dank des Buchdrucks auch zu erfüllen ist: Einfache Gebrauchsbibeln sind bald in großer Zahl erhältlich. Allein Luthers Übersetzung des Alten und Neuen Testaments ins Hochdeutsche verkauft sich bis zu dessen Tod im Jahr 1546 mehr als eine halbe Million Mal. Zusammen mit seinen kämpferischen Schriften für eine grundlegende Reform der Kirche machen Luthers Veröffentlichungen ein Drittel aller auf Deutsch erscheinenden Bücher in der ersten Hälfte des 16. Jahrhunderts aus.

Auch wenn Luthers Gegner, die Vertreter der römischen Kirche, zu Tausenden Pamphlete drucken lassen, um die Einheit der Kirche zu retten: Die fast überall verbreiteten Texte des Reformators, die zahllosen Flugschriften seiner Sympathisanten, Mitstreiter und Unterstützer entzweien schließlich die abendländische Christenheit – für immer.

Unterdessen entwickeln die Drucker ihre Technik kontinuierlich weiter. Die Schriftqualität steigt dank besser geschnittener Typen, die Seiten erstrahlen im Mehrfarbdruck, selbst Verzierungen können bald mit Pressen gefertigt werden. Neu eingeführte Titelblätter werben für den Inhalt; Paginierung und Register helfen erstmals, sich zu orientieren. Doch das Grundprinzip des Buchdrucks bleibt stets das gleiche – bis die Industrialisierung im 19. Jahrhundert die dampfgetriebene Schnellpresse und den Maschinensatz hervorbringt.

Gutenberg kann davon im Jahr 1454 freilich nichts ahnen. Voller Stolz registriert er jedoch, auf was für ein Echo seine Erfindung stößt. Nach dem Bibelprojekt widmet er sich weniger repräsentativen Aufgaben: Er druckt Ablassbriefe, Schulbücher, eine päpstliche Bulle gegen die Türken, später astronomische Planetentafeln, einen medizinischen Kalender sowie eine Liste der römischen Kirchenprovinzen.

Die Geschäftspartnerschaft mit Johannes Fust löst sich schon bald wieder auf. Nach einem heftigen Streit sehen sich beide im Frühjahr 1455 vor dem Mainzer Stadtgericht wieder. Fust klagt Gutenberg an, ihm Zinsen für seine enormen Kredite vorzuenthalten. Gemäß den gängigen Prozessregeln muss Gutenberg eine Antwort formulieren. Nach der Gegenrede Fusts und einer nochmaligen Replik Gutenbergs, der Nachrede, stellt der Richter zwar im Sinne Gutenbergs fest, dass ein Teil des Fustschen Geldes kein Kredit, sondern eine echte Beteiligung am Unternehmen war.

Dennoch ist der Erfinder bei seinem Partner so hoch verschuldet, dass er ihm einen großen Teil des Inventars – Pressen, Typen, Material – überlassen muss. Fust betreibt fort-

Häufig wechselt Gutenberg den Wohnort – wohl auch in Reisewagen wie diesem. Die letzten Jahre verbringt der Erfinder jedoch wieder in seiner Heimatstadt Mainz

an eine eigene Druckerei. Doch der Markt für Bücher und Flugschriften ist groß genug für viele, und er wächst beständig.

Sein wohl letztes großes Werk, eine Art biblische Enzyklopädie, versieht der alternde Meister mit einer selbstbewussten Schlussschrift: „Im Jahre der Menschwerdung des Herrn 1460 in Mainz ist dieses vortreffliche Buch nicht mithilfe von Schreibrohr, Griffel und Feder, sondern mit der wunderbaren Harmonie und dem Maß der Typen und Formen gedruckt und vollendet worden."

Und noch einmal wird sich auf dramatische Weise das Schicksal Gutenbergs mit dem seiner Stadt verbinden.

In der Nacht zum 28. Oktober 1462 übersteigen mehrere Hundert bewaffnete Söldner die Mainzer Stadtmauer. Ein Jahr zuvor hat Papst Pius II. den ihm feindlich gesinnten Erzbischof Diether von Isenburg abgesetzt – und zum neuen Amtsträger Adolf von Nassau erhoben, einen ehemaligen Domherrn. Als Diether von Isenburg sich weigert, dies hinzunehmen, entspinnt sich zwischen den beiden Kirchenmännern ein erbitterter Konflikt.

Der Mainzer Rat ist lange Zeit unentschlossen, welchen der Kontrahenten die Stadt unterstützen soll. Schließlich schlägt er sich auf Diethers Seite. Ein Fehler. Denn der Schlag Adolfs von Nassau ist verheerend.

Fast zehn Stunden wüten am 28. Oktober 1462 die Kämpfe in den Straßen. Dann müssen die Bürger vor den Truppen Adolfs kapitulieren. Mehr als 500 Menschen sterben, 150 Häuser und Höfe brennen nieder. Und der Sieger zeigt wenig Erbarmen: Adolf von Nassau verbannt einen Großteil der männlichen Bürger aus der Stadt, darunter wahrscheinlich auch Gutenberg.

Nach der gewaltsamen Einnahme lässt sich der Erzbischof von der Bürgerschaft Gehorsam schwören. Zudem schafft er im Rausch seines Sieges sämtliche Privilegien ab, die seine Vorgänger sowie die römisch-deutschen Könige den Mainzer Bürgern seit 1244 verliehen haben. Nun regiert kein gewählter Rat mehr die Stadt. Stattdessen benennt der Bischof einen Hauptmann, der in seinem Namen willfährig die Verwaltung führt. Der Kurfürst ist unumschränkter Herrscher, die einst stolze Kommune der Bürger nurmehr eine auf ihn ausgerichtete Residenzstadt.

Das Schicksal von Mainz ist kein Einzelfall. Auch andere Städte in Deutschland verlieren am Ende des Mittelalters ihre Autonomie, die Zeit des politisch unabhängigen städtischen Bürgertums geht zu Ende. Nach und nach verstärken mächtige Regionalherren ihre Kontrolle über Land und Stadt, ausgerüstet mit Waffen, die im Konfliktfall so gut wie jede Befestigungsanlage überwinden können.

Die Fürsten integrieren die Städte allmählich in eine wachsende flächendeckende Verwaltung, beginnen, die städtische Wirtschaft stärker im Sinne ihres Landes zu steuern. Ihre auf diese Weise neu geordneten Territorien bilden die Frühformen moderner Staatswesen. Werden nun Städte gegründet, sind sie von vornherein auf die Bedürfnisse des fürstlichen Hofes und des Territorialstaates zugeschnitten.

Nach den Kämpfen in Mainz geht Gutenberg im Herbst 1462 wahrscheinlich nach Eltville, ins Haus des verstorbenen Bruders. Doch macht er erstaunlich schnell seinen Frieden mit Erzbischof Adolf, der sich häufig in seiner Eltviller Burg unweit des Gutenbergschen Anwesens aufhält.

Der Fürst erkennt wohl, wie nützlich die neue Technik und ihr Erfinder für seine Politik, für Propaganda in eigener Sache sein können: Er ernennt Gutenberg 1465 zum Hofmann. Der Drucker, offensichtlich geschmeichelt, schwört dem Bischof Treue und erhält dafür die Steuerfreiheit auf Wein, Korn und andere Grundnahrungsmittel. Möglicherweise stellt ihm der Herrscher auch eine neue Bleibe in Mainz.

Der alternde Erfinder ***sorgt sich um sein Seelenheil***

VON DEN LETZTEN JAHREN des Meisters ist wenig bekannt. Lange zuvor schon, irgendwann nach seiner Rückkehr aus Straßburg 1444, hat Gutenberg erfolgreich um Aufnahme in die Bruderschaft des Mainzer St.-Viktor-Stifts gebeten – wohl aus Sorge um sein Seelenheil: Die Brüder sollen ihm, wenn es denn so weit ist, ein angemessenes Begräbnis bereiten.

Wahrscheinlich hat er der Bruderschaft auch Geld gestiftet, damit ihre Mitglieder nach seinem Tod regelmäßig für ihn beten. Das empfehlen jedenfalls die *artes moriendi*: Schriften über die „Kunst des Sterbens", welche die christliche Vorbereitung auf den Tod lehren.

Denn der Tod eines Menschen ist zu jenen Zeiten dicht umsäumt von Ritualen. In der Regel begibt sich ein Priester, begleitet von singenden Chorknaben und unter dem Geläut der Kirchenglocken, zum Haus des Sterbenden. Nachbarn, Freunde, Bürger schließen sich an. Am Totenbett spendet der Geistliche Sterbesakramente, so die Letzte Ölung. Später wird der Leichnam, gewickelt in ein Leichentuch, umschlossen von einem hölzernen Sarg, in feierlichem Zug zur Kirche getragen. Manche der Trauergäste sind bunt gekleidet, denn die Farbe Schwarz setzt sich erst allmählich als Symbol der Trauer durch.

Aus vielen Kehlen erklingen die Fürbitten und Gesänge in der Kirche. Schließlich betten die Träger den Leichnam des Verstorbenen in sein Grab.

Und so war es vielleicht auch in den Tagen nach jenem 3. Februar 1468, an dem der fast 70-jährige Johannes Gensfleisch starb, der sich Gutenberg genannt hatte und den die Nachwelt schon bald verehrte als Auslöser einer beispiellosen Medienrevolution.

Als einen der bedeutendsten Menschen des gesamten Mittelalters.

Martin Luther als Instrument des Teufels: Im Kampf der Konfessionen ist die Karikatur für beide Seiten eine wichtige Waffe. Denn ihre Botschaften verstehen auch jene, die nicht lesen können

Das ENDE der Gewissheit

Ein einfacher Augustinermönch fordert die katholische Kirche heraus. Martin Luther kritisiert Ablasshandel und klerikalen Prunk, wettert wider das verrottete Rom, schmäht den Papst als Antichrist, fordert, dass jeder Mensch die Bibel selbst auslegen soll, um zu Gott zu finden. Der Wittenberger löst damit eine religiöse Revolution aus – und zerstört die Einheit der mittelalterlichen Glaubenswelt

Text: RALF BERHORST und CAY RADEMACHER

Es ist Mittwoch, der 17. April 1521. Viele Menschen sind vor dem Bischofshof in Worms zusammengelaufen. Neugierige steigen auf Dächer, um die Ankunft jenes Mannes zu verfolgen, dessen Schriften Hunderttausende lesen, obwohl ihn der Papst als Ketzer verurteilt hat und seine Bücher verbrannt werden müssen.

Heute soll sich Martin Luther vor dem Reichstag rechtfertigen – und er soll widerrufen.

Die beiden kaiserlichen Beamten, die den Mönch um 16 Uhr aus seinem nur 200 Meter entfernten Quartier abholen, geleiten ihn über Nebenwege zum Hintereingang des Bischofshofes. Doch auch auf diesen Pfaden müssen sie sich an Schaulustigen vorbeidrängen.

Luthers Begleiter führen ihn über einige Stufen hinauf zum Auditorium, in dem bereits der Kaiser und die deutschen Kurfürsten sowie Dutzende andere Männer auf ihn warten: Bischöfe und weltliche Fürsten, Grafen, Reichsritter, Delegierte der Freien Reichsstädte und Diplomaten europäischer Königshäuser.

Der Mönch ist nervös, als er den Saal betritt; er hat einen Juristen und einige Getreue in seinem Gefolge. Sofort richten sich die Blicke der hohen Herren auf ihn. Der 37-Jährige wirke „derb von Körperbau und Antlitz", wie ein spanischer Höfling bemerkt, „mit nicht besonders guten Augen, die Miene beweglich".

Luther ist ein knochiger Mann, der Schädel wuchtig und hart von jahrelanger mönchischer Askese (dick wird er erst später werden), in den braunen Augen ein Blick, der kaum zu deuten ist.

Er trägt die schwarze Kutte des Augustinerordens, gegürtet mit einem Lederriemen. Seine Tonsur ist frisch rasiert, nur ein schmaler Haarkranz umgibt das kahle Haupt. Er ist das höfische Parkett nicht gewohnt; unruhig lässt er den Blick durch den niedrigen Raum schweifen, der viel zu klein ist, um die zahlreichen Zuhörer zu fassen, die gekommen sind.

Erleichtert erkennt der Mönch einen Bekannten in der Nähe und spricht ihn an. Doch da ermahnt ihn einer der kaiserlichen Beamten, nicht ungefragt das Wort zu ergreifen. Dass der im Hofzeremoniell Unerfahrene noch immer den Kopf hin und her wendet, ist ein weiterer Affront in Gegenwart des Kaisers.

Hat Luther in seiner Aufregung den Monarchen noch gar nicht bemerkt?

Denn zwischen all den vor Leibesfülle und Selbstbewusstsein strotzenden Großen, mächtige, trinkfreudige, kriegerische Gestalten zumeist, mit goldenen Ketten behangen, die Gesichter von wallendem Haupt- und Barthaar umrahmt, sitzt auf einem Thronsessel, schmächtig, schmal, blass, Kaiser Karl V.

Der 21-Jährige ist Erbe des größten Weltreichs der Epoche, Kaiser des Heiligen Römischen Reiches deutscher Nation, König von Spanien und Neapel, Herr über die Niederlande und Machthaber über Territorien in Lateinamerika.

Ein Dolmetscher hält sich in Karls Nähe bereit, um das gleich beginnende Verhör zu übersetzen, denn der Sohn eines Habsburgers und einer Spanierin spricht nur wenige Worte Deutsch. „Der soll mich nicht zum Ketzer machen", entfährt es ihm beim Anblick Luthers.

Am liebsten würde Karl den aufsässigen Mönch verhaften lassen. Aber er muss klug vorgehen. Eine Mehrheit der im Saal versammelten weltlichen Würdenträger will dem beim Volk beliebten Ketzer Gelegenheit geben, zum katholischen Glauben zurückzukehren.

Es wird still im Saal, als der Sprecher der Versammlung hervortritt.

Mit lauter Stimme wendet er sich an den Mönch, der ihm stehend zuhören muss: „Martin Luther, die kaiserliche Majestät hat dich aus zwei Gründen hierherkommen lassen. Zuvorderst, um zu erfahren, ob du dich hier öffentlich zu den Büchern bekennst, die bisher unter deinem Namen verbreitet worden sind. Tust du das, so sollst du zweitens erklären, ob du ihren Inhalt aufrechterhalten oder etwas davon widerrufen willst."

Noch ehe Luther antworten kann, ruft sein Rechtsbeistand: „Man verlese die Titel." Daraufhin führt der Sprecher eine große Zahl von Schriften an, die alle auf einer Bank aufgestapelt liegen. Es sind Werke, in denen Luther das Ablasswesen kritisiert, mehrere kirchliche Sakramente verworfen und die Autorität des Papstes angezweifelt hat. Zuletzt immer schärfer und polemischer im Ton.

Jetzt endlich ist es an dem wortgewaltigen Prediger, zu antworten. Doch Luther spricht so leise, dass viele in dem überfüllten Saal ihn kaum verstehen.

„Die genannten Bücher muss ich als die meinen bezeichnen und werde niemals eines verleugnen", beginnt er.

Er wirkt erschrocken, ja ängstlich. Offenbar ist Luther überrascht. Denn in der Vorladung nach Worms war von einem Widerruf nicht die Rede, nur von einer „Erkundigung" über den Inhalt seiner Schriften. Auf ein Dementi ist der Wittenberger Mönch nicht vorbereitet.

So weicht er aus: „Weil es sich hierbei um den Glauben und das Seelenheil handelt und das Größte im Himmel und

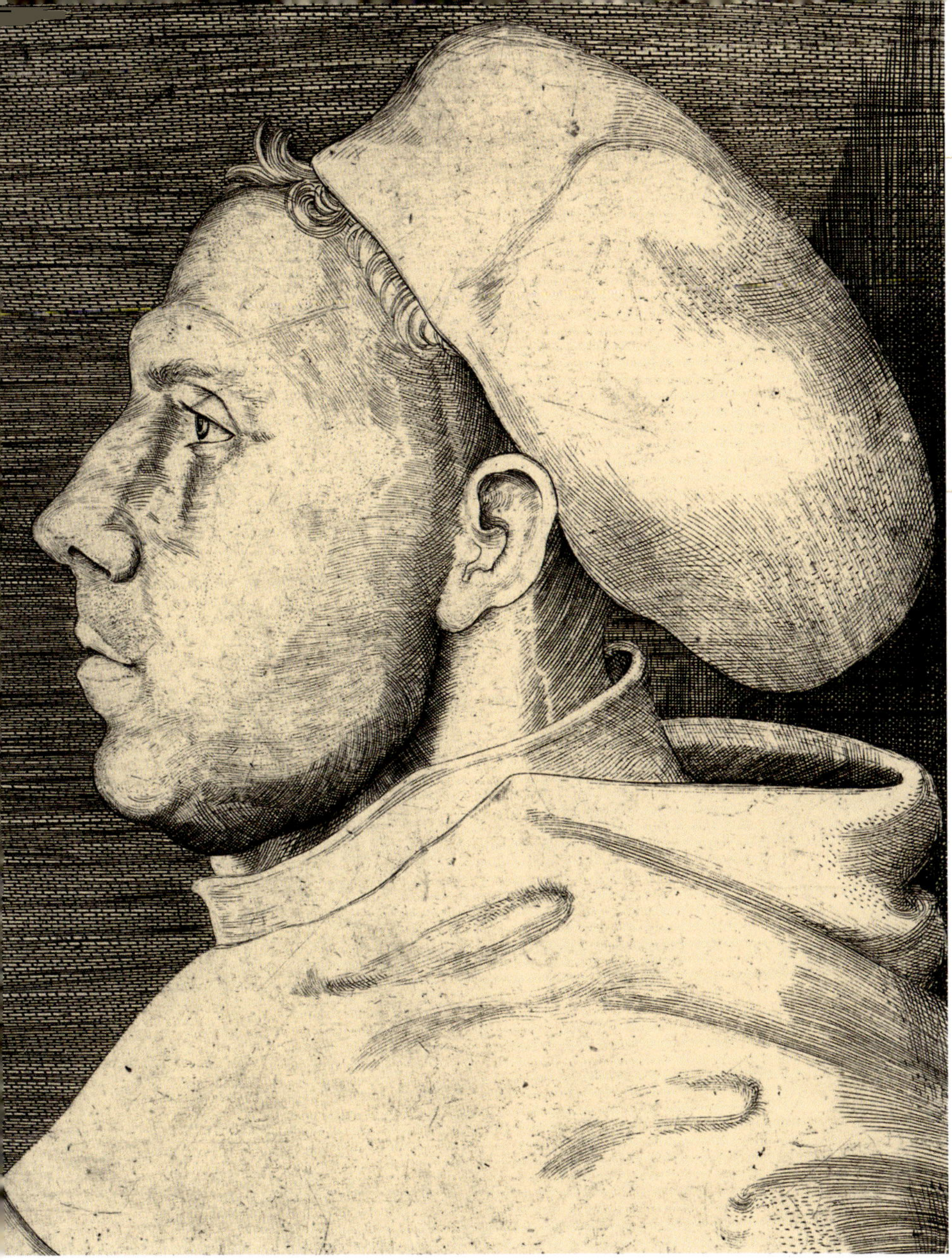

Der junge Theologieprofessor Martin Luther, hier 1521 mit Doktorhut, ist ein bekannter Bibelgelehrter – und ein wortgewaltiger Prediger (Porträt von Lucas Cranach dem Älteren)

auf Erden, das Wort Gottes, betrifft, so darf ich mich nicht dreist der Gefahr aussetzen, dass ich ohne Vorbereitung etwas behaupte, wodurch ich entweder meiner Sache oder aber der Wahrheit etwas vergeben könnte. Deshalb bitte ich in Demut Eure kaiserliche Majestät um Bedenkzeit, damit ich, ohne das Gotteswort zu verletzen und meine Seele zu gefährden, die rechte Antwort auf die Frage geben möge."

Diese Worte lösen Unruhe aus – auch unter jenen, die Luther wohlgesinnt sind. Ist er seiner Sache nicht mehr sicher? Beeindruckt ihn die Kulisse des Reichstages, die Gegenwart des Kaisers?

Karl V. zieht sich mit Fürsten zur Beratung zurück. Nach einer Pause gibt der Sprecher ihre Entscheidung bekannt: Zwar habe Luther kein Anrecht auf eine Bedenkzeit, doch der Kaiser gestehe ihm eine letzte Frist zu. Am Tag darauf, zur gleichen Stunde, solle der Mönch erneut erscheinen.

Als Luther den Saal verlässt, wirkt er niedergeschlagen. Er hat durch seinen kleinlauten Auftritt, der sich rasch auch in der Menge vor dem Bischofshof herumspricht, an Ansehen eingebüßt. Viele seiner Anhänger sind enttäuscht.

Die kaiserlichen Beamten führen ihn zu seiner Herberge zurück. Nicht einmal 24 Stunden bleiben Luther für eine endgültige Replik. Für eine Antwort, von der sein Leben abhängen kann.

ES IST EIN WEITER WEG, der ihn bis vor den Kaiser des Heiligen Römischen Reiches geführt hat. Martin Luther, geboren am 10. November 1483 in Eisleben, stammt aus einer Familie von Bauern. Erst sein Vater hat sich im Kupferbergbau bis zum Minenpächter emporgearbeitet.

Martin, das älteste und begabteste von mindestens sechs Kindern, erhält eine gute Ausbildung. Mit 18 beherrscht er das Lateinische so perfekt, dass er in der Sprache der Gelehrten zu reden vermag. Er beginnt an der Universität Erfurt ein philosophisches Grundstudium, der Vater trägt die Kosten. 1505, nach vier Jahren, legt Luther das Magisterexamen als Zweitbester ab. Dann schreibt er sich, dem Wunsch des Vaters folgend, an der juristischen Fakultät ein.

Doch mitten im ersten Semester unterbricht er seine Studien, um zu den Eltern zu reisen – ein ungewöhnlicher Schritt. Kein Brief enthüllt den Grund dafür. Ist er in eine religiöse Krise geraten?

Daheim im Elternhaus ist es immer gottesfürchtig, aber keineswegs frömmelnd zugegangen. Bis zur Studienzeit hat Luther nie eine Bibel in die Hand genommen. In der Erfurter Universitätsbibliothek liest er erstmals in der Heiligen Schrift, mit wachsendem Interesse.

In der Stadt stehen 36 Kirchen und viele Klöster; auch der Tagesablauf im Studentenheim ist stark von der Religion geprägt, die Bewohner treffen sich zu regelmäßigen Andachten. Irdische Zerstreuungen wie Tanz und Kartenspiel sind verboten, auch unmäßiges Trinken und der Kontakt zu Frauen. So bleibt die Furcht um das eigene Seelenheil stets gegenwärtig. Ist es diese Sorge, die Luther vor seiner rätselhaften Reise bedrängt?

„Immer trauriger einhergehend", wie er rückblickend notieren wird, wohl unglücklich mit dem Jurastudium, sucht der 21-Jährige Trost in der Bibel. Gut möglich, dass er fürchtet, auf dem vom Vater vorgezeichneten Weg seine Bestimmung zu verfehlen – und deshalb vor Christus nicht bestehen zu können.

Doch bräche er die Ausbildung vorzeitig ab, würde er gegen den Willen seines Vaters handeln. Und damit sündigen. Denn das vierte Gebot verlangt von den Kindern Gehorsam gegenüber den Eltern. Eine ausweglose Situation: Auch als Sünder muss er fürchten, am Jüngsten Tag vom Heiland verstoßen zu werden.

Auf dem Rückweg nach Erfurt widerfährt Luther etwas, das ihm wie eine Vorahnung des göttlichen Strafgerichts erscheinen muss und zum Wendepunkt in seinem Leben wird.

Am 2. Juli 1505 gerät er in der Nähe Erfurts in ein heftiges Sommergewitter. Ein Blitz schlägt neben ihm ein, wirft ihn wahrscheinlich sogar um und verletzt ihn am Bein. Der Schlag versetzt den Studenten in Todesangst. In seiner Not ruft Luther die heilige Anna um Beistand an und gelobt für den Fall, dass er überlebt: „Ich will ein Mönch werden."

Doch zurück in Erfurt, bereut er das Gelübde und quält sich mit der Frage, wie bindend ein Versprechen sein kann, das er in nackter Panik abgegeben hat. Er fragt Freunde. Sie beschwören ihn, sein weltliches Leben nicht aufzugeben. Dennoch beschließt er nach 15 Tagen Bedenkzeit, in ein Kloster zu gehen.

Denn inzwischen hat Luther Gewissheit: Gott hat ihn berufen, und daher muss er von dem durch den Vater vorbestimmten Weg abweichen. Nur so kann er den strafenden Gott milde stimmen.

Unter den zahlreichen Klöstern Erfurts wählt er das der Augustiner-Eremiten – wahrscheinlich, weil in der Gemeinschaft brillante Theologen leben. Am 17. Juli 1505 geht er durch die Ordenspforte und gibt, zur Enttäuschung des Vaters, sein bisheriges Leben auf.

Nach einem Jahr legt er ein dreifaches Gelübde ab, schwört Gehorsam gegenüber Gott, der Jungfrau Maria und der Ordensregel und verpflichtet sich zu einem Leben in Armut und Keuschheit. 1507 wird er zum Priester geweiht.

D

Doch ständig ringt Luther mit seinen inneren Dämonen. „Ich habe auch wollen ein heiliger frommer Mönch sein", wird er später niederschreiben, „und habe mich mit großer Andacht zur Messe und zum Gebet bereitet. Aber wenn ich am andächtigsten war, so ging ich als Zweifler zum Altar, und als Zweifler ging ich wieder davon." Er fastet und wacht in den Nächten fast bis zum Zusammenbruch. Er beichtet, stundenlang, bis sein entnervter Beichtvater seine Geständnisse nur noch „töricht" schimpft.

Luther weiß, dass er ein Sünder ist. Aber ist er deshalb für immer verloren?

Wie kann er je Gewissheit haben, dass Gott ihn doch erretten wird? „Keine Zunge kann sagen, keine Feder kann beschreiben", gesteht er, „was der Mensch in solchen Augenblicken leidet. Da erscheint Gott über alle Begriffe furchtbar in seinem Zorn. Keine Flucht ist möglich. Nichts ist da, was trösten könnte."

Die Furcht treibt ihn zum unentwegten Studium der Bibel an, bald ist er in der Heiligen Schrift phänomenal bewandert. Und so bestimmen ihn seine Oberen zum Theologiestudium in Erfurt.

1508 hält er an der neuen Universität im 135 Kilometer entfernten Wittenberg sogar erste Lehrveranstaltungen ab. Die Stadt besitzt die einzige Hochschule Kursachsens. Dessen Landesherr, Friedrich der Weise, ist einer der sieben mächtigen Kurfürsten, die den römisch-deutschen Herrscher wählen. 1512 wird der junge Mönch zum Doktor der Theologie promoviert. Der akademische Grad bedeutet Luther viel: Mit ihm erwirbt er das Recht, im akademischen Meinungsstreit der Theologen eine eigene Position geltend zu machen, natürlich nur in den Grenzen der von der Kirche festgelegten Lehre. Auf dieses Privileg aber wird er sich schon bald gegenüber höchsten Autoritäten berufen.

Im selben Jahr erhält der 29-Jährige in Wittenberg eine theologische Professur. Die Auslegung der Bibel ist nun sein Beruf. Neu und teils im Widerspruch zur Lehrtradition erklärt der junge Professor den Studenten die Heilige Schrift.

Gewöhnlich stützen sich die Theologen bei ihren Traktaten auf die philosophischen Werke des Aristoteles und andere Abhandlungen, in Jahrhunderten angehäuft von ihren Vorgängern.

Luther hat die Bücher dieser Autoritäten intensiv studiert. Doch kümmert er sich nicht um deren überkommene Lehren. Vielmehr sucht er die Offenbarungen der Psalmen und Apostelbriefe aus der Bibel selbst zu erfassen – durch meditative Vertiefung in die Texte.

Eine Passage aus dem Brief des Apostels Paulus an die Römer wird ihm dabei zum Schlüsselerlebnis: „Die Gerechtigkeit", heißt es darin, „die vor Gott gilt [und die] aus Glauben in Glauben" kommt, offenbare sich im Evangelium.

Was bedeutet das? Wie wohl alle Theologen der Zeit hat Luther den Satz lange als Drohung gelesen; er dachte dabei an den strafenden Gott des Jüngsten Gerichts und erschauderte.

Jetzt geht ihm plötzlich auf: Von der Gerechtigkeit als einem Geschenk ist hier die Rede. Einem Geschenk, das Gott den Menschen durch den Glauben zukommen lässt. Eine Gnade.

Luther ist wie befreit von seinen Ängsten: „Da hatte ich das Gefühl, ich sei geradezu von Neuem geboren und durch geöffnete Tore in das Paradies eingetreten. Da zeigte mir sogleich die ganze Schrift ein anderes Gesicht." Er vertieft sich in die Psalmen und andere Bücher der Heiligen Schrift. Inzwischen locken seine Vorlesungen stets mehr als

300 Studenten an, denn Luther redet mitreißend und überzeugend, seine Methodik ist bahnbrechend und stößt in der Gelehrtenwelt auf großes Interesse. So wird die junge Universität Wittenberg über die Grenzen Kursachsens bekannt.

AUCH ALS SEELSORGER ist Luther beliebt. Um Ostern 1517 erfährt er durch seine Beichtkinder von einem Dominikanermönch, der den Gläubigen gegen ein paar Gulden den Ablass verspricht, also die Tilgung von Sündenstrafen.

Zwar geschieht dies nicht im kursächsischen Wittenberg, denn dort ist der Verkauf der Briefe nicht erlaubt. Doch eilen viele Gläubige in die Städte benachbarter Länder, etwa nach Magdeburg, um sich von der Sündenstrafe freizukaufen.

Luther selbst hat den Ablassprediger nie gehört, wettert aber von der Kanzel gegen die Marktschreierei des Dominikaners. Den Ablass als solchen stellt er nicht infrage, wohl aber die unfromme Geschäftstüchtigkeit, mit der Gnade und Gerechtigkeit zu Handelsgütern werden.

Nach der Vorstellung der Kirche kann der Priester einen Beichtenden zwar von seinen Sünden freisprechen. Doch der reuige Sünder muss zu Lebzeiten dennoch mit einer Strafe für seine Verfehlungen rechnen – etwa mit Krankheit, Hunger oder anderem Leid.

Diese Strafe kann ihn aber auch erst nach dem Tod ereilen, wenn die Seele eine bestimmte Zeit im läuternden Fegefeuer ausharren muss.

Als widernatürliches Mischwesen schmäht dieses Bild 1523 den Papst: Esel und weiblicher Torso symbolisieren die Dekadenz und Wollust der katholischen Kleriker

Zur Erleichterung vieler Gläubiger kommt im 11. Jahrhundert das Ablasswesen auf. Durch eine Geldzahlung vermag der Sünder seither eine Reduzierung der Strafen zu erwirken. Nur der Papst, Kardinäle, Bischöfe und Legaten können einen solchen Nachlass gewähren: Von ihnen ausgestellte Ablassbriefe werden von Predigern an die Gläubigen verkauft.

Jahrhundertelang ist der Ablasshandel eine wichtige Einnahmequelle für die Kurie. Päpste finanzieren damit ihr luxuriöses Leben: Künstler müssen bezahlt werden, Feste und Maskenbälle, der Bau von Kathedralen, Straßen und Brücken. Und nicht zu vergessen die Kriege, die der Kirchenstaat in Italien gegen Rivalen wie Venedig führt, mit teuer eingekauften Schweizer Landsknechten.

Auch Fürsten und Bischöfe verdienen an dem Verkauf solcher Briefe: Ein Teil der Gelder fließt in ihre Kassen.

1515 schreibt Papst Leo X. einen Ablass für alle Kirchenprovinzen des Markgrafen Albrecht von Brandenburg aus: als Teil eines ebenso anrüchigen wie komplizierten Geschäfts. Denn Albrecht, Erzbischof von Magdeburg, ist seit Kurzem auch Kurfürst und Erzbischof von Mainz – und dieser durch das Kirchenrecht eigentlich verbotenen Ämterhäufung hat Leo erst nach Erhalt einer großen Summe Geldes zugestimmt.

Im Gegenzug hilft er dem hoch verschuldeten Doppelerzbischof mit dem Ablass: Albrecht darf die Hälfte der gezahlten Beträge behalten. Der Rest geht an den Papst, der so den Bau der neuen Peterskirche in Rom finanzieren will.

Ab 1517 bringt der Dominikaner Johannes Tetzel für Albrecht den Petersablass in den Bistümern Magdeburg und Halberstadt unters Volk. Wer einen Brief erwirbt, kann sich dafür angeblich sogar von den Sündenstrafen für Ehebruch und missachtete Gelübde befreien.

Tetzel zieht von Stadt zu Stadt, begleitet von Predigern und Beichtvätern. Wo er auftaucht, sind alle anderen Sermone verboten. Zahlen muss jeder nach

Lucas Cranach der Ältere ist ein Propagandist der neuen Lehre. Der Maler übersetzt Luthers Predigten in zahllose Gemälde und Flugblätter, die zu Hunderttausenden in Deutschland verbreitet werden

seiner Leistungskraft: Grafen sechs bis zehn Gulden, Bürger und Kaufleute drei, Handwerker einen Gulden (der Preis für ein Paar gute Stiefel). Völlig Mittellose sollen zumindest fasten und beten.

Auch einen Beichtbrief hat Tetzel im Angebot: Wer ihn kauft, kann sich zweimal im Leben – zu einem beliebigen Zeitpunkt und in seiner Todesstunde – von *allen* Sünden freisprechen lassen, ohne Beichte. Zudem vertreibt er ein Dokument, das angeblich vollen Ablass für die Fegefeuerstrafen bereits verstorbener Eltern oder Freunde bewirkt.

Mit Beichtbriefen in der Hand kommen Wittenberger Gemeindemitglieder im Herbst auch zu Luther und verlangen von ihm völlige Vergebung ihrer Sünden, selbst ohne erkennbare Reue. Aber Geschäfte mit dem Sündenablass kann und will der Mönch nicht dulden. So lädt er Theologen ein, mit ihm über das Problem zu disputieren – wie es guter akademischer Brauch ist.

Als Grundlage dieses Streitgesprächs formuliert er 95 Thesen über den Ablass sowie den beklagenswerten Zustand der Kirche und schickt sie am 31. Oktober 1517 an Erzbischof Albrecht.

Damit macht er von seinem Disputationsrecht als Doktor der Theologie Gebrauch. Das Ablasswesen ist noch nicht durch eine kirchliche Lehre verbindlich geregelt – darf also von Gelehrten in Zweifel gezogen werden.

Und seine Kritik ist maßvoll. Er wendet sich vor allem gegen die falsche Sicherheit, die der Ablass hervorrufe. Denn Gott vergebe nur reuigen Sündern.

Vielleicht heftet er auch eine Kopie der Thesen an die Tür der Schloss- und Universitätskirche zu Wittenberg (wie später behauptet wird), denn die dient zu jener Zeit als eine Art Schwarzes Brett. Zeugen dafür gibt es nicht, Luther selbst wird sich später nie dazu äußern. Warum auch? Es ist nicht spektakulär, einen Mitteilungszettel irgendwo anzuheften.

Doch an jenem Tag verändert der Mönch aus Wittenberg mit seinen papstkritischen Thesen die Welt.

Luther legt sich mit dem denkbar mächtigsten Gegner an: der Kirche. Sie ist die einzige Institution des Abendlandes, die Kriege führt und zugleich Macht beansprucht über das Seelenheil jedes Christen. Deren Besitz und Recht und deren Inquisitoren keine Ländergrenzen kennen. Deren Einnahmen größer sind, deren Verwaltung effizienter ist als die jedes Staates. Deren unumschränkte Autorität von fast allen führenden Universitätsgelehrten anerkannt wird.

Luther dagegen ist allein. Kein Gefolgsmann, keine Institution, schon gar keine Armee steht hinter ihm. Er ist als Mönch so arm, dass er sich nicht einmal eine neue Kutte leisten kann.

Eigentlich hat er keine Chance. Eigentlich müsste es ihm so ergehen, wie es Kritikern der Kirche von jeher ergeht: Er müsste als Ketzer verfolgt werden. Doch er wird diesen, den vielleicht ungleichsten

Kampf der Weltgeschichte, gewinnen. Denn er hat das Glück, genau im rechten historischen Augenblick loszuschlagen. Und er wird etwas lostreten, das viel gewaltiger und viel unkontrollierbarer ist, als er es in diesem Moment träumen könnte: die Reformation.

S

Selbst Luther ist überrascht, wie schnell sich seine Thesen verbreiten. Einige wühlen die Menschen besonders auf. Etwa die 45.: „Wer einen Armen sieht und ihm nicht hilft, sondern sein Geld für den Ablass gibt, der erwirbt nicht den Ablass des Papstes, sondern den Zorn Gottes." Oder die 86.: „Der Papst besitzt heute ein fürstlicheres Vermögen als der reichste aller Geldfürsten. Warum baut er dann nicht wenigstens die Basilika St. Peter mit seinem eigenen Geld statt mit demjenigen von armen Gläubigen?"

Das wollen die Menschen lesen. Die 95 Thesen werden von Unbekannten kopiert, aus dem Lateinischen ins Deutsche übersetzt und nachgedruckt. Ein Freund Luthers berichtet, die Thesen hätten „in vier Wochen die ganze Christenheit durchlaufen, als wären die Engel selbst Botenläufer und trügen's vor aller Menschen Augen".

Die Druckerpresse ist eine noch neue Erfindung, und hier zeigt sich zum ersten Mal, dass sie eine gefährliche Waffe ist. Der Mönch und Dozent aus Wittenberg spricht plötzlich den über Jahrzehnte, Jahrhunderte angestauten Unmut einer ganzen Nation öffentlich aus. Niemals wohl hat eine Druckschrift Vergleichbares ausgelöst, ist ein Unbekannter durch einen einzigen Text über Nacht zu einer Figur der Weltpolitik geworden.

Fürsten, Städter, Bauern (denen man den Text vorliest) finden hier ihren Zorn artikuliert über die Verkommenheit des Klerus und über die Abgaben, die an die Kirche zu entrichten sind. Luther erhält begeisterte Briefe. Der Kurfürst von Sachsen ist stolz auf den Dozenten.

Die Kirche reagiert verständnislos auf die Kritik. Erzbischof Albrecht antwortet nicht auf Luthers Brief und leitet die 95 Thesen weiter an Papst Leo X. in Rom. Das Ganze ist für ihn das Aufbegehren „eines vermessenen Mönchs zu Wittenberg", durch den das „arme unverständige Volk" irregeleitet werde.

Im Sommer 1518 eröffnet die Kurie eine Voruntersuchung gegen den Professor. Luther erhält am 7. August 1518 eine Vorladung; binnen zwei Monaten soll er sich in Rom der Anklage stellen. Die Vorwürfe: Ketzerei und Auflehnung gegen die Amtsgewalt der Kirche.

Für Luther ein Schock, denn er ist sich keines Verstoßes gegen das Kirchenrecht bewusst. Jetzt muss er ein Verfahren des Vatikans fürchten, das für ihn auf dem Scheiterhaufen enden kann.

> Der Mönch behandelt den PAPST wie einen Ketzer

In dieser Not wendet er sich an seinen Landesherrn, den Kurfürsten Friedrich den Weisen. Der möge beim Heiligen Stuhl erwirken, dass der Fall in Deutschland verhandelt werde. Tatsächlich setzt sich der Fürst, der Luther ja den Aufschwung der Wittenberger Universität verdankt, in Rom für ihn ein.

Überraschend gibt die Kurie nach. Und so muss sich Luther im Oktober 1518 nicht in Rom, sondern in Augsburg einem ersten Verhör durch den hochgelehrten Kardinal Thomas Cajetan stellen.

Bei der Befragung aber weigert er sich, seine Thesen zu widerrufen.

„Das heißt: eine neue Kirche bauen!", schleudert ihm Cajetan entgegen.

Knapp einen Monat später lässt der Papst eine Urkunde über den Ablass verfassen: Der Heilige Vater, so heißt es darin, könne sehr wohl den Gläubigen ihre Schuld vergeben und zeitliche Sündenstrafen ganz oder teilweise erlassen.

Damit ist die Ablasspraxis nicht mehr zulässiger Gegenstand des Gelehrtenstreits. Wer nun weiterhin „Irrtümer" über den Ablass lehre, könne der Lüge überführt und verurteilt werden, so die Papstschrift. Jetzt hat die Kirche eine Grundlage, gegen Luther vorzugehen.

Sie treibt das Verfahren weiter voran. Am 15. Juni 1520 verurteilt Papst Leo X. in einer Bulle 41 Sätze Luthers als „häretisch, Ärgernis erregend, irrig, für fromme Ohren anstößig" und droht ihm den Kirchenbann an, den Ausschluss aus der Gemeinschaft der Gläubigen.

Luther bleibt eine Frist von 60 Tagen, seine Ansichten zu widerrufen. Schon jetzt müssen alle kirchlichen Instanzen seine Schriften beschlagnahmen und öffentlich verbrennen, ihr Besitz und ihre Verbreitung stehen unter Strafe.

Der Papst beauftragt zwei Gesandte damit, die Bulle in Deutschland und in den Niederlanden durchzusetzen. Ab Oktober ist sie rechtskräftig, jetzt läuft die Frist. Wenig später gehen in Lüttich und Köln Luthers Schriften in Flammen auf. Doch der macht einfach weiter.

Jedes seiner Pamphlete wird in mehreren Tausend Exemplaren gedruckt und ist meist binnen weniger Tage vergriffen. Überall gibt es Nachdrucke.

Schlimmer noch, zumindest aus der Sicht des Papstes: Teile der deutschen Obrigkeit unterstützen den Ketzer.

Denn die deutschen Fürsten und städtischen Ratsherren mögen zwar manches an Luthers Lehre nicht verstehen, die Konsequenzen dieser Lehre aber passen in ihr Konzept: Wenn die Autorität des Papstes nicht mehr viel gilt, dann müssen die Herren und die Städte keine Abgaben mehr nach Rom entrichten –

und haben zudem endlich Zugriff auf die riesigen Ländereien der Kirche.

Luther hat die Rebellion aus persönlicher Glaubensnot begonnen. Doch weltgeschichtliche Bedeutung erhält sie aus politischen Gründen.

Oktober 1520. Drei Jahre sind seit der Veröffentlichung der Thesen vergangen, eine Zeit, in der Luther seine Kritik erweitert hat. Mit etwa 20 Schriften allein in deutscher Sprache ist Luther seither an die Öffentlichkeit getreten – einem umfassenden Programm reformatorischer Erneuerung. Es steht auf der Grundlage dreier Prinzipien, die für ihn herausragende Bedeutung haben.

Zum einen: Nur in der Bibel offenbare sich Gottes Wort dem Menschen, nicht in den Büchern der Theologen.

Zum anderen: Errettet werde der Mensch allein von der Gnade Gottes.

Und schließlich: Gottes Gnade erlange man nur durch den Glauben.

In einem Text schreibt er, alle Christen seien gleich vor Gott; daher habe der Papst nicht das Recht, über Glaubensfragen zu entscheiden. Die Wirkung ist enorm. Nach wenigen Tagen ist die Auflage von 4000 Exemplaren vergriffen.

In einer anderen Schrift verwirft Luther die meisten kirchlichen Sakramente, die Firmung, die Priesterweihe und die Letzte Ölung, da sie nicht durch Jesus selbst eingesetzt worden seien. Auch die Ehe sei nicht von Gott gestiftet, sondern ein rein weltlicher Bund. Nur Taufe, Abendmahl und Buße lässt er gelten. (Später wird er auch die Buße nicht mehr als Sakrament anerkennen, da sie eine täglich notwendige Übung für Gläubige sei, um sich von der Sünde zu reinigen.)

Der Text macht über Deutschland hinaus Furore. Die Theologen der Universität Paris stellen ihn wegen seiner angeblichen Irrtümer auf eine Stufe mit dem Koran. Englands König Heinrich VIII. formuliert eine Gegenschrift.

Luther scheut keinen Konflikt. Im Herbst 1520 greift er den Papst an, weil der sich die Entscheidung über Heil und Unheil der Menschen anmaße und sich damit über Gott erhebe. Ein ungeheuerlicher Vorwurf. Luther steigert ihn noch durch eine provozierende Geste: Am 10. Dezember 1520 zieht er mit Wittenberger Studenten vor die Stadt, verbrennt das Kanonische Kirchenrecht und die Papst-Bulle, die ihm den Bann androht.

Der Professor aus Wittenberg behandelt den Heiligen Vater wie einen Ketzer. Kurz darauf wird Luther durch eine neue Papst-Bulle exkommuniziert.

Im nächsten Schritt müsste jetzt die Reichsacht gegen ihn verhängt werden, angeordnet vom Schutzherrn der römischen Kirche, dem Kaiser des Heiligen Römischen Reiches.

Luthers Schicksal liegt also in den Händen Karls V., vor Kurzem erst von den Kurfürsten zum Oberhaupt des Heiligen Römischen Reiches deutscher Nation gewählt. Spricht er die Acht gegen den Mönch aus, darf niemand mehr Luther unterstützen, beherbergen, bewirten oder ihm sonst wie Hilfe leisten. Es ist ein Zustand völliger Rechtlosigkeit.

Der Monarch zögert. Bei seiner Wahl hat er den Kurfürsten versprochen, gegen keinen Deutschen die Reichsacht zu verhängen, ohne ihn vorher anzuhören. Doch zugleich bedrängen ihn die Abgesandten des Papstes, den Ketzer zu ächten und gefangen zu nehmen.

Der Fall ist ebenso heikel wie lästig. Karl V. würde das Reich gern verlassen, er rüstet gerade zu einem Krieg gegen Frankreich. Zudem will er nach Rom ziehen, um sich von Leo X. zum Kaiser krönen zu lassen (bis dahin führt er nur den Titel „erwählter römischer Kaiser").

Aber zuvor muss er nach Worms reisen, um seinen ersten Reichstag abzuhalten. Hier will er mit den Reichsständen – den weltlichen und geistlichen Fürsten sowie Vertretern der Freien Reichsstädte – über Verwaltungsangelegenheiten und finanzielle und militärische Unterstützung für den Krieg gegen Frankreich verhandeln. Es ist Karls erste Bewährungsprobe.

Der Kaiser weiß, dass etlichen der in Worms Versammelten der Fall Luther sehr gelegen kommt. Denn im gesamten Reich, in den Städten und auf dem Land, unter Bauern, Bürgern, Adeligen und Rittern hat sich viel Unmut gegen die römische Kirche angestaut.

Schon seit mehr als 100 Jahren werden immer wieder Beschwerden gegen kirchliche Missstände vorgetragen, bis jetzt aber ohne Erfolg. In Worms wollen die Reichsstände erneut ihre Klagen vorbringen – und die *Causa Lutheri* als politisches Unterpfand nutzen, um dem Papst Zugeständnisse abzutrotzen.

Als Karl V. am 27. Januar 1521 den Reichstag im Wormser Rathaus eröffnet, ist „das ganze Deutschland in Aufruhr", notiert ein päpstlicher Gesandter. Neun von zehn Deutschen seien für Luther und somit Gegner des Papstes.

Was soll nun mit dem Mönch geschehen? Die Reichsstände drohen, ihre Zustimmung zur Ächtung Luthers zu verweigern, falls der nicht zuvor angehört wird. Schließlich willigt Karl ein, den Wittenberger nach Worms vorzuladen.

Ende März 1521 händigt ihm ein kaiserlicher Bote die offizielle „Zitation" aus. Luther zögert nicht, ihr zu folgen, zumal Karl ihm freies Geleit zusichert; der Prediger muss auf der Reise also nicht um sein Leben fürchten.

Kurz darauf macht er sich mit einigen Begleitern in einer zweirädrigen Kutsche auf den Weg in das 390 Kilometer entfernte Worms. Am 16. April erreicht die Reisegesellschaft die Stadt. Der Empfang ist triumphal. Als Luther gegen zehn Uhr durch eines der sieben Stadttore einfährt, strömen 2000 Menschen in den Gassen zusammen.

17. APRIL 1521, NACHMITTAG. Nach seinem misslungenen ersten Auftritt vor dem Kaiser ist Luther in sein Quartier zurückgekehrt. Die Stube im Johanniterhof muss er sich mit zwei kursächsischen Beamten teilen; in ganz Worms war sonst kein Zimmer mehr zu finden.

Die Stadt mit ihren 7000 Einwohnern ist seit Beginn des Reichstages überfüllt. Die Zahl der Besucher hat alle Erwartungen übertroffen. 80 Fürsten und 130 Grafen sind mit ihrem Gefolge angereist, dazu Gesandte von 15 ausländischen Königshäusern sowie Ritter und Edelleute mit ihren Dienstleuten. Mindestens 10 000 Gäste sind in der Stadt.

Worms ist dem Ansturm kaum gewachsen. Überall auf den Plätzen, in den Schenken und Herbergen herrscht seit Monaten Gedränge. Zwar gilt eine kaiserliche Herbergsordnung, um den vielen Besuchern ein Logis zu sichern und Mietwucher zu verhindern. Doch kaum einer der Herbergswirte in Worms hält sich an die Vorschriften.

So klagen die Reichstagsbesucher über schmutzige Quartiere sowie über hohe Preise für Fisch, Feuerholz, Stallplätze, Pferdefutter. Und über die Unruhe in den Gassen, in denen es nachts manchmal zu Messerstechereien kommt.

In diesem Gewühl ist Luther eine Attraktion. Doch er fühlt sich nicht gut in diesen Tagen. Sein Körper ist ausgezehrt durch 16 lange Jahre im Kloster, durch übermäßiges Fasten, Nachtwachen und strenge Exerzitien, durch das Schlafen auf hartem Lager.

Auf der Fahrt nach Worms plagten ihn Gallen- und Verdauungsbeschwerden, Herzschmerzen und Beklemmungsgefühle. Ein Arzt ließ ihn zur Ader, danach setzte Luther, obgleich nicht völlig genesen, seine Reise fort.

Wer hätte ihm schon eine Krankheit geglaubt?

Luther weiß an diesem 17. April, dass er nun nicht mehr ausweichen kann. Widerruft er seine Schriften, hat der Antichrist gesiegt – und sein Lebenswerk wäre zerstört. Ist er bereit, seinen Weg notfalls bis zum Scheiterhaufen zu gehen?

Am nächsten Vormittag macht sich Luther Notizen für seine Antwort – später aber wird er frei sprechen müssen.

Um 16 Uhr holt ihn ein Beamter zum zweiten Verhör ab. Wieder drängen sich Schaulustige in den Gassen. Weil sich an diesem Tag die Verhandlungen des Reichstages hinziehen, soll Luther vor dem Gebäude warten, mitten in der Menschenmenge. Ein Nervenspiel.

Immer wieder porträtiert Lucas Cranach d. Ä. seinen engen Freund Luther. Und die Bilder des berühmten Malers wie dieses von 1529 machen das Gesicht des Reformators in ganz Deutschland bekannt

Erst um 18 Uhr wird er hineingerufen. Diesmal in einen weitläufigeren Saal des Gebäudes, doch so groß ist der Andrang, dass kaum einer der Fürsten und Bischöfe einen Sitzplatz findet.

„Allergnädigster Kaiser, hochberühmte Fürsten, gnädigste Herren! Gehorsam bin ich zu dem Termin, der mir gestern Abend bestimmt worden ist, erschienen", setzt Luther an.

Er ist nicht wiederzuerkennen. Voller Selbstbewusstsein hält er ein langes Plädoyer in eigener Sache. Er bekennt sich zu allen Schriften und behauptet, „dass die Gesetze des Papstes und die Menschenlehren die Gewissen der Gläubigen elend in Fesseln schlagen, misshandeln und zu Tode martern und dass vor allem in dieser ruhmreichen deutschen Nation Hab und Gut von unglaublicher Tyrannei ohne Ende und auf unwürdige Weise verschlungen worden sind und noch verschlungen werden".

Keines seiner Werke könne er widerrufen. Aber er sei ein fehlbarer Mensch und nicht Gott. „Darum bitte ich um der Barmherzigkeit Gottes willen, Eure Majestät oder wer auch immer es vermag, sei er der Höchste oder Geringste, so wolle er Zeugnis geben, die Irrtümer widerlegen, sie mit Propheten- und Evangelienzeugnissen überwinden; denn ich werde, wenn ich belehrt worden bin, begierig sein, jeden möglichen Irrtum zu widerrufen, und werde der Erste sein, der meine Bücher ins Feuer wirft."

Doch niemand erhebt die Stimme, um mit Luther zu diskutieren. Nur der kaiserliche Sprecher teilt ihm mit: „Vergebens erwartest du, Martin, eine Disputation." Er solle unumwunden sagen, ob er nun widerrufe oder nicht.

Darauf antwortet Luther: „Wenn ich nicht durch Schriftzeugnisse oder einen klaren Grund widerlegt werde – denn allein dem Papst oder den Konzilien glaube ich nicht, da es feststeht, dass sie häufig geirrt und sich auch selbst widersprochen haben –, so bin ich durch die von mir angeführten Schriftworte bezwungen. Und solange mein Gewissen durch die Worte Gottes gefangen ist, kann und will ich nichts widerrufen, weil es unsicher ist und die Seligkeit bedroht, etwas gegen das Gewissen zu tun. Gott helfe mir. Amen."

DIES IST EINE HISTORISCHE ZÄSUR – die allerdings keiner der Anwesenden erkennt, auch Luther nicht. Denn mit diesen Sätzen spaltet er die Kirche endgültig. (Hingegen ist die Wendung „Hier stehe ich, ich kann nicht anders" vermutlich gar nicht gefallen, sie wird erst in einer späteren Druckfassung der Rede ergänzt.)

Einen Moment lang ist es totenstill, ehe der Offizial ruft: „Lass dein Gewissen fahren, Martin, du bist im Irrtum!"

Da steht Karl V. plötzlich auf, murmelt, er habe genug, und eilt aus dem Raum. Die Sitzung ist beendet. Im Saal bricht ein Tumult los. Luther hat nicht widerrufen! Der Mönch ist vor dem Kaiser standhaft geblieben!

Zwei Männer führen ihn hinaus. Während der Mönch die Stufen hinabsteigt, rufen ihm spanische Schaulustige aus dem Gefolge des Kaisers zu: „Ins Feuer, ins Feuer mit ihm!"

In seinem Quartier, befreit von enormer Anspannung, wagt Luther eine Geste des Triumphes. Er reckt die Hände in die Höhe und ruft: „Ich bin hindurch, ich bin hindurch." Zu einem Vertrauten bemerkt er: Auch wenn er 1000 Köpfe hätte, wolle er sie sich lieber alle abschlagen lassen, als zu widerrufen.

Nun will Karl V. die Reichsacht über Luther verhängen. Er entschließt sich zu einem spektakulären Schritt: Am Morgen greift der Monarch zur Feder und verfasst eine Erklärung in französischer Sprache. Es ist die erste politische Stellungnahme des Monarchen. Anschließend lässt er die Reichsstände zu sich kommen und ihnen eine deutsche Übersetzung verlesen. Viele Fürsten werden beim Anhören bleich – sie fordern längere Bedenkzeit.

Unmissverständlich erklärt der Kaiser, dass er als „Schutzherr des katholischen Glaubens" Häretiker unnachsichtig verfolgen werde. Zwar dürfe Luther unter dem zugesicherten Geleit nach Witten-

Mit allen Mitteln will Kaiser Karl V. die Reformation unterdrücken, um so die religiöse Einheit in Deutschland zu wahren. Doch Luthers Thesen finden rasch immer mehr Anhänger

berg zurückkehren. Danach aber sei Karl entschlossen, gegen ihn „als einen notorischen Ketzer einzuschreiten“.

Die Stände erwirken eine letzte Frist: Bis zum 25. April hat Luther Gelegenheit, Gehorsam zu zeigen. Weigert er sich, ist die Reichsacht unabdingbar.

Luther aber bleibt standhaft. Am 26. April reist er ab. Als er eine Woche später Kursachsen erreicht, nähern sich der Reisegesellschaft mehrere Reiter, bewaffnet mit Armbrüsten. Sie ziehen Luther aus der Kutsche und zwingen ihn, auf einem Pferd aufzusitzen. Er wehrt sich nicht: Denn er ist in die – inszenierte – Gefangennahme eingeweiht. Der Plan stammt von seinem Beschützer, dem sächsischen Kurfürsten.

Die Reiter wählen Umwege, um mögliche Verfolger abzuschütteln, und erreichen die Wartburg bei Eisenach; hier soll Luther untertauchen.

Am 25. Mai endet der Reichstag zu Worms mit einer Sitzung im Rathaus. Die Reichsstände einigen sich mit Karl V. unter anderem auf eine neue Landfriedensordnung, und sie verpflichten sich, ihn bei einem Zug nach Rom mit Truppen zu unterstützen.

Am gleichen Tag verkündet der Kaiser das nun von den Reichsständen gebilligte Urteil gegen Martin Luther. Karl V. verhängt die Reichsacht über den Mönch, erklärt ihn zu einem von „Gottes Kirche abgesonderten Glied und verstockten Zänker und offenbaren Ketzer“.

Niemand darf Luther beherbergen oder unterstützen; wer ihn sieht, muss ihn gefangen nehmen und dem Kaiser überstellen. Sämtliche Bücher des Theologen sind zu verbrennen oder auf andere Weise „zu vernichten und zu vertilgen“. Es ist verboten, gedruckte Luther-Schriften zu verkaufen, sie nachzudrucken, zu benutzen oder zu besitzen, seine ketzerische Lehre zu verbreiten oder zu verteidigen.

Am 31. Mai verlässt Karl V. Worms. Er hält den Fall für abgeschlossen.

Luther lässt sich in seinem Versteck auf der Wartburg die Haare über der Tonsur und einen Bart wachsen, er trägt die Kleidung eines Ritters, gibt sich als „Junker Jörg“ aus. Nur wenige kennen seine Identität. Viele glauben, er sei bei dem Überfall ums Leben gekommen.

In der erzwungenen Einsamkeit der Wartburg wendet er sich wieder jenem Text zu, der im Zentrum seines reformatorischen Programms steht: der Heiligen Schrift. Binnen elf Wochen übersetzt er das Neue Testament aus der griechischen Urfassung ins Deutsche. Zwar existieren schon mehrere Übertragungen der Bibel. Doch keine ist so wortgewaltig wie nun Luthers Evangelium. Denn der in Dialektik und Rhetorik ausgebildete Theologe ist ein engagierter Prediger, der die Sprache der einfachen Gläubigen kennt.

Ganz Deutschland ist im Frühjahr 1521 in AUFRUHR

Vor allem ihnen will er die Heilige Schrift in bildkräftigen Wendungen zugänglich machen. Viele seiner Wortprägungen (etwa „plappern“, „Herzenslust“ oder „kleingläubig“) bereichern die Sprache des Volkes wie die der Literaten.

Als sein Neues Testament im September 1522 anonym erscheint, ist die Erstauflage von 3000 Exemplaren binnen weniger Tage vergriffen – trotz des hohen Preises von anderthalb Gulden (Luther aber lehnt jedes Honorar ab).

Allein bis 1533 erscheinen 85 weitere Ausgaben. Die Bibelübersetzung ist Luthers größte literarische Leistung und – gemessen an ihrer Wirkung – sein theologisches Hauptwerk.

Noch ehe das Neue Testament erscheint, wagt sich Luther im März 1522 wieder nach Wittenberg zurück und beginnt erneut, öffentlich zu predigen.

Seine Kanzelreden werden als Flugschriften im ganzen Land verbreitet. Jetzt gründen sich im ganzen Reich immer mehr reformatorische Gemeinden.

Im Gebiet seines Fürsten kann sich Luther sicher fühlen, denn in Kursachsen gilt Karls Urteil nicht: Friedrich der Weise hat ihn um diese Ausnahme gebeten. Wieso der Kaiser diesen Wunsch des Kurfürsten erfüllt, ist bis heute rätselhaft. Aber auch im übrigen Reichsgebiet ist die Wirkung des Ediktes schwach.

So kann die Bewegung in zahlreichen Regionen Deutschlands rasch um sich greifen: Zunächst werden in Wittenberg etliche katholische Geistliche lutherisch, Klöster lösen sich auf, an der Universität wird Luthers Lehre verbreitet – wobei vieles noch präzisiert werden muss. Theologische Zweifelsfälle entscheidet Luther persönlich (werden beim Abendmahl Leib und Blut Christi tatsächlich oder nur symbolisch gereicht?). Er verfasst neue Kirchenlieder für den Gottesdienst seiner Anhänger – die sich nach dem allein für sie relevanten Neuen Testament die „Evangelischen“ nennen – und organisiert den Aufbau der Gemeinden.

Schnell breitet sich die neue Kirche aus: 1525 wandelt der Hochmeister des Deutschritterordens sein Ordensland in das evangelische Herzogtum Preußen um, ein Jahr später macht Landgraf Philipp Hessen evangelisch. Bald schon bekennen sich Gläubige in Regensburg, Frankfurt und Lübeck zur Lehre Luthers.

Auch außerhalb Deutschlands entstehen – teils in Nachahmung Luthers, teils in Konkurrenz zu ihm – evangelische Kirchen: in den Niederlanden, in der Schweiz, in Skandinavien.

Schon 1525 bricht Luther auch privat mit seinem bisherigen Leben. Er heiratet Katharina von Bora, eine frühere

Nonne; im Jahr darauf kommt Luthers erster Sohn zur Welt – nun ist auch sein greiser Vater mit ihm versöhnt.

Luther ernährt seine Familie von einem kleinen Professorengehalt, das ihm der Kurfürst zahlt. Er hält Vorlesungen, predigt und veröffentlicht unentwegt.

Die altgläubigen Fürsten reagieren zunächst kompromissbereit auf die neue Konfession. 1526 einigt sich der Reichstag darauf, dass die Fürsten und Vertreter der Freien Reichsstädte selbst entscheiden dürfen, ob sie zum Luthertum übertreten; später soll ein Nationalkonzil alle Christen des Reiches wieder unter dem Dach einer Kirche vereinigen.

Doch 1529, auf einem weiteren Reichstag, drängt die Mehrheit der katholischen Fürsten darauf, den Kompromiss in der Konfessionsfrage aufzuheben und gegen Luther und seine Anhänger vorzugehen – so wie es Karls Edikt von 1521 verlangt. Dagegen wehren sich fünf Fürsten und 14 Reichsstädte mit einer „Protestation", einem Widerspruch (daher nennt man sie, wie alle anderen Anhänger Luthers, fortan „Protestanten").

Das Papsttum begegnet den Protestanten in den folgenden Jahrzehnten mit jenen Maßnahmen, die Historiker die „Gegenreformation" nennen. Doch genau genommen ist dies falsch: Es ist die eigentliche Reformation.

Denn nun verändert sich die katholische Kirche von innen, ohne dabei ihre wesentlichen Institutionen anzutasten. Die ärgsten Auswüchse des Ämterkaufs werden beseitigt, das Zölibat wird, wohl zum ersten Mal in der Kirchengeschichte, mit großer Strenge durchgesetzt.

Und mit dem neu gegründeten Jesuitenorden gewinnt der Papst eine straffe, bedingungslos ergebene Truppe von Predigern, Missionaren und Theologen, die den evangelischen Geistlichen an der Universität genauso ebenbürtig gegenübertreten können wie dem Volk.

Radikale Reformatoren wie Johannes Calvin lassen Gemälde und Heiligenskulpturen aus den Kirchen reißen: Das Gepränge widerspreche dem Bilderverbot der Bibel

K

Karl V. zieht ab 1546 mehrfach (letztlich erfolglos) gegen evangelische Landesfürsten. Er kämpft gegen die Lutherischen, deren Glauben er ablehnt und deren politische Ambitionen seinem Weltreich gefährlich werden. Damit beginnt das Jahrhundert der Religionskriege, das für Deutschland erst 1648 endet, nach der Katastrophe des Dreißigjährigen Krieges.

Hunderttausende werden in den Kriegszügen sterben, doch weder wird es den Protestanten gelingen, das Papsttum zu zerschmettern, noch kann die katholische Kirche das geistliche Monopol über das Abendland behaupten.

Rund ein Jahrtausend lang war die Kirche allumfassend. Nun ist der Papst nicht mehr das Oberhaupt der abendländischen Christenheit, sondern nur Anführer einer Glaubensrichtung. Und seine Kirche ist nicht länger oberste Autorität in allen Fragen, sondern steht für eine von von zwei Weltdeutungen.

Luther hat diese Entwicklung nicht gewollt. Denn er war kein Reformator („Reformation" wird seine Tat erst später genannt), sondern ein Revolutionär.

Der Anlass für seinen Protest von 1517 war zwar ein Missstand innerhalb

Der Altphilologe Philipp Melanchthon fasst Luthers Lehren 1521 in der ersten evangelischen Dogmatik zusammen – und wird nach dessen Tod 1546 Wortführer der Reformation

der Kirche. Aber Luther wollte von Beginn an viel mehr: Er kritisierte nicht den aktuellen Papst, Leo X., sondern das Papsttum *an sich*. Er kritisierte nicht die Korruption bei der Amtsernennung, sondern die Ämter überhaupt. Er kritisierte nicht manche Exzesse bei der Spende der Sakramente, sondern die Wirksamkeit der meisten Sakramente.

Die katholische Kirche sieht sich als von Gott eingesetzte Mittlerin zwischen dem Allmächtigen und den Menschen. Für Luther aber steht jeder seinem Schöpfer persönlich gegenüber.

Alle Menschen – Laien und Priester – sind nach seiner Auffassung gleich vor Gott: Sie sind Sünder und werden doch von ihm geliebt. Und nicht durch gute Taten (oder einen Ablass), wie es ihnen die katholischen Geistlichen predigen, werden die Gläubigen erlöst, sondern allein durch die Gnade Gottes, die ihnen nach unergründlichen Kriterien gewährt wird. Der einzige Maßstab für die Christen ist nach Luther die Bibel, die jeder lesen und selbst auslegen soll.

Damit fordert er den mündigen Christen, der keinen Priester braucht und aus freien Stücken Gutes tut, nicht aus Angst vor der Höllenstrafe.

Genau dies hält Luthers Theologie auch nach 500 Jahren aktuell – so aktuell, dass sich evangelische und katholische Christen wohl niemals werden vereinen können.

In diesem Glauben und in fast überraschender Bescheidenheit verbringt Luther seine letzten Tage.

IM KALTEN WINTER 1545 reist er mehrfach in seine Geburtsstadt Eisleben, um einen Streit im dortigen Grafenhaus zu schlichten. Den inzwischen mächtigen, aufgedunsenen Körper schüttelt das Fieber, ihn plagen vielerlei Krankheiten.

Im Februar 1546 werfen ihn heftige Schmerzen in der Brust auf das Krankenlager. Nur wenige Freunde sind bei ihm, als er abends mit mühsam herausgepresster Stimme sein Todesgebet spricht, bevor er das Bewusstsein verliert.

Wenige Stunden später macht Martin Luther seinen letzten, tiefen Atemzug. Es ist 2.45 Uhr am 18. Februar 1546.

Gut einen Tag zuvor hat der begnadete Pamphletist seine letzten Zeilen auf Latein notiert: „Den Vergil in seinen Bucolicis kann niemand verstehen, er sei denn fünf Jahre Hirte gewesen. Den Cicero in seinen Episteln kann niemand verstehen, er habe denn 25 Jahre in einem großen Gemeinwesen sich bewegt. Die Heilige Schrift meine niemand genugsam geschmeckt zu haben, er habe denn 100 Jahre lang mit Propheten wie Elias und Elisa, Johannes dem Täufer, Christus und den Aposteln die Gemeinden regiert. Versuche nicht diese göttliche Äneis, sondern neige dich tief anbetend vor ihren Spuren!"

Und dann plötzlich nicht mehr auf Latein, sondern auf Deutsch: „Wir sind Bettler. Das ist wahr."

Karl V. wird 1530 vom Papst zum Kaiser des Heiligen Römischen Reiches gekrönt, er ist zudem König von Spanien, Neapel, Sizilien und Sardinien sowie Herzog von Burgund (Porträt des Hofmalers Tizian, 1548)

V KARL

IMPERATOR MUNDI

Er ist der mächtigste Monarch seiner Zeit: Karl V. gebietet als römisch-deutscher Kaiser und Herrscher Spaniens über große Teile Europas und ein riesiges Kolonialreich in Amerika. Doch trotz der gewaltigen Ressourcen dieses weltumspannenden Imperiums kann der Monarch aus dem Hause Habsburg sein wichtigstes Ziel nicht erreichen: die Reformation zu unterdrücken und so die Einheit des abendländischen Christentums zu bewahren —— Text: REYMER KLÜVER

Endlich kommt der Kaiser. Auf einen Stock gestützt, betritt er den Saal des Schlosses. Karl V. ist schwarz gekleidet, denn er trauert um seine Mutter, die kurz zuvor gestorben ist. An diesem Tag wirkt er noch ernster als sonst. Mit 55 Jahren sieht er aus wie ein alter Mann, vor der Zeit zum Greis geworden.

Er muss sich stützen auf die Schulter eines Jünglings, Wilhelm von Oranien, der ihn den kurzen Weg zum Thronsessel geleitet, wo Karl unter einem gewaltigen Baldachin Platz nimmt, von Schmerzen geplagt, müde und erschöpft. Der mächtigste Mann des Erdenrunds. Der Herrscher über ein Reich, in dem, wie es heißt, die Sonne nicht untergeht.

Stille. Neben dem Kaiser sitzen seine Schwester Maria und sein Sohn Philipp. Vor ihm stehen Abgesandte der 17 niederländischen Provinzen sowie Herzöge und Grafen, kirchliche Würdenträger und die Magistrate der Städte mit ihren Halskrausen aus gestärktem Leinen.

Dann geschieht das Unerhörte. Ein Staatsrat verkündet den Rücktritt Karls: Er übergibt die Macht seinem Sohn Philipp. Zunächst gilt das zwar allein für die burgundischen Niederlande. Doch alle wissen, dass dies nur der Anfang ist.

So etwas hat es noch nicht gegeben in der mehr als 500-jährigen Geschichte des Heiligen Römischen Reiches. Bislang hat nur der Tod den Kaiser vom Thron geschieden. Nun dankt zum ersten Mal ein Herrscher freiwillig ab.

Karl spricht jetzt selbst. Stockend. Einen Zettel hält er in der zitternden Hand, auf der Nase eine seiner Brillen, ohne die er seine Notizen nicht entziffern könnte. Tränen rinnen ihm über die fahlen, bärtigen Wangen. Er kann sie nicht zurückhalten. Ein anrührender Moment.

Da gebietet kein Imperator mehr, da referiert kein Regent leere Formeln in höfischem Zeremoniell. Da spricht vielmehr ein Mensch, der Rechenschaft ablegen will: „Ich muss bekennen, dass ich mich zu mannigfachen Irrtümern habe verleiten lassen – sei es durch jugendliche Unerfahrenheit oder durch den Stolz des reiferen Alters oder durch eine andere Schwäche der menschlichen Natur."

Ein Eingeständnis des eigenen Versagens. Die Lebensbeichte eines großen, aber gescheiterten Kaisers.

Es ist der 25. Oktober 1555.

GENAU 40 JAHRE zuvor war Karl schon einmal in diesem Saal. Er spielt in seiner Abdankungsrede darauf an. Ein blasser Jüngling ist er da von nicht ganz 15 Jahren, und das Leben liegt vor ihm.

An jenem 5. Januar 1515 erklären ihn die Stände des Herzogtums Burgund vorzeitig für mündig. Als Herzog übernimmt Karl die Herrschaft der Burgunder in den Niederlanden.

Der junge Karl ist alles andere als eine stattliche Erscheinung. Und das ist nicht nebensächlich in einer Zeit, da es auf das Äußere eines Fürsten sehr ankommt. Heinrich VIII. von England etwa und Franz I., der nur fünf Jahre ältere König von Frankreich (und später Karls großer Kontrahent), gelten als attraktive Männer. Nicht so Karl.

Blass und mager sieht er aus. Seine Augen stechen hervor, der Unterkiefer ist ausgesprochen groß. Wenn er nicht darauf achtet, steht er mit offenem Mund und hängendem Kinn da. Auf seine Umgebung wirkt der in sich gekehrte Junge ungelenk und hölzern, auf manche sogar geistig etwas schwerfällig. Er spricht nicht viel und wenn, dann zögernd und langsam. Oft ist er krank und unpässlich.

Seinem lebenslustigen Großvater Maximilian I. ist bei diesem Erben nicht wohl zumute. Wenn er nicht wüsste, wie sehr seinem Enkel die Jagd sowie Ritterturniere und das Lanzenstechen gefielen, „könnte man ihn für einen Bastard halten", soll der Kaiser geurteilt haben.

Dabei macht die geschickte Hochzeitsdiplomatie des Monarchen Karl bereits in jungen Jahren zum Erben eines Weltreichs. Denn Maximilian hat im Jahr 1477 Maria geheiratet, die einzige Tochter Karls des Kühnen, des Herzogs von Burgund. Nach Marias Tod sollen die Kinder aus dieser Verbindung das Reich der Burgunder übernehmen.

Maximilian selbst wird die Erblande der Habsburger hinterlassen: das Erzherzogtum Österreich, die Steiermark, Kärnten, Krain und Tirol sowie Besitzungen in der Schweiz und dem Breisgau. Nicht erblich ist hingegen die Königswürde, die die Kurfürsten vergeben. Doch wird Maximilian durch Bestechung versuchen, auch dieses Amt in der Familie zu halten, schließlich wird der König meist auch Kaiser des römisch-deutschen Reichs.

Karl der Kühne und seine Vorgänger haben Burgund als eigene Macht zwischen Frankreich und dem Reich etabliert. Zu den Stammlanden westlich des Rheins um Dijon und zu den Erblanden Flandern und der Franche Comté um Besançon erwarben sie nach und nach die Region Brabant mit den Städten Brüssel und Antwerpen sowie die Grafschaften Holland, Seeland, Hennegau und Luxemburg.

Der herzogliche Hof in Brüssel galt als der reichste und prächtigste in ganz Europa. Die Ritterkultur mit ihren Festen und Turnieren war ohne Vorbild.

So etwas schafft Feinde. Vor allem den Franzosen missfiel das Herzogtum – zumal die Herrscher von Burgund dem König von Frankreich eigentlich lehenspflichtig (und damit untertan) waren. Immer wieder gab es Krieg. 1493 schlossen beide Seiten vorübergehend Frieden.

Karl wächst am Hof seiner Tante bei Brüssel auf. Der im Jahr 1500 geborene Knabe wird von hervorragenden Erziehern unterrichtet – wie hier dem humanistischen Gelehrten Erasmus von Rotterdam. Dennoch interessiert er sich eher für die Jagd und spektakuläre Ritterturniere als für Philosophie und Lateinstudien. Nur die Theologie fesselt ihn. Unter der Anleitung eines niederländischen Priesters (des späteren Papstes Hadrian VI.) wird der künftige Kaiser zu einem tiefgläubigen Katholiken und wählt bereits in dieser Zeit sein Lebensmotto: »plus ultra« – noch weiter

Die Bourgogne, das Stammland der Burgunder, fiel dabei allerdings an Frankreich. Maximilian musste sich mit dem Rest begnügen.

Ihm blieben vor allem die reichen Niederlande. Der Kaiser suchte später seinem Enkel Karl einzuschärfen, dass die Franzosen die „alten und natürlichen Feinde" des Hauses Habsburg sind – ein Gedanke, den Karl verinnerlichen wird.

Die Rivalität mit Frankreich hat Maximilian geleitet, als er 1495 zustimmte, seine beiden Kinder aus der Ehe mit Maria von Burgund in einer strategisch günstigen Doppelhochzeit zu verheiraten: Die Habsburger verbanden sich mit dem spanischen Herrscherhaus.

Philipp, der einzige Sohn Maximilians (und mittlerweile Herzog von Burgund), heiratete Johanna, Tochter Ferdinands von Aragón und Isabellas von Kastilien. Deren Bruder Johann ehelichte die Habsburger-Prinzessin Margarete.

Damit aber sah sich Frankreich plötzlich im Osten und Süden von einem neuen dynastischen Bündnis bedrängt.

Und schon bald darauf machten der Zufall und der Tod die Habsburger zu Erben Spaniens mitsamt seinen Besitzungen in Italien und Amerika.

Denn bereits wenige Monate nach der Hochzeit mit Margarete starb Spaniens Kronprinz Johann – und im Jahr darauf auch seine ältere Schwester mit ihrem neugeborenen Sohn. Überdies verschied im Jahr 1504 Königin Isabella von Kastilien. Johanna, Philipps Gattin, würde nun das spanische Königreich erben.

Doch da Johanna als geistig verwirrt galt, übernahm Ferdinand von Aragón die Regentschaft für seine Tochter: mit der Maßgabe, dass nach seinem Tod sein Enkel Karl – Johannas am 24. Februar 1500 in Gent geborener Sohn – das Erbe von ganz Spanien antreten sollte.

E

Es ist ein weitverstreuter Besitz, der nach und nach an Karl gehen wird. Denn 1506 stirbt auch sein Vater Philipp und hinterlässt ihm die burgundischen Niederlande, die bis zu Karls Volljährigkeit von seiner Tante regiert werden. Nach dem Tod seines Großvaters Maximilian wird er zudem die habsburgischen Erblande bekommen, und nach dem Ableben des anderen Großvaters Ferdinand große Teile Süditaliens sowie ganz Spanien.

Doch dort gilt der junge Thronfolger als Fremder. Denn Karl wächst fern von Spanien auf: bei seiner Tante Margarete in der Nähe Brüssels.

Von früh an erlebt er die burgundische Ritterwelt. Schon als Neunjähriger wird er Oberhaupt des von seinem Urgroßvater begründeten Ritterordens vom Goldenen Vlies. Karl trägt fortan stets das Ordenszeichen, ein daumengroßes goldenes Widderfell.

Der Männerbund nach dem Vorbild der legendären Tafelrunde von König Artus muss den künftigen Thronerben tief beeindruckt haben. 31 burgundische Edelleute gehören dem Kreis an. Ein Ritter vom Goldenen Vlies ist ein Kämpfer für das Heil der Christenheit und hat „Großes" zu vollbringen. Das Streben nach Ehre und Ruhm gilt als höchstes Ziel. Es wird Karls Handeln bestimmen.

Sein Leibarzt Luigi Marliano, ein Humanist aus Mailand, wird den Jüngling während einer Sitzung der Brüderschaft in einer Rede auf das außerordentliche Erbe hinweisen, das ihn erwartet: ein Weltreich. Und so wie es einen Gott gebe und eine Sonne, so müsse es einen Regenten für die ganze Erde geben.

Karl habe die einzigartige Gelegenheit, das christliche Abendland unter seiner Führung zu vereinigen – wie es seinen kaiserlichen Vorgängern im Mit-

Der Kaiser will das christliche **ABENDLAND** unter seiner Führung vereinen

Auf dem Reichstag in Worms, der Versammlung der weltlichen und geistlichen Fürsten des römisch-deutschen Reiches, fordert Karl (auf dem Thron) 1521 den Kirchenkritiker Martin Luther (M.) zum Widerruf seiner Thesen auf. Der aber verweigert sich und setzt so die Reformation in Gang

telalter einst vorschwebte: als Gebieter über das Reich und als Anführer der Fürsten Europas, als Weltenherrscher.

Der Arzt und Ordensritter prägt auch das Lebensmotto Karls: „plus ultra" („noch weiter"). Sinnbild dafür sind die zwei Säulen des Herkules, die sein persönliches Wappen zeigt. Sie symbolisieren die Überwindung der Meerenge von Gibraltar und die Ausdehnung des abendländischen Herrschaftsbereichs: nach Westen über den Ozean, aber auch nach Süden und Osten, nach Afrika und Asien. Und in die muslimische Welt: Die Osmanen zurückzudrängen, die 1453 Konstantinopel erobert haben und inzwischen fast den gesamten Balkan beherrschen, sieht Karl als eines seiner Lebensziele; unbedingt will er einen Kreuzzug gegen die „Ungläubigen" führen.

IM JANUAR 1519 STIRBT Ferdinand von Aragón, und der knapp 16-jährige Karl tritt nun auch in Spanien sein Erbe an.

Der junge Herrscher wirkt steif und unsicher bei der Ankunft in seinem neuen Reich, das er nie zuvor betreten hat und dessen Sprache er kaum beherrscht.

Begleitet wird er von arroganten Edelleuten, die offenbar nur im Sinn haben, die neuen Pfründen auszubeuten: Als „rohe Anhänger der Venus und des Bacchus" tadeln spanische Intellektuelle die burgundisch-niederländische Horde.

Und ausgerechnet der Frau des neuen Oberschatzmeisters Kastiliens, eines aus den Niederlanden mitgebrachten Beraters, erlaubt der junge König, 300 Pferde und 80 Maultiere in die Heimat auszuführen – beladen mit edlen Stoffen, mit Gold und Juwelen.

Zum Erzbischof von Toledo, dem wichtigsten Bischofssitz Spaniens, beruft

Karl einen 16-Jährigen aus den Niederlanden, den Neffen seines Ratgebers.

So schafft er sich natürlich keine neuen Freunde, und so erheben sich 1520 mehrere spanische Städte vorübergehend gegen den König aus der Fremde, der sich kaum für sie zu interessieren scheint und nur Geld verlangt. Doch da verlässt Karl sein Reich schon wieder.

Denn im Januar 1519 ist sein Großvater Maximilian mit 59 Jahren gestorben. Zum dritten Mal – nach Burgund und Spanien – soll Karl nun erben. Die Herrschaft in den habsburgischen Erblanden geht unbestritten an ihn über.

Nicht so eindeutig indes ist die Übergabe der Kaiserwürde.

Zwar hat Maximilian noch in seinem letzten Lebensjahr versucht, mit Versprechungen und viel Geld seinem Enkel die Nachfolge zu sichern.

Doch die Entscheidung hängt allein von den sieben Kurfürsten ab. Sie bestimmen den nächsten römisch-deutschen König, der sich dann vom Papst zum Kaiser krönen lassen kann.

Und neben Karl bewirbt sich auch Franz I. von Frankreich um den würdevollsten weltlichen Titel der Christenheit (Englands Heinrich VIII. bringt sich ebenfalls ins Gespräch).

Karl reagiert sofort und entschieden. Er weiß, dass Diplomatie allein jetzt nicht ausreicht. Er muss sich die Königswahl im Reich kaufen – obwohl Herrscher aus dem Hause Habsburg bereits seit 1438 ununterbrochen den Kaisertitel tragen. Seiner Tante Margarete schreibt er, dass er entschlossen sei, „nichts unversucht zu lassen und alles und jedes einzusetzen“, um die Krone zu erringen.

Er will Großes vollbringen, ganz so, wie es ihm sein Ordensbruder vom Goldenen Vlies ans Herz gelegt hatte. Karls Emissäre vergeben rund eine Million Gulden im Reich – nicht viel weniger als die Jahreseinkünfte Kastiliens.

Aber auch Franz I. lässt viel Geld verteilen, was die Preise hochtreibt. Allein der Erzbischof von Mainz erhält von Karl 103 000 Gulden. Nur der Kurfürst von Brandenburg wird mit 100 Gulden abgespeist; er hat sich als hartnäckiger Franzosenfreund zu erkennen gegeben.

So viel kurzfristig verfügbares Kapital besitzt Karl indessen nicht – er muss sich Geld borgen. Der Augsburger Bankier Jakob Fugger leiht ihm mehr als eine halbe Million Gulden, den Rest besorgt sich Karl bei einer Kaufmannsfamilie und weiteren Bankhäusern.

Der Einsatz zahlt sich aus: Die Kurfürsten wählen den Habsburger am 28. Juni 1519 in Frankfurt einstimmig zum neuen römisch-deutschen König. Der Kurfürst von Brandenburg beugt sich dem Druck der anderen, lässt sich allerdings notariell bestätigen, dass er nur „aus rechter Furcht“ und nicht aus Überzeugung für Karl gestimmt habe.

Doch die teure Wahl ist auch ein Menetekel: Karl lebt fortan auf Pump. Mehr als 500 Kreditverträge muss er im Lauf seiner Regierungszeit unterzeichnen. Trotz der enormen Gold- und Silberlieferungen, die bald aus Amerika eintreffen, bleibt er hoch verschuldet.

Und Jakob Fugger zögert nicht, den Kaiser daran zu erinnern. „Es liegt am Tage, dass Eure Majestät die Römische Krone ohne meine Mithilfe nicht hätten erlangen können“, schreibt er ihm wenige Jahre nach der Wahl unverblümt.

Am 22. Oktober 1520 zieht Karl in Aachen ein. Im gesamten Reich wird er mit Jubel und Freudenfeuern empfangen – ganz im Gegensatz zu seiner Ankunft ein paar Jahre zuvor in Spanien. Die Propaganda, die sein Großvater Maximilian zugunsten des Enkels in Gang gesetzt hatte, zeigt nun ihre Wirkung im Reich. Auch wenn er kaum ein Wort Deutsch spricht, wird Karl als Patriot gefeiert, der die Franzosen und den Papst in die Schranken weisen werde.

Tags darauf nimmt er im Dom Platz auf dem Thron Karls des Großen, gekleidet in einen Purpurmantel, die Prunkpantoffeln an den Füßen und die alte Krone auf dem Haupt, die angeblich schon Otto der Große getragen hat.

Er ist nun gesalbter römisch-deutscher König und „Erwählter Römischer Kaiser“, wie er sich bis zur Krönung durch den Papst 1530 nennen wird.

MEHR ALS 70 HERRSCHERTITEL erbt Karl, darunter ein rundes Dutzend Königswürden, etwa die deutsche und meh-

Scheinbar im Triumph reitet Karl V. 1520 zu einem Besuch in Antwerpen ein. Doch das Bild trügt: Seine Wahl zum römisch-deutschen König und künftigen Kaiser im Jahr davor hat er nur durch gewaltige Bestechungsgelder erreichen können. Karl lebt von Krediten, die ihm unter anderem der Augsburger Bankier Jakob Fugger gewährt. Zudem fühlt sich Frankreichs König Franz I. provoziert, weil die Territorien der Habsburger in den Niederlanden, Italien und Spanien das Reich des französischen Monarchen zu umklammern drohen. Gleich mehrfach greift er Karls italienische Besitzungen an, um die Einkreisung zu beenden

rere spanische (von Kastilien, Aragón, Granada, Sizilien, Sardinien, Neapel) sowie diverse Herzogs- und Grafentitel und ein paar einfache Herrschaften.

Fiktive Ränge sind darunter, ganz Anspruch und ohne Wirklichkeit, wie der Titel eines Königs von Jerusalem oder Herzogs zu Athen, die seit Kreuzfahrerzeiten zum Erbe der Herrscher in Aragón und Neapel zählen. Doch die anderen zeigen die unglaubliche Ausdehnung seines Machtbereichs, von Amsterdam bis Palermo, von Wien bis Cádiz, von Mallorca bis zu den „Indianischen Inseln“.

So gewaltig ist dieses Herrschaftsgebiet, dass Karl es allein nicht regieren kann. Er tritt seinem Bruder Ferdinand die österreichischen Herzogtümer ab. Zudem soll der ihn im Reich vertreten, wann immer Karl nicht selbst dort ist.

Seiner Tante Margarete übergibt er die Regentschaft in den Niederlanden. In Spanien wird er später seine Frau und nach deren Tod seine Kinder mit den Regierungsgeschäften beauftragen.

Karl versteht es, Aufgaben zu delegieren, ohne je die Fäden aus der Hand zu geben. Allen schreibt er unablässig Briefe, gibt Direktiven, verteilt Rat. Die Familienmitglieder berichten ihm aus den Teilen des Reiches, die sie in seinem Auftrag verwalten.

Doch er sieht seine Autorität von Beginn an herausgefordert – nicht von seinen Verwandten, auf die kann er sich verlassen. Aber seine Konkurrenten spü-

Die Kriege gegen Frankreich belasten Karls Finanzen. Als er 1527 ein Söldnerheer in Italien nicht mehr bezahlen kann, fallen seine deutschen und spanischen Landsknechte in Rom ein, plündern Kirchen und Bürger aus (oben) und setzen den Papst gefangen. Karl nutzt die Gelegenheit und zwingt den Heiligen Vater, ihn bald darauf zum Kaiser zu krönen

ren, dass seine Stärke zugleich seine Schwäche ist: die schiere Größe seines Reiches.

DER KAISER KANN NICHT überall sein, um mit der Autorität seines Amtes oder mit Soldaten seinen Willen durchzusetzen. Etliche Rivalen machen ihm Territorien streitig: Franz I. von Frankreich, der Papst sowie die Türken.

Und so hetzt Karl stets dorthin, wo seine Anwesenheit gerade am dringendsten erforderlich ist. Auch das wird eine Konstante bleiben im Leben dieses Herrschers: Ständig reist er umher. So wie seine kaiserlichen Vorfahren im Mittelalter besitzt er keine Hauptstadt, er kennt keine Residenz. Sein Hof ist dort, wo er sich gerade aufhält.

Allerdings sind seine Reisewege deutlich länger als die der Vorgänger. Neunmal hält er sich im Reich auf, sechsmal reist er nach Spanien. Siebenmal ist er in Italien, viermal in Frankreich, je zweimal in England und Nordafrika. Insgesamt 28 Jahre verbringt er in den burgundischen Niederlanden. Gut 18 Jahre

hält er sich in Spanien auf – und im römisch-deutschen Reich acht Jahre.

Aber von überall aus muss er regieren können. Deshalb reist er mit einem Tross von bis zu 4000 Menschen umher. Sein Staatsrat begleitet ihn, wichtige Dokumente hat er ständig dabei. Denn Karl liest Akten, beruft sich darauf. Auch wenn er „von Natur hartnäckig" auf seinen Meinungen beharrt, wie er einräumt, trifft er Entscheidungen nie, ohne Rat einzuholen und die Aktenlage zu prüfen.

Nach seiner Wahl ist Karls Anwesenheit in Worms nötig. Dorthin hat er den ersten Reichstag unter seiner Herrschaft einberufen: die Versammlung der deutschen Reichsfürsten und Abgesandten der Städte. Karl will über die Neuordnung der Reichsregierung beraten und eine Frage klären, die die Deutschen seit drei Jahren erregt: Martin Luthers Thesen zur Kirchenreform (siehe Seite 158).

Am 17. April 1521 treffen Kaiser und Mönch aufeinander. Eine denkwürdige Begegnung: der wohl wortgewaltigste Deutsche seiner Zeit und ein Herrscher, der die Sprache seiner Untertanen kaum versteht. Luther, der bereits unter Kirchenbann steht, könnte unter dem schweren Verdacht der Ketzerei jederzeit in Haft genommen werden.

Allerdings hat ihm Karl freies Geleit zugesichert, damit er seine Thesen in der Gegenwart des Kaisers widerrufen möge. Doch Luther weigert sich abzuschwören.

Karl fühlt sich von dem Mönch persönlich herausgefordert. Über Nacht setzt er eine Entgegnung auf, eigenhändig, auf Französisch, das beherrscht er.

Karl schreibt, er sei „entschlossen, meine Königreiche und Herrschaften, Freunde, Leib und Blut, Leben und Seele einzusetzen", um den katholischen Glauben zu verteidigen.

Wie ernst er es damit meint, wird sich bald herausstellen: Zwei Jahre später brennen die ersten Lutheraner in seinen niederländischen Provinzen als Ketzer auf dem Scheiterhaufen. Karls Unbeugsamkeit speist sich aus seiner Vorstellung vom Kaisertum, die sich ihm als Ordensmeister vom Goldenen Vlies tief eingeprägt hat: Wenn er die Einheit des Abendlandes wiederherstellen will, muss er die Einheit des Glaubens verteidigen.

Trotz des erbitterten Streits lässt er Luther ziehen. Ehrenwort ist Ehrenwort – so, wie er es als Ritter gelernt hat. Ohnehin verliert er die deutschen Probleme erst einmal aus den Augen. Anderes erscheint dringlicher.

Er muss in die Niederlande, denn noch während des Reichstags erfährt er, dass Franz I. Flandern angegriffen hat. Nun schlägt die Konkurrenz der zwei Monarchen in einen lebenslangen Zweikampf um, in ein Wechselspiel blutiger Auseinandersetzungen und kurzzeitiger Versöhnungen, das von den Zeitgenossen aufmerksam verfolgt wird wie Episoden in einem mittelalterlichen Ritterepos.

Karl ist ein extrem konservativer Herrscher – kein Visionär eines neuen **ZEITALTERS**

Vor allem streiten sie um die Vorherrschaft in Italien. Der Krieg endet zunächst mit einer Sensation: Kaiserliche Truppen nehmen Franz I. am 24. Februar 1525 in der Schlacht von Pavia gefangen. Gedemütigt wird der französische Monarch nach Spanien verschleppt.

E

Erst nach einer persönlichen Begegnung mit Karl kommt Franz ein Jahr später wieder frei – gegen sein Ehrenwort, dass er die Bourgogne, das Stammland der Burgunder, zurückgeben wird. Zudem muss er seine beiden Söhne als Geiseln bei Karl abliefern.

Doch Franz lässt sich notariell beglaubigen, dass ihm die Zugeständnisse unter Druck abgepresst worden sind, und verbündet sich, kaum wieder frei, mit Papst Clemens VII. gegen den Kaiser.

Der erboste Karl fordert ihn daraufhin zum Duell. „Besser wäre es, diesen Streit zwischen uns persönlich auszufechten, als so viel Christenblut zu vergießen“, erklärt er dem französischen Gesandten.

In Norditalien flammen die Kämpfe wieder auf. Und als unter Karls Söldnern der versprochene Sold ausbleibt, machen sie sich selbstständig und marschieren gegen Rom.

Im Frühjahr 1527 plündern die Landsknechte die Heilige Stadt und setzen den Papst in der Engelsburg gefangen. Ein spanischer Augenzeuge notiert: „In der Hauptstadt der Christenheit wird keine Glocke geläutet, keine Kirche geöffnet, keine Messe gelesen. Es gibt weder Sonntag noch Feiertag. Die herrlichsten Paläste sind verwüstet, die Straßen in Misthaufen verwandelt, der Gestank der Leichen ist entsetzlich.“

Karl reagiert kühl: Zwar drückt er dem Papst sein Bedauern aus und entlässt ihn aus der Haft, doch fordert er Gegenleistungen: Der Heilige Vater soll ihn zum Kaiser krönen und muss 400 000 Dukaten zahlen.

Clemens VII. bleibt nichts anderes, als sich zu unterwerfen.

Kurz darauf gelingt dem Habsburger auch der Friedensschluss mit Frankreich; für den Rückzug der Franzosen aus Italien verzichtet Karl bis auf Weiteres auf die Herausgabe der Bourgogne – und gibt gegen eine Million Dukaten die beiden französischen Prinzen wieder frei. Die Vorherrschaft seiner Dynastie in Italien ist damit gesichert.

Am 24. Februar 1530, Karls 30. Geburtstag, krönt Papst Clemens VII. ihn offiziell zum Kaiser – in Bologna, nicht in der Heiligen Stadt, denn Karl hat keine Zeit für einen Romzug. Er muss zum Reichstag nach Augsburg und kündigt an, „die Zwietrachten hinzulegen und eine einige und wahre Religion zu halten“. In Augsburg angekommen, lässt er lutherische Predigten kurzerhand verbieten.

Doch dann stellt ihn der protestantische Markgraf von Brandenburg-Ansbach auf dem Reichstag zur Rede. Er wolle sich eher auf der Stelle den Kopf abschlagen lassen, als Gott und sein Evangelium zu verleugnen, donnert der Markgraf. Und Karl wehrt erschrocken – in gebrochenem Deutsch – ab: „Nicht Kopf abhauen, nicht Kopf ab.“

D

Denn trotz aller Entschlossenheit bleibt er Realpolitiker. Ständig sieht er sich gezwungen, zwischen widerstreitenden Interessen zu vermitteln. Zwar verlangt er weiterhin, dass die Lutheraner ihrem Glauben abschwören. Doch tatsächlich lässt er sie gewähren: Er braucht die protestantischen Fürsten.

Denn Karl will die Wahl seines Bruders Ferdinand zum römisch-deutschen König durchsetzen und damit zu seinem designierten Nachfolger als Kaiser. Die Kaiserkrone soll in der Familie bleiben.

1531 stimmen die Kurfürsten dieser Regelung zu, einige widerstrebend, aber Karl kann sich durchsetzen, nachdem er wieder mit Geld nachgeholfen hat.

Vor allem aber braucht er dringend Soldaten gegen die Türken. Denn die sind in Ungarn eingefallen und haben 1529 kurzzeitig sogar Wien belagert. Als sie nun erneut vorrücken, sichert der Kaiser den Protestanten als Gegenleistung für deren Truppenhilfe vorläufig Toleranz zu. Mit einem Heer von 100 000 Mann marschiert er nach Wien.

Doch die Türken ziehen sich überraschend zurück. Umso mehr drängt es Karl nun, sich selbst als Kriegsherr zu beweisen. Bislang hat er Schlachten nur in der Ferne schlagen lassen. Er will endlich mit eigenen Siegen Ehre und Reputation erwerben. Im Jahr 1535 bietet sich ihm dazu eine Gelegenheit: gegen die Türken, die von Nordafrikas Küste aus das östliche Mittelmeer beherrschen. Unter der Fahne des Kreuzes erobert eine Streitmacht das von den Osmanen gehaltene Tunis. Karl ist selbst dabei – ein strategischer und propagandistischer Coup, der erste persönliche militärische Erfolg des Kaisers. Nun kann er sich als Sieger in einem Kreuzzug gegen die Ungläubigen zeigen.

Doch währt die Genugtuung nicht lange. Noch während Karl als Triumphator durch seine Königreiche Sizilien und Neapel nach Rom zieht, bedroht Franz I. 1536 wieder einmal Norditalien.

Rastlose Jahre folgen nun mit ständigen Auseinandersetzungen, die Karl immer härter werden lassen: erst wieder und wieder gegen die Franzosen, dann erneut gegen die Türken, dann gegen die Protestanten im Reich, die sich verbündet haben und einen altgläubigen Herzog bekriegen.

Selbst die Kolonien in Amerika bereiten Probleme. Als Karl die Versklavung der Indios verbietet, erheben sich die dortigen spanischen Großgrundbesitzer. Die Aufstände können nur mühsam niedergerungen werden.

Dazu kommt ein Schicksalsschlag: 1539 stirbt seine Frau Isabella, die Mutter seines Sohnes Philipp, des spanischen Kronprinzen. Zwar war Karls Umgang mit seiner Frau stets recht unterkühlt, zeigte ihr gegenüber eher Anerkennung und Respekt als Zuneigung. Doch ihr Tod im Kindbett trifft ihn tief. Karl trägt fortan Schwarz und heiratet nicht mehr.

Nur in einer Hinsicht lässt der so auf Selbstbeherrschung bedachte Monarch sich gehen: Er ist maßlos bei Speis und Trank. Schon morgens trinkt er kaltes Bier, isst Unmengen an Fleisch. Bei Tisch schlingt er, ohne zu kauen, die Speisen hinunter und blickt ernst drein.

Bereits seit seinem 27. Lebensjahr leidet er an der Gicht, wohl eine Folge

1555 überträgt Karl V. in einem Saal des Brüsseler Schlosses seinem vor ihm knienden Sohn Philipp die Herrschaft über die burgundischen Niederlande. Der 55-jährige Kaiser ist schwer gichtkrank und von der Anstrengung des Amtes gezeichnet. Während der Abdankungszeremonie muss er sich auf einen Helfer stützen. Weinend erklärt der Monarch, seine Kräfte reichten nicht mehr aus. Kurz darauf tritt er auch als König von Spanien und Oberhaupt des Heiligen Römischen Reiches deutscher Nation zurück

der schlechten Ernährung. Die Anfälle häufen sich, werden immer schmerzhafter – und der Kaiser wird unduldsamer und hartherziger.

IM FRÜHJAHR 1546 RÜSTET ER gegen die Lutheraner, ist zum Krieg entschlossen. Aus seinem ganzen Reich zieht er Truppen zusammen: 40 000 Deutsche und Spanier, 12 000 Italiener und 10 000 Niederländer. Gegen ihn stellen sich neun verbündete protestantische Fürsten, und die bieten eine noch stärkere Armee auf.

Am 24. April 1547 kommt es bei Mühlberg an der Elbe zur Entscheidungsschlacht. Es wird Karls größter militärischer Triumph: Sachsens Kurfürst Johann Friedrich und der Landgraf von Hessen geraten in Gefangenschaft.

Einige Monate später führt er die Gefangenen auf dem Reichstag in Augsburg vor. Das bringt die Protestanten nur noch mehr gegen ihn auf; auch katholische Fürsten empfinden dies als Unrecht.

Doch Karl glaubt sich auf dem Höhepunkt seines Ruhms: Er hat die türkischen Ungläubigen geschlagen, die Franzosen und nun die evangelischen Ketzer.

Den Krieg hat er gewonnen, den Frieden aber verliert er ganz schnell. Denn Karl will die Reformation per Befehl beenden: Die Protestanten sollen mit wenigen Ausnahmen zu den katholischen Ritualen zurückkehren. In Süddeutschland, wo seine Soldaten stehen, kann er das auch durchsetzen. Weiter im Norden aber leisten die Lutheraner Widerstand.

Überdies verstärkt sich der Unmut gegen seine dynastische Politik. Denn um den Habsburgern auf Dauer die Macht im Reich zu sichern, hat er eine komplizierte Nachfolgeregelung ersonnen.

Dazu verheiratet er seine Tochter Maria mit Maximilian, dem Sohn seines Bruders Ferdinands – zur Verschränkung der beiden Zweige der Dynastie.

Dann muss sich Ferdinand verpflichten, sobald er Kaiser geworden ist, statt seines eigenen Sohnes lieber Karls Sohn Philipp zum römischen König (und so zum designierten Kaiser) zu machen.

Philipp wiederum soll, wenn er auf den Kaiserthron gelangt, seinen Cousin Maximilian zum Nachfolger bestimmen.

Eher will er das Reich für immer verlassen, als Frieden mit den **PROTESTANTEN** zu schließen

Ferdinand unterwirft sich nur grollend dem Willen seines Bruders. Die Reichsfürsten aber bringt Karl V. vollends gegen sich auf mit diesem Versuch, entgegen der Tradition der Wahlmonarchie nun „das Reich erblich zu machen“: So wettern sie in ihrer Beschwerdeschrift wider den Kaiser.

Die Protestanten nutzen die Stimmung gegen Karl. Sie haben sich erneut verbündet, haben Frankreichs König als Alliierten gewonnen und zielen nun erstmals ganz direkt auf des Kaisers Person. Im April 1552 rücken ihre Truppen auf Innsbruck vor, wo Karl den Winter verbringt, gichtkrank, ohne Geld und ohne Soldaten.

Trotz Warnungen will er nicht an einen Angriff glauben, zu spät sucht er deshalb nach Unterstützern. Doch der Kaiser ist isoliert und durch das gegnerische Heer von seinen Machtbasen abgeschnitten. „Ich habe keinen Pfennig und niemanden, der mir einen leiht“, klagt er seiner Schwester Maria, „und kein Mensch in ganz Deutschland ist bereit, für mich einzutreten.“

Er erwägt, sich mit drei Begleitern und schwarz gefärbtem Bart tollkühn in die Niederlande durchzuschlagen. Doch der Fluchtweg ist versperrt.

Karl muss sich über die Berge nach Villach davonmachen. Weil er wegen seiner schmerzenden Glieder nicht reiten kann, wird er in einer Sänfte getragen: Was für eine Demütigung für den Herrscher der Welten!

Die protestantischen Fürsten bestehen nun auf einer dauerhaften Anerkennung ihrer Konfession. Der Monarch lehnt das brüsk ab. „Für nichts auf der Welt“, schreibt er an seinen Bruder, werde er sich „mit etwas einverstanden erklären, was gegen meine Pflicht und mein Gewissen verstößt“.

Selbst als ihn Ferdinand unter Tränen zur Annahme der Bedingungen mahnt, weil sonst kein Frieden im Reich einkehre, gibt der Kaiser nicht nach.

Doch da Karl Zeit gewinnen muss, einigt er sich mit den rebellierenden Fürsten darauf, die Konfessionsfreiheit vorläufig wieder zuzulassen, bis zu einem Reichstag. Dort soll auch die Nachfolgeregelung beraten werden.

Noch einmal sammelt er ein Heer um sich, belagert Metz, das Frankreichs neuer König, Heinrich II., als Bundesgenosse der Protestanten eingenommen hat und nicht wieder herausgibt.

Doch nichts will mehr glücken. Im Januar 1553 muss Karl abziehen. Wieder eine Schmach. Und das gegen den Erbfeind des Hauses Habsburg.

Bleich, abgemagert, niedergeschlagen zieht Karl sich in die burgundischen Niederlande zurück. In einer Sänfte mit vorgezogenen Vorhängen trifft er in Brüssel ein – alles andere als ein triumphaler Einzug. Allmählich reift in dem kranken Mann die Einsicht, dass ihm die körperliche Kraft und die politische Macht fehlen, sein Riesenreich zusammenzuhalten, geschweige denn, ihm seinen Willen aufzuzwingen.

Tatsächlich hat er die Vision eines Kaisertums nicht umsetzen können, wie sie ihm als Jüngling so einleuchtete – in jener festlichen Sitzung des Ordens vom Goldenen Vlies. Die Vorstellung eines unter seiner Führung vereinten Abendlandes ist ein Traumgebilde geblieben.

Kein einziger seiner vielen Kriegszüge in all den Jahren, keine diplomatische Rochade, kein Machtwort auf einem der Reichstage hat ihn diesem Ziel näher gebracht – zu gewaltig war die Aufgabe, zu groß war die Zahl seiner Gegner, zu weit gespannt sein Reich.

Hat er „Großes“ geleistet, wie sein ritterlicher Auftrag von einst lautete?

Natürlich kann er Siege nennen, manche waren sogar triumphal. Aber statt das Reich zu befrieden, hat er es in Aufruhr versetzt. Den Ausgleich mit den Protestanten kann er nicht mehr erreichen. Nur seinem diplomatisch geschickteren Bruder könnte dies noch gelingen.

Die politische Initiative im Reich ist längst an Ferdinand übergegangen. Karl selbst muss sein Scheitern erkennen.

Langsam, aber systematisch zieht er sich nun zurück. Er überlässt seinem Bruder 1555 die Leitung des Reichstags in Augsburg, denn er selbst will nicht über das Unvermeidliche präsidieren: die Anerkennung der protestantischen Konfession in Deutschland.

Kurz vor Ende des Reichstags sendet er Ferdinand einen Sekretär, um ihm mitzuteilen, dass er abdankt.

Doch der Bruder will den in zähem Ringen gefundenen Ausgleich mit den Protestanten nicht mit einem Streit darüber gefährden, in wessen Namen die Friedensregelung beschlossen wird. Kurzerhand schickt Ferdinand den kaiserlichen Kurier zurück: Sein Bruder möge sich den Schritt noch einmal überlegen. Und unterzeichnet den Augsburger Religionsfrieden im Namen Karls V.

Nach seiner Abdankung zieht Karl sich in eine Villa zurück, die er neben einem Kloster in der spanischen Estremadura hat erbauen lassen. Seine Tage verbringt er unter anderem mit dem Verfassen von religiösen und historischen Schriften. Rasch verschlechtert sich der körperliche Zustand des seit seiner Jugend kränkelnden Monarchen. Der einst mächtigste Herrscher der Welt stirbt am 21. September 1558, vermutlich an Malaria – und so erlebt er nicht mehr mit, wie bald wieder Kämpfe um Macht und Glauben Europa erschüttern

Doch der Kaiser hat sich alles bereits genau überlegt. Am 25. Oktober 1555 übergibt er seinem Sohn Philipp im Brüsseler Schloss die burgundische Herzogswürde und die Herrschaft über die Niederlande. Kurz darauf erhält Philipp auch Spanien, Sizilien und die amerikanischen Kolonien. Als er ihm das königliche Siegel reicht, sagt Karl: „Führet es, lieber Sohn, als ob ich schon tot wäre."

Als Kaiser dankt er am 3. August 1556 noch einmal ausdrücklich ab, beauftragt auch seinen Bruder, zu regieren, „als ob Sie allein im Leben und Regiment und Wir allbereit mit Tod abgegangen wären".

Weil das Reichsrecht den Rücktritt eines Kaisers nicht kennt, wird der Abschied offiziell erst im März 1558 wirksam, nachdem die Kurfürsten in einem komplizierten Verfahren Karls Bruder Ferdinand zum neuen Erwählten Römischen Kaiser proklamiert haben.

Da hat sich Karl längst in sein Exil zurückgezogen: in eine neu erbaute Villa neben einem Kloster in der spanischen Estremadura. Dort widmet er sich religiösen und historischen Studien, schreibt seinem Sohn Memoranden, schaut einem eigens angestellten italienischen Mechaniker und Uhrmacher bei der Arbeit zu oder angelt von seinem Erkerzimmer aus. Doch gesundheitlich verfällt er rasch.

Nach tagelangem Todeskampf stirbt Karl V. in den frühen Morgenstunden des 21. September 1558, vermutlich an Malaria. Mit ihm vergeht das Reich, in dem die Sonne nie unterging. Sein Bruder Ferdinand ist römisch-deutscher Kaiser und regiert die habsburgischen Erblande. Sein Sohn Philipp herrscht in Spanien, den italienischen Königreichen und den nun Spanischen Niederlanden.

Vereint werden die Linien des Hauses Habsburg aber nie wieder. ⌋

DEUTSCHLAND IM MITTELALTER

Text: OLAF MISCHER und ANDREAS SEDLMAIR

Im Jahr 476 n. Chr. setzt in Ravenna ein germanischstämmiger Heerführer den letzten Kaiser des Weströmischen Reiches ab. Während die Osthälfte des seit 395 n. Chr. endgültig zweigeteilten Imperium Romanum weiterhin von den Kaisern in Konstantinopel regiert wird, entwickelt sich in Mitteleuropa ab etwa 485 n. Chr. das germanische Volk der Franken zur stärksten Macht. Unter seinen christlichen Königen aus der Dynastie der Merowinger kann es fast ganz Frankreich und Teile des heutigen Deutschland erobern.

In jahrzehntelangen Machtkämpfen reißen später die Karolinger die Herrschaft an sich – eine Adelsfamilie, die nach ihrem um 688 geborenen Ahnherrn Karl Martell benannt ist, der als Feldherr und Regent das Reich der Franken gesichert und vergrößert hat. 751 erheben die Großen des Frankenreichs Pippin den Jüngeren zum ersten König aus der neuen Dynastie.

Pippins Sohn Karl erringt weitere Erfolge, unterwirft etwa ab 772 die heidnischen Sachsen im Norden des heutigen Deutschland. Karl (den man bald „Karl den Großen" nennen wird) besiegt zudem das unter anderem in Norditalien siedelnde Volk der Langobarden, das zur Bedrohung für den Papst geworden war. Damit wird er zum wichtigsten Beschützer der römischen Kirche.

ab 789

Der Franke Karl der Große baut Aachen zur Residenz aus. Es entsteht eine Pfalz, zu der neben Wohnungen der königlichen Familie und des Hofstaates eine Königshalle und eine der Muttergottes geweihte Pfalzkapelle gehören. Grundriss und Gestaltung der Marienkirche gehen auf spätantike Kirchen in Italien zurück. Auf der Empore steht ein Thron, der aus antiken Marmorplatten zusammengefügt ist. Mit der Kapelle und ihrer Ausstattung stellt sich Karl in die Tradition der alten römischen Cäsaren.

800

Am Weihnachtstag krönt Papst Leo III. den Frankenkönig Karl in Rom zum *a Deo coronato magno et pacifico imperatori Romanorum*, zum „von Gott gekrönten großen und Frieden stiftenden Kaiser der Römer". Die neue Würde erhebt Karl, dessen Reich sich von den Pyrenäen bis Kärnten, von Norddeutschland bis Mittelitalien erstreckt, über alle anderen abendländischen Herrscher. Von nun an ist die Erhebung zum Kaiser an die Krönung durch den Papst gebunden.

814

Karl der Große stirbt im Alter von 65 Jahren. Sein Sohn Ludwig der Fromme kann die Einheit des von seinem Vater geschaffenen Großreichs der Karolinger noch einige Zeit bewahren, doch ab 829 ist er in Kämpfe mit seinen Söhnen verwickelt, die sich mit ihm um ihren Anteil an der Herrschaft im Reich streiten.

843

Drei Jahre nach dem Tod Ludwigs teilen seine Söhne das fränkische Reich in einen westlichen, einen mittleren und einen östlichen Teil auf. Zum König über die Gebiete östlich des Rheins wird Ludwigs gleichnamiger Sohn.

Sein Ostfranken ist ein Vielvölkerreich, zu dem unter anderem Sachsen, Franken, Schwaben und Bayern gehören, die alle nach ihrem eigenen Recht leben. Erst im Verlauf der folgenden Jahrhunderte entwickeln die Einwohner Ostfrankens allmählich eine gemeinsame Identität, bis sie sich schließlich als „Deutsche" empfinden und das Herrschaftsgebiet ihres Königs als die „deutschen Lande" bezeichnen. Westfranken hingegen, das von Karl dem Kahlen regiert wird und sich von Flandern bis Barcelona erstreckt, wird zur Keimzelle des späteren Frankreich.

Zum Mittelreich schließlich gehören neben Friesland und dem Elsass auch die italienischen Besitzungen der Frankenkönige und damit die Papststadt Rom. Die Kaiserkrone verbleibt deshalb bei dem Oberhaupt des Mittelreichs – Ludwigs schon 817 zum Mitregenten ernannten ältesten Sohn Lothar. Der Titel verliert jedoch an Bedeutung, da er nur noch vom Herrscher eines Teilreiches getragen wird.

870

Die Herrscher von Ost- und Westfranken teilen nach dem Tod ihres Neffen den von diesem beherrschten Nordteil des mittleren Reiches untereinander auf. Durch einen weiteren Vertrag zwischen den zwei Reichen gelangt 880 der gesamte Nordteil an Ostfranken, dessen Westgrenze damit in groben Zügen der des späteren Heiligen Römischen Reiches deutscher Nation entspricht.

911

Die Linie der ostfränkischen Karolinger erlischt mit König Ludwig IV. Die dortigen Adeligen wählen einen der ihren, den Franken Konrad, zum König. Dessen Regierungszeit ist überschattet von Überfällen ungarischer Reiterheere und Auseinandersetzungen mit dem Adel. Wohl angesichts dieser Bedrohungen empfiehlt Konrad als seinen Nachfolger einen der mächtigsten Fürsten im Reich, den Sachsenherzog Heinrich.

Dem gelingt ein wichtiger Sieg über die Ungarn. So gestärkt, kann er noch zu Lebzeiten seinem Sohn Otto die Nachfolge sichern.

936
Otto wird zum König gekrönt – in der Aachener Pfalzkapelle, womit er an das Erbe der Karolinger anknüpft. Aachen wird bis zum Ende des Mittelalters Krönungsort der römisch-deutschen Herrscher bleiben.

951
Der ostfränkische König Otto I. zieht mit einem Heer über die Alpen und besiegt den Herrscher von Italien. In dessen Gewahrsam befindet sich Adelheid von Burgund, die Witwe des vormaligen italienischen Monarchen. Otto befreit sie, nimmt sie zur Frau und wird König von Italien.

955
Auf dem Lechfeld bei Augsburg kann ein ostfränkisches Aufgebot unter Führung Ottos ein gewaltiges ungarisches Reiterheer vernichtend schlagen. Der Sieg über die heidnischen Eindringlinge steigert Ottos Ansehen in weiten Teilen Europas und lässt ihn vielen als den Schutzherrn des Christentums und damit den legitimen Nachfolger Karls des Großen erscheinen.

962
Otto empfängt in Rom vom Papst die Kaiserkrone. Fortan ist die Kaiserwürde mit dem ostfränkisch-deutschen Königtum verbunden. Die Krönung Ottos des Großen gilt daher vielen Historikern als Geburt des Heiligen Römischen Reiches.

972
Ottos Italienpolitik bringt ihn in Konkurrenz mit den Kaisern von Byzanz, die den Süden der Halbinsel als ihren Einflussbereich betrachten. Der Ausgleich soll über eine Ehe erfolgen. Und so wird Ottos gleichnamiger Sohn mit Theophanu vermählt, einer Nichte des byzantinischen Kaisers. Die hochgebildete Theophanu nimmt später großen Einfluss auf die Politik des Reiches und bereitet nach dem Tod ihres Mannes als Regentin ihren minderjährigen Sohn Otto auf die Kaiserwürde vor.

1024
Nach dem Tod Kaiser Heinrichs II., der keinen Sohn hat, wählen die Großen des Reiches einen Adeligen aus dem Hause der Salier zu seinem Nachfolger als König: Konrad II.

1032
Nach dem Tod des burgundischen Königs Rudolf III. entbrennt ein Machtkampf um dessen Erbe, den Konrad II. für sich entscheiden kann. Fortan besteht das mittelalterliche römische Imperium aus drei Reichen: dem der Deutschen (ehemals Ostfranken), dem Königreich Italien, das etwa die Hälfte der Apenninen-Halbinsel bis Benevent umfasst, sowie Burgund, das aus dem Südosten des heutigen Frankreich und Teilen der Schweiz besteht.

um 1050
Der Benediktinermönch Hermann von Reichenau erfindet die Säulchen-Sonnenuhr. Der Zeitmesser ist nicht nur genauer als herkömmliche Sonnenuhren, sondern auch tragbar. Tatsächlich aber ist die Erfindung nur ein Nebenprodukt der vielfältigen Forschungen des Mönches, der als Mathematiker, Astronom, Geschichtsschreiber und Musiktheoretiker einer der bedeutendsten Gelehrten des 11. Jahrhunderts ist.

1073
Gregor VII., neu gewählter Papst, erklärt König Heinrich IV. für abgesetzt und exkommuniziert den Monarchen. Der Streit zwischen Papst und König ist um die Praxis der römisch-deutschen Herrscher entbrannt, Bischöfe und Äbte im Reich einzusetzen. Im Zuge dieses „Investiturstreits“ nennt Gregor VII. seinen Widersacher „König der Deutschen“ (*rex teutonicorum*) und spricht später auch vom „Reich der Deutschen“ (*regnum teutonicorum*). Fortan finden sich diese Bezeichnungen häufiger im Schrifttum.

1076/77
Durch den Kirchenbann und eine Revolte des Adels im Reich in die Defensive gedrängt, zieht Heinrich IV. über die Alpen, um sich dem Papst zu unterwerfen. Vor der Burg Canossa wartet er drei Tage in der Kälte im Büßergewand, ehe Gregor VII. ihn einlässt und wieder in die Gemeinschaft der Gläubigen aufnimmt. Heinrich erlangt durch den Akt zwar seine Macht zurück, das Ansehen des Königtums erleidet jedoch großen Schaden. Der Investiturstreit wird erst 1122 durch das „Wormser Konkordat“ beendet. In dieser Übereinkunft akzeptiert Heinrichs Nachfolger, dass der König bei der Einsetzung von Bischöfen nur noch eine untergeordnete Rolle spielt. Der Monarch verleiht ihnen aber noch immer ihre weltlichen Güter und Rechte und kann so weiterhin Einfluss auf die Kirche seines Reiches nehmen.

1095
Auf einem Konzil im französischen Clermont ruft Papst Urban II. zum Kreuzzug gegen „Ungläubige“ auf. Der Pontifex maximus verspricht den Kriegern für ihren Einsatz einen Ablass auf ihre Sündenstrafen. In den folgenden zwei Jahrhunderten ziehen immer wieder Könige, Fürsten und Ritter, aber auch einfache Tagelöhner oder Handwerker aus dem römisch-deutschen Reich und anderen Gebieten Europas ins Heilige Land. Nach anfänglichen Erfolgen, die die Einrichtung mehrerer Kreuzfahrerstaaten im Orient ermöglichen, müssen die christlichen Krieger 1291 der muslimischen Übermacht endgültig weichen, und die Kreuzfahrtidee verliert an Kraft.

1138
Mit Konrad III. wird erstmals ein Angehöriger des schwäbischen Geschlechts der Staufer König. Nicht zum Zuge kommt der eigentlich auserkorene Thronfolger, Kaiser Lothars Schwiegersohn Heinrich der Stolze aus dem Geschlecht der Welfen. Heinrich verweigert Konrad darauf hin die Huldigung. Dies ist der Auftakt für den Streit zwischen Welfen und Staufern, der die Reichspolitik in den folgenden 80 Jahren prägen wird.

1143
Der Graf von Holstein, Adolf II. von Schauenburg, gründet auf einer von den Flüssen Trave und Wakenitz umströmten Halbinsel die Stadt Lübeck. Im 13. Jahrhundert steigt sie zur bedeutendsten Handelsmetropole im Ostseeraum auf, wird später eine der wichtigsten Hansestädte.

Lübecks Anfänge fallen in eine Zeit, in der überall in den deutschen Landen Städte entstehen. Gab es um 1100 nur etwa 50, so kommen bis 1250 weitere 1000 hinzu. Im Spätmittelalter zählt man im Reich bereits etwa 4000 Städte.

Die meisten dieser Gründungen bleiben klein. Nur etwa 200 erreichen Bevölkerungszahlen von 5000 Einwohnern oder mehr. Sie werden zu Zentren von Handel und Gewerbe, des entstehenden Bankenwesens und der Kunst.

um 1150

Hildegard von Bingen gründet das Kloster Rupertsberg bei Bingen. Seit ihrer Kindheit hat sie Visionen, von denen sie detaillierte Aufzeichnungen anfertigt. Die Äbtissin fühlt sich dazu berufen, ihre Mitmenschen zu einem gottgefälligen Leben anzuleiten. Sie predigt vor Bauern und Handwerkern, fordert bald selbst den Kaiser zur Mäßigung auf, kritisiert den Müßiggang vieler Kirchenleute.

Daneben verfasst Hildegard medizinische und naturkundliche Schriften, in denen sie den menschlichen Körper, seine Krankheiten und deren Heilung durch traditionelle Klostermedizin behandelt. Ihr Wirken führt dazu, dass das Volk sie bereits zu Lebzeiten wie eine Heilige verehrt.

1152

Friedrich I. Barbarossa wird zum römisch-deutschen König gewählt, drei Jahre später erhält er auch die Kaiserkrone. Gegenüber dem Papst betont Barbarossa, dass er die Kaiserwürde direkt von Gott empfangen habe. Sein Reich nennen königliche Notare nun „Sacrum Imperium", „Heiliges Reich". Ab 1180 sprechen auch die Urkunden häufiger vom „Sacrum Romanum Imperium".

1157

Landgraf Ludwig II. von Thüringen beginnt mit dem Umbau der Wartburg über Eisenach. Den Palas, das Haupthaus der Burg mit den herrschaftlichen Gemächern, lässt er aufwendig umgestalten und um ein drittes Geschoss erweitern. Die Feste demonstriert sichtbar die Macht und den Reichtum ihres Besitzers. Wie der Landgraf die Wartburg lassen auch viele andere einflussreiche Adelige ihre Burgen in der Stauferzeit repräsentativ ausbauen.

1162

Nach langer Belagerung ergibt sich die Stadt Mailand Kaiser Barbarossa, der sie zerstören lässt. Der Kriegszug des Herrschers ist Teil seiner jahrzehntelangen, unterschiedlich erfolgreichen Bemühungen, die kaiserlichen Rechte in Nord- und Mittelitalien gegen das Papsttum und die in dieser Zeit erstarkenden italienischen Städte wiederherzustellen. Nach dem Triumph lässt Barbarossa die (angeblichen) Reliquien der Heiligen Drei Könige von Mailand nach Köln bringen, um so den sakralen Charakter seines Reiches zu betonen.

1180

Unter dem Vorsitz Barbarossas entscheiden die Reichsfürsten auf einem Hoftag, dem Welfen Heinrich (genannt „der Löwe") dessen Herzogtümer Sachsen und Bayern abzuerkennen. Der Schiedsspruch ist der Höhepunkt in dem jahrzehntelangen Ringen zwischen Staufern und Welfen. Heinrich hatte sich zuvor zu einem der Mächtigsten unter den Großen des Reiches entwickelt und war so in Konflikt mit dem Kaiser und den übrigen Fürsten geraten. Nach dem Verlust seiner Herzogtümer muss er ins Exil nach England gehen.

1184

In Mainz zelebriert Barbarossa mit einem glanzvollen Hoffest die „Schwertleite" seiner Söhne, die Erhebung in den Ritterstand. In einer Stadt aus bunten Zelten und Holzgebäuden, die der Kaiser eigens dafür hat errichten lassen, feiern Tausende kostbar gekleidete Adelige bei Gelagen und Kampfspielen das Rittertum und sich selbst.

um 1185

Heinrich der Löwe, einstiger Herzog von Sachsen und Bayern, erteilt den Benediktinern von Helmarshausen den Auftrag, ein Evangeliar anzufertigen. Das Kloster ist eine der renommiertesten Stätten mittelalterlicher Buchproduktion – und die prunkvolle Handschrift wird der Höhepunkt des Schaffens der Helmarshausener Meister: Das Evangeliar erinnert an die Prachtbücher byzantinischer Herrscher, seine ausufernden Ornamente aber übertreffen noch die Vorbilder aus früheren Epochen.

nach 1190

Der Dichter Walther von der Vogelweide verfasst mehr als 500 Strophen an Minneliedern und Sangessprüchen. Doch der Poet, der 1230 im Alter von etwa 60 Jahren stirbt, wird nicht nur wegen seiner Liebeslyrik bekannt, sondern auch als scharfsinniger Kritiker von Kirche und Politik.

1197

Kaiser Heinrich VI., der Nachfolger Barbarossas, stirbt. Da sein Sohn Friedrich erst zwei Jahre alt ist und mit seiner Mutter im Königreich Sizilien lebt, kämpfen im Reich die Söhne Barbarossas und Heinrichs des Löwen um den römisch-deutschen Thron: der Staufer Philipp und der Welfe Otto. Um die Zustimmung des Papstes zu ihrem Königtum zu erringen, legen beide Seiten schriftlich die Kriterien für eine rechtmäßige Thronnachfolge dar, die bis dahin noch nie systematisch definiert worden sind. Demnach zählen neben der Wahl durch die Fürsten die persönliche Eignung, die dynastische Abstammung und die Ergebenheit gegenüber der Kirche zu den Qualifikationen, über die ein König verfügen sollte. Otto erringt die Zustimmung des Papstes. Der Welfe kann sich aber erst durchsetzen, als sein staufischer Kontrahent Philipp 1208 ermordet wird.

um 1200

Ein unbekannter Autor verfasst das „Nibelungenlied" – ein Epos über Liebe, Verrat, Mord, Rache und den Untergang des germanischen Königreiches Burgund. In dem mittelhochdeutschen Werk, das auf uralten Sagen beruht, verschmilzt ein archaisches Heldenethos mit dem Geist des christlich geprägten staufischen Rittertums.

Beginn der deutschen Ostsiedlung. Fürsten im Osten werben gezielt Bauern, Handwerker und Kaufleute im Reich an, sich in den bisher wirtschaftlich noch nicht erschlossenen Regionen jenseits der Elbe niederzulassen. Etwa 200 000 Menschen machen sich im 12. und 13. Jahrhundert auf den Weg dorthin. Gemeinsam mit der einheimischen Bevölkerung roden sie Wälder, legen Sümpfe trocken, machen das Land urbar, gründen Dörfer wie Städte und drücken so den Landschaften ihren Stempel auf.

1212

Der Staufer Friedrich zieht von Süditalien nach Deutschland und kann Otto schon bald politisch isolieren. Als Friedrich II. regiert er das Heilige Römische Reich sowie das Königreich Sizilien und gerät dabei mehrmals in Konflikt mit dem Papst, der sich durch die territoriale Umklammerung bedroht sieht und ihn zweimal mit dem Kirchenbann belegt.

1216

Der Papst bestätigt den Dominikanerorden. Dessen Gründung ist das Ergebnis einer neuen religiösen Bewegung, die eine unmittelbare Orientierung am Leben Jesu fordert, wozu auch ein Dasein in Armut gehört.
In den nächsten Jahrzehnten formieren sich mit den Franziskanern, Karmelitern und Augustiner-Eremiten weitere dieser sogenannten Bettelorden.

um 1225

Eike von Repgow verfasst den „Sachsenspiegel", das erste bedeutende Rechtsbuch in deutscher Sprache. Neben zahlreichen zivil- und strafrechtlichen Regelungen enthält das Werk auch Angaben zur Verfassung des Heiligen Römischen Reiches. So beschreibt Eike einen festgelegten Kreis hoher Adeliger, der Kurfürsten (von „Kur" für „Wahl"), die das Recht haben, den König zu wählen. Es sind dies: die Erzbischöfe von Mainz, Köln und Trier, der König von Böhmen, der Pfalzgraf bei Rhein, der Herzog von Sachsen und der Markgraf von Brandenburg.

1226

Kaiser Friedrich II. erlaubt dem Deutschen Orden, einer gut drei Jahrzehnte zuvor im Heiligen Land gegründeten religiösen Vereinigung von Rittern, ein von dem heidnischen Volk der Preußen bewohntes Gebiet östlich der Grenzen des Reiches zu erobern und in Besitz zu nehmen. Das „Preußenlande" genannte Ordensterritorium, das die kriegerischen Ritter in den folgenden Jahrzehnten stetig erweitern, wird von ihnen selbstständig verwaltet und zählt offiziell nicht zum Reichsgebiet.

1231/32

Friedrich II. bestätigt den weltlichen Reichsfürsten eine Reihe von Rechten, die sie sich über Jahrhunderte erkämpft haben, so das Münz-, Markt-, Zoll- und Befestigungsrecht. Dies führt zu größerer Unabhängigkeit der Fürsten gegenüber dem römisch-deutschen König.

1254

Nach dem Tod von Friedrichs Nachfolger Konrad IV. können sich die Mächtigen des Reiches auf keinen gemeinsamen König einigen. 1257 bringen konkurrierende Fürstenparteien mit Alfons von Kastilien und Richard von Cornwall sogar landfremde Fürsten an die Spitze des Reiches. Rund 20 Jahre lang gelingt es keinem zum König gewählten Fürsten, allgemein anerkannt zu werden und tatsächliche Macht im Reich auszuüben („Interregnum"). Weil ein starkes Königtum fehlt, können die Fürsten ihre Macht weiter ausdehnen; sie herrschen nun fast selbstständig über ihre Territorien.

1273

Graf Rudolf von Habsburg aus dem Südwesten des Reiches wird von den Fürsten zum römisch-deutschen König gewählt. Rudolf hat die Zeit des Interregnums geschickt dazu genutzt, den Machtbereich seiner aus der heutigen Schweiz stammenden Familie auf Kosten anderer Adelsherrschaften auszuweiten.

1280

In Köln verstirbt der große Theologe Albertus Magnus. Der Dominikaner ist ein umfassend interessierter wie gebildeter Gelehrter. Doch berühmt wird er vor allem, weil er dem Abendland die Lehre des antiken griechischen Philosophen Aristoteles erschließt.

1282

Rudolf I. belehnt seine Söhne Albrecht und Rudolf mit den Herzogtümern Österreich und Steiermark. Er legt damit das Fundament für die Herrschaft der Habsburger im Südosten Mitteleuropas, die bis 1918 andauern wird.

nach 1300

Die „Große Heidelberger Liederhandschrift" (Codex Manesse) entsteht. Sie enthält Minnelieder zahlreicher Dichter, mit dem immer wiederkehrenden Thema der Werbung des Ritters um die Gunst der Dame. Der Sammelband ist reich mit zeittypischen Idealbildnissen der einzelnen Autoren verziert, zu denen Walther von der Vogelweide und Kaiser Heinrich VI. gehören.

1314

In einer Doppelwahl werden sowohl der Habsburger Friedrich der Schöne als auch Ludwig der Bayer aus dem Hause Wittelsbach zu Königen des Heiligen Römischen Reiches gekürt. Nach achtjährigen Kämpfen kann sich Ludwig militärisch durchsetzen. Doch Papst Johannes XXII. erkennt ihn nicht als Regenten an, eröffnet ein Rechtsverfahren gegen den Bayern, unter anderem weil der sich ohne seine Zustimmung die Königswürde angeeignet hat, und exkommuniziert ihn schließlich. Ludwig zieht nach Rom und lässt sich 1328 nicht vom Papst, sondern von Vertretern der Stadt zum Kaiser krönen – ein Bruch der bestehenden Tradition.

um 1330

Frankfurt am Main wird zu einem der wichtigsten Messeorte der Alten Welt. Zweimal im Jahr versammeln sich dort Kaufleute und Bankiers aus ganz Mitteleuropa, um Geld- und Warengeschäfte abzuschließen.

um 1348

Die Pest erreicht die deutschen Lande. In den folgenden Jahren fallen etwa ein Drittel aller Stadtbewohner der Seuche zum Opfer, die 1347 über Hafenstädte am Mittelmeer nach Europa gelangt ist. Die nun häufig wiederkehrenden Epidemien schädigen die Wirtschaft, weil die Nachfrage zurückgeht und Handelswege unterbrochen werden. Da niemand die Krankheit medizinisch erklären kann, halten die Menschen sie häufig für eine Strafe Gottes. Geißlerprozessionen ziehen durch das Land. Ihre in weiße Gewänder gehüllten Teilnehmer schlagen sich mit Peitschen die Rücken blutig, um für ihre Sünden zu büßen und die Menschheit von der Pestilenz zu befreien. Vielerorts kommt es auch zur Verfolgung der Juden, in denen manche Zeitgenossen die eigentlichen Schuldigen an der Seuche sehen.

1356

In der „Goldenen Bulle", einem nach dem goldenen Siegel der ursprünglichen Urkunde benannten Gesetzeswerk, regelt Kaiser Karl IV. erstmals verbindlich und detailliert die Wahl des Königs. Die sieben Kurfürsten werden als Königswähler bestätigt. Wie schon seit Langem praktiziert, gilt nun auch offiziell, dass die Mehrheit der Stimmen für eine rechtsgültige Wahl genügt. Als Wahlort wird die Bartholomäuskirche in Frankfurt festgelegt. In der Hoffnung auf mehr Stabilität im Reich dürfen die Territorien der weltlichen Kurfürsten zukünftig nicht mehr aufgeteilt werden und darf nur der jeweils Erstgeborene den Titel erben. Die Bestimmungen dieses wichtigsten Grundgesetzes des Heiligen Römischen Reiches bleiben bis zu dessen Auflösung 1806 gültig.

In Lübeck tritt der erste Hansetag zusammen. Die Städte und Kaufleute der deutschen Hanse haben sich dieses Forum geschaffen, um wirtschaftliche Fragen zu besprechen und ihre gemeinsame Politik zu bestimmen. Zu der Vereinigung gehören etwa 70 See- und Binnenstädte, darunter Lübeck, Hamburg, Bremen, Köln, Danzig und Riga. Wenn auch nur rudimentär organisiert, ist der Bund der Hansestädte doch für lange Zeit eine Macht, mit der die Fürsten im Norden Europas rechnen müssen. Unterschiedliche Handelsinteressen der Städte, die Konkurrenz englischer und niederländischer Kaufleute sowie eine Reihe anderer Gründe – etwa die europäische Expansion nach Übersee und die daraus resultierende Änderung der Warenströme – führen vom 15. Jahrhundert an zum langsamen Niedergang der Organisation. Zum letzten Hansetag im Jahr 1669 erscheinen nur noch Abgeordnete von sechs Städten.

1375
Kaiser Karl IV. besucht die reiche Handelsstadt Lübeck. Doch die Visite des wirtschaftlich interessierten Herrschers ändert nichts daran, dass der Norden Deutschlands als „reichsfern" gilt: Viel geringer als etwa in den Territorien im Süden und Westen des Reiches ist hier der Einfluss der römisch-deutschen Herrscher.

1386
In Heidelberg gründet Landesherr Ruprecht I. die erste Universität auf deutschem Boden. Der Pfalzgraf bei Rhein will damit seine kaum 4000 Einwohner zählende Residenzstadt zu einem Anziehungspunkt für Studenten und Gelehrte aus allen Teilen Europas machen, seinen Untertanen in den weit verstreuten Territorien seiner Herrschaft imponieren und sich selbst als Förderer der Wissenschaften darstellen.

1414
Auf Drängen des römisch-deutschen Königs Siegmund beruft Johannes XXIII., einer von drei amtierenden Päpsten, eine Kirchenversammlung nach Konstanz ein, um die Spaltung der Kirche zu beenden. Das Konzil, eines der größten des Mittelalters, setzt alle drei konkurrierenden Päpste ab oder drängt sie zum Rücktritt und macht damit den Weg frei für die Wahl Martins V. Dem neuen Pontifex maximus gelingt es, das geschwächte Ansehen des höchsten kirchlichen Amtes zu erneuern und die päpstliche Herrschaft über den Kirchenstaat zu festigen.

1438
Nach 130 Jahren wird mit Albrecht II. erstmals wieder ein Habsburger allgemein anerkannter römisch-deutscher König. Mit ihm beginnt die fast ununterbrochene Reihe von Habsburgern an der Spitze des Reiches bis zu dessen Ende im Jahr 1806.

1454
Auf der Frankfurter Herbstmesse wird eine gedruckte Bibel feilgeboten. Sie ist das Werk des Mainzers Johannes Gutenberg, der den Buchdruck mit beweglichen Metall-Lettern erfunden hat. Die neue Technik leitet eine Revolution der Kommunikation ein: Bücher müssen nicht mehr mühevoll abgeschrieben werden, sondern können nun zu Hunderten und Tausenden gedruckt werden. Um 1500 sind wahrscheinlich bereits 40 000 Buchtitel mit einer Gesamtauflage von acht Millionen Exemplaren gedruckt.

1464
Nikolaus von Kues stirbt. Der gelehrte Geistliche und Kirchenrefomer hinterlässt ein gewaltiges Korpus an Schriften. Schon der Titel seines ersten großen Werkes „De concordantia catholica" beschreibt das Programm seines Lebens: eine „allgemeine Übereinstimmung" zu erreichen, eine Einheit in der katholischen Kirche unter dem Papsttum.

1474
Kaiser Friedrich III. ruft zum Reichskrieg gegen Herzog Karl den Kühnen, den mächtigen Herrscher über das zwischen Frankreich und dem Heiligen Römischen Reich gelegene Burgund. Als Friedrich die Fürsten zum Kampf auffordert, verlangt er nicht nur Gehorsam, sondern appelliert auch an ihr Nationalbewusstsein: Den Kampfeinsatz seien sie „dem Heiligen Reich, euch selbst und der deutschen Nation schuldig". Erstmals führt ein Kaiser dieses Argument ins Feld und bezieht sich dabei auf die Nation als Abstammungsgemeinschaft. Schon bald darauf hängen die Schreiber, wenn vom Heiligen Römischen Reich die Rede ist, immer häufiger den Zusatz „deutscher Nation" an den Titel an. Der Appell ist erfolgreich: Karl der Kühne zieht sich angesichts der Übermacht der deutschen Kämpfer zurück.

1477
Maximilian, der Sohn Friedrichs III., heiratet Maria, die Tochter Karls des Kühnen. Nach dem Tod Karls (1477) und Marias (1482) beansprucht Maximilian die burgundischen Gebiete für seine Kinder und damit für das Haus Habsburg. Nach langen Kämpfen gegen den französischen König, der sich ebenfalls das Erbe Karls des Kühnen aneignen will, gelangen schließlich große Teile der burgundischen Ländereien in den Besitz der Habsburger, darunter die Gebiete der heutigen Niederlande und Belgien. Damit entwickelt sich das „Haus Österreich" zu einer Dynastie von europäischem Rang.

1493
Maximilian I. folgt seinem Vater Friedrich III. auf dem römisch-deutschen Thron. Seine 25-jährige Regierungszeit ist geprägt von einer Vielzahl von Kriegen, durch die er die Großmachtstellung seiner Familie ausbauen will, sowie von andauernden Finanzproblemen, die ihn in Abhängigkeit von Bankhäusern wie dem der Augsburger Fugger bringen. Der neue König lässt an seinem Hof noch einmal das Rittertum aufleben, richtet Turniere aus und lässt Ritterepen sammeln. Mit der vermehrten Nutzung von Feuerwaffen und den immer zahlreicher werdenden Söldnerheeren ist die große Zeit der ritterlichen Lebensform jedoch vorbei, und so wird Maximilian als der „letzte Ritter" in die Geschichte eingehen.

1495
In Worms kommt König Maximilian mit Fürsten und Vertretern der Städte zum ersten „Reichstag" zusammen, um unter anderem über eine Reform der Reichsstruktur zu beraten. Dabei beschließen die Teilnehmer die Einrichtung eines Reichskammergerichts, das als oberste Instanz in Rechtsfragen fungiert, sowie die Einführung einer reichsweiten Steuer und die Verkündung eines „Ewigen Landfriedens": Fortan sollen Konflikte – etwa zwischen Adeligen, die bis dahin häufig durch die Anwendung von Gewalt entschieden wurden – prinzipiell auf dem Rechtsweg gelöst werden. Zudem sollen die Stände von nun an regelmäßig zu Reichstagen zusammenkommen, um gemeinsam die Reichsangelegenheiten zu regeln.

1508
Maximilian I. nimmt in Trient den Titel eines „Erwählten Römischen Kaisers" an, ohne dass Papst Julius II. ihn in Rom krönt. Der Heilige Vater erkennt den Kaisertitel jedoch im Nachhinein an. Seither gilt jede Wahl eines römisch-deutschen Königs auch als Kaiserwahl.

1517
Der Wittenberger Theologe Martin Luther verfasst 95 Thesen über Missstände in der Kirche. Tausende gedruckte Flugschriften verkünden bald im ganzen Reich seine Botschaft von einem gewandelten christlichen Glau-

ben, orientiert allein an der Bibel und nicht an einer überkommenen, vom Papst geführten Institution. Als Luther sich weigert, seine Kritik an der Kirche zu widerrufen, leitet dies den Bruch mit Rom ein. Es ist der Beginn der Reformation.

1519

Maximilians Enkel wird in Frankfurt als Karl V. zum römisch-deutschen König gewählt. Die Stimmen der Kurfürsten kann sich Karl nur durch gewaltige Bestechungssummen sichern. Wegen der herausragenden Machtposition, die die Habsburger erlangt haben, wird ihr Anspruch auf die Kaiserkrone kaum mehr infrage gestellt, sodass von nun an in der Regel der jeweilige Herrscher des Hauses Habsburg zum König und Kaiser des Heiligen Römischen Reiches gewählt wird.

1521

Auf dem Reichstag in Worms muss sich Martin Luther vor Karl V. und den deutschen Fürsten für seine Kirchenkritik verantworten. Da der Theologe seine Thesen nicht verwerfen will, verhängt der Kaiser kurz darauf die Reichsacht über ihn. Doch die Ausbreitung der neuen Konfession in weiten Teilen des Reiches kann Karl, der sich als Bewahrer der kirchlichen Einheit und Verteidiger des rechten Glaubens sieht, nicht verhindern.

1521/22

Karl V. und sein jüngerer Bruder Ferdinand vereinbaren, dass sie die habsburgischen Besitzungen untereinander aufteilen. Ferdinand erhält die österreichischen Herzogtümer und weitere Reichsgebiete zugesprochen, muss dafür seine Erbrechte auf die burgundisch-niederländischen Territorien und das Königreich Spanien aufgeben. Zudem ernennt Karl den Bruder zu seinem Stellvertreter im Heiligen Römischen Reich.

1524

Aufständische Bauern im Schwarzwald verlangen die Aufhebung der Leibeigenschaft sowie die Wiederherstellung traditioneller Rechte auf Jagd und Fischfang. Nach und nach erheben sich auch die Landleute in Franken, Württemberg, dem Elsass, Kurpfalz, Thüringen, Tirol, Salzburg, in Innerösterreich sowie der Nordschweiz. In gnadenlosen Schlachten können Fürstenheere die Aufständischen bis 1526 besiegen. Insgesamt sterben wohl mehr als 70 000 Menschen in dieser blutigsten sozialen Auflehnung der deutschen Geschichte.

1525

Als erste Reichsstadt führt Nürnberg offiziell die Lehre Luthers ein. Die Reformation breitet sich rasch in den größeren deutschen Städten aus, darunter in Bremen, Magdeburg, Frankfurt, Goslar, Lübeck und Hamburg. Auch einzelne Reichsfürsten treten um diese Zeit zum Protestantismus über, etwa Kurfürst Johann von Sachsen.

Albrecht von Brandenburg-Ansbach, Hochmeister des Deutschen Ordens in Preußen, wandelt das Ordensgebiet in das weltliche, protestantische Herzogtum Preußen um und leistet als dessen erster Herrscher dem polnischen König den Lehnseid. Albrecht reagiert damit auf die sich seit Langem verschlechternde Stellung des Ordens gegenüber dem polnischen Monarchen und das Ausbleiben von Hilfe aus dem Reich.

1527

Nachdem sich Papst Clemens VII. in einem Krieg der Habsburger in Italien gegen Karl V. gestellt hat, ziehen dessen spanische und deutsche Landsknechte nach Rom. Weil sie seit Längerem keinen Sold mehr bekommen haben, plündern sie die Ewige Stadt, foltern und töten Tausende Bewohner („Sacco di Roma"). Der Papst flüchtet in die Engelsburg, muss sich später den Truppen ergeben.

1530 krönt der Heilige Vater Karl V. in Bologna zum Kaiser, obwohl der den Titel bereits seit seiner Königswahl trägt. Es ist die letzte Erhebung eines römisch-deutschen Kaisers durch den Papst.

1529

Ein Heer des Osmanenherrschers Süleyman I. belagert Wien. Die Angreifer ziehen sich nach kurzer Zeit wieder zurück, doch stellen die osmanischen Truppen während der folgenden gut 150 Jahre immer wieder eine Bedrohung für das Heilige Römische Reich dar.

1531

Weil die evangelischen Fürsten und Magistrate im Reich eine gewaltsame Auseinandersetzung mit Kaiser Karl V. fürchten, der entschlossen ist, gegen die protestantischen „Ketzer" vorzugehen, bilden sie in der thüringischen Stadt Schmalkalden eine politisch-militärische Schutzallianz. Der „Schmalkaldische Bund" wird von Kurfürst Johann von Sachsen und dem Landgrafen Philipp von Hessen angeführt. Die reformatorische Bewegung breitet sich unterdessen weiter aus. In den folgenden Jahren werden etwa Pommern und Mecklenburg, einige schlesische Fürstentümer, die Herzogtümer Schleswig, Holstein und Württemberg und viele kleine Territorien protestantisch.

1555

Nach jahrzehntelangen, mitunter gewaltsam ausgetragenen Kontroversen schließen Katholiken und Protestanten auf einem Reichstag den „Augsburger Religionsfrieden". König Ferdinand I., Stellvertreter Karls V. im Heiligen Römischen Reich, einigt sich mit den deutschen Fürsten und Städtevertretern darauf, dass die Lutheraner fortan den Katholiken gleichgestellt sind. Der Vertrag regelt zudem, dass die Landesherren über die Konfession ihrer Untertanen bestimmen dürfen. Die Bestimmungen des Abkommens sichern dem Reich einige Jahrzehnte des inneren Friedens, doch nicht zuletzt aufgrund einer Reihe unklarer Formulierungen und ausgeklammerter Fragen nehmen die Spannungen zwischen den Konfessionen gegen Ende des Jahrhunderts wieder zu. Vor allem die katholische Seite versucht nun zunehmend, Zugeständnisse an die Protestanten rückgängig zu machen und so eine Rekatholisierung des Reiches zu erzwingen.

1556

Karl V., der sein Leben lang den Kampf um die Einheit der Kirche als wichtigsten Auftrag verstanden hat, dankt als Kaiser ab, weil er sein Ziel nicht erreicht hat. Im Kaiserreich wird sein Bruder als Ferdinand I. sein Nachfolger; die italienischen, niederländischen und spanischen Besitzungen der Habsburger gehen an Karls Sohn Philipp II. Mit seiner Abdankung zieht Karl die Konsequenz aus den Folgen der Reformation. Die mittelalterliche Idee eines die gesamte Christenheit umfassenden Kaisertums ist damit endgültig gescheitert.

Die Verwerfungen der Reformation und die Krise des Kaisertums aber wirken weiter. Und so wird die deutsche Geschichte noch viele Jahrzehnte durch Kriege um Macht und Glauben geprägt.

Weitere Ausgaben

Das Mittelalter

Mit kaum einer Ära hat sich GEO*EPOCHE* häufiger befasst – erstmals 1999

Die Macht der Päpste

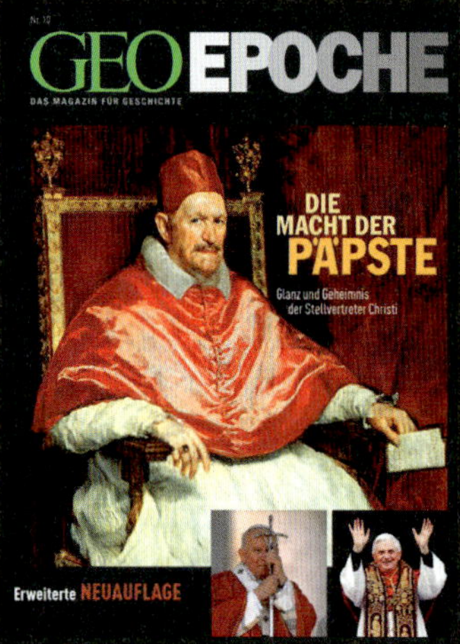

Die Päpste sind jahrhundertelang die mächtigsten Rivalen der deutschen Herrscher

Die Geschichte des Judentums

Immer wieder werden deutsche Juden im Mittelalter Opfer von Pogromen

Das Haus Habsburg

Die Grundlagen der habsburgischen Macht werden im 13. Jahrhundert geschaffen

Karl der Große

Über den Urahn der deutschen Geschichte – und sein gigantisches Erbe

Die Pest

Im 14. Jahrhundert verheert der Schwarze Tod die deutschen Lande

IMPRESSUM

CHEFREDAKTEUR
Michael Schaper
STELLVERTRETENDER CHEFREDAKTEUR
Dr. Frank Otto
ART DIRECTION
Tatjana Lorenz
TEXTREDAKTION
Jörg-Uwe Albig, Jens-Rainer Berg, Insa Bethke, Dr. Anja Fries, Dr. Mathias Mesenhöller, Samuel Rieth, Johannes Teschner
BILDREDAKTION
Christian Gargerle (Leitung), Roman Rahmacher, Jochen Raiß
VERIFIKATION
Lenka Brandt, Olaf Mischer, Alice Passfeld, Andreas Sedlmair
LAYOUT
Eva Mitschke, Jan Schneidereit; Hannah Göppel
KARTOGRAPHIE
Stefanie Peters
CHEF VOM DIENST / SCHLUSSREDAKTION
Dirk Krömer; Antje Poeschmann
GESCHÄFTSFÜHRENDE REDAKTEURIN
Maike Köhler
CHEF VOM DIENST TECHNIK
Rainer Droste
HONORARE
Andreas Koseck
REDAKTIONSASSISTENZ
Ümmük Arslan

Verantwortlich für den redaktionellen Inhalt: Michael Schaper

PUBLISHER: Frank Thomsen (Stellvertreter: Toni Willkommen)
PUBLISHING MANAGER: Eva Zaher
SALES DIRECTOR: Franziska Bauske / DPV Deutscher Pressevertrieb
EXECUTIVE DIRECTOR DIRECT SALES: Heiko Hager, G+J Media Sales
Verantwortlich für den Inhalt der Beilagen: Daniela Porrmann – Director Brand Solutions G+J e|MS, Am Baumwall 11, 20459 Hamburg
Es gilt die jeweils gültige Anzeigen-Preisliste unter www.gujmedia.de
MARKETING: Pascale Victoir
HERSTELLUNG: G+J Herstellung, Heiko Belitz (Ltg.), Oliver Fehling

Gruner + Jahr GmbH
Sitz von Verlag und Redaktion:
Am Baumwall 11, 20459 Hamburg
Postanschrift der Redaktion:
Brieffach 24, 20444 Hamburg
Telefon 040 / 37 03-0
Internet: www.geo-epoche.de

Heftpreis: 13,50 Euro
ISBN: 978-3-652-00902-7; ISSN-Nr. 2366-2212

Bankverbindung: Deutsche Bank AG Hamburg, IBAN: DE 30 2007 0000 0032 2800 00
BIC: DEUTDEHH
Litho: Peter Becker GmbH, Würzburg
Druck: appl druck GmbH, Senefelderstraße 3–11, 86650 Wemding

USA: GEO*EPOCHE* is published by Gruner + Jahr GmbH
K.O.P.: German Language Pub., 153 S Dean St, Englewood NJ 07631.
Periodicals Postage is paid at Paramus NJ 07652.
Postmaster: Send address changes to GEOEpoche, GLP, PO Box 9868, Englewood NJ 07631.
KANADA: Sunrise News, 47 Silver Shadow Path, Toronto, ON, M9C 4Y2, Tel.: +1 647-219-5205, E-Mail: sunriseorders@post.com

GEO-LESERSERVICE

FRAGEN AN DIE REDAKTION
Telefon: 040 / 37 03 20 84, E-Mail: briefe@geo-epoche.de
Die Redaktion behält sich die Kürzung und Veröffentlichung von Leserbriefen auf www.geo-epoche.de vor

ABONNEMENT- UND EINZELHEFTBESTELLUNG
Online-Kundenservice: www.geo.de/kundenservice
Telefon: 0049 / 40 / 55 55 89 90
Service-Zeiten: Mo–Fr 7.30 bis 20.00 Uhr, Sa 9.00 bis 14.00 Uhr
Postanschrift: GEO*EPOCHE* Kundenservice, 20080 Hamburg

Preis Jahresabo: 54,00 € (D), 62,00 € (A), 86,00 sfr (CH)
Studentenabo: 32,40 € (D), 37,20 € (A), 51,60 sfr (CH)
Preise für weitere Länder auf Anfrage erhältlich.

BESTELLADRESSE FÜR GEO-BÜCHER, GEO-KALENDER, SCHUBER ETC.
Kundenservice und Bestellungen
Anschrift: GEO-Versand-Service, 74569 Blaufelden
Telefon: +49 / 40 / 42 23 64 27 **Telefax:** +49 / 40 / 42 23 66 63
E-Mail: guj@sigloch.de

FOTOVERMERK NACH SEITEN

Anordnung im Layout: l.= links, r.= rechts, o.= oben, m.= Mitte, u.= unten

TITEL: von der Mülbe/Artothek

INHALT: akg-images: 4 l. u., Die Fresco-Bilder im Krönungssaale zu Aachen, Leipzig 1870: 4 l. o., Heiner Müller-Elsner für GEO *EPOCHE*: 4 l. m., Heiner Müller-Elsner/Agentur Focus, mit freundlicher Genehmigung der Staatlichen Kunstsammlungen Dresden: 4 r. u., akg-images: 4 r. o., Staatsarchiv Hamburg/Bridgeman Images: 5 o.; bpk: 5 m.; DHM/Bridgeman Art Library: 5 u.

AM ANFANG IST KARL: Heinz-Dieter Falkenstein/Prisma: 7; aus: Die Fresco-Bilder im Krönungssaale zu Aachen, Leipzig 1870: 9–18

EUROPAS MÄCHTIGSTER HERRSCHER: RMN-Grand Palais/bpk: 22/23, 26, 27, 28, 31, 32; Erich Lessing/akg-images: 24; akg-images: 25

IM STREIT MIT DEM HEILIGEN VATER: akg-images: 34

DAS ORAKEL GOTTES: Biblioteca Statale, Lucca: 36; National Library, St. Petersburg/Bridgeman Art Library: 37–44

DER WEISE VOM BODENSEE: Münster St. Markus, Reichenau-Mittelzell: 47

ZUM RUHM DER RITTER: Heiner Müller-Elsner/Agentur Focus, mit freundlicher Genehmigung der Staatlichen Kunstsammlungen Dresden: 48/49, 50, 52, 54/55, 57, 59, 61; Alinari/Interfoto: 51; Bibliotheque Nationale Paris: 53; Lambeth Palace Library/Bridgeman Art Library: 56; Bridgeman Art Library: 58, 60

DAS BUCH DES LÖWEN: Herzog August Bibliothek Wolfenbüttel: 62, 66; Herzog August Bibliothek Wolfenbüttel/epd-NDS: 64; Herzog August Bibliothek Wolfenbüttel/akg-images:65

MEISTER DER MINNE: akg-images: 67

VORSTOSS NACH SIZILIEN: akg-images: 68

HINTER STEINERNEN WÄLLEN: Heiner Müller-Elsner für GEO *EPOCHE*: 70/71, 73 o., 73 u., 74 o., 74 u., 77 u. l., 77 u. r., 78 u., 81 u., 82; Gerhard Schwätzer/Verein zur Erhaltung der Isenburg e. V.: 72; Privatsammlung: 75, 76, 77 o., 78 o., 79, 80, 81 o.

SAMMLER DES RECHTS: Landesbibliothek Oldenburg: 83

KAMPF UM ÖSTERREICH: akg-images: 84/85, 88, 90; Matthäus Merian: 86; Mary Evans Picture Library/Interfoto: 87

DAS HAUPT DER HANSE: Faber Courtial – Atelier für digitale Produktionen: 92–107

DER WISSENSSUCHER: akg-images: 109

DER SCHWARZE TOD: akg-images: 110/111, aus dieser Datei: 112–123 (14 Motive); Photo 12/Alamy Stock Photo: 114/115, akg-images: 121; Pierpont Morgan Library/Scala Archives: 121

STIFTER DES WISSENS: Zeitschrift für Christliche Kunst: 125

KARL IV.: RMN-Grand Palais/bpk: 126; RMN-Grand Palais: 129; MS Francais 64.65/Bibliothèque Nationale de France, Paris: 128, 131, 133, 134/135, 136, 138; Institut für Stadtgeschichte Frankfurt am Main, Privilegien 107, Foto: Uwe Dettmar: 132/133

KÄMPFER FÜR DIE EINTRACHT DER CHRISTENZEIT: akg-images: 139

DER KAISER AUS ÖSTERREICH: akg-images: 140

ZEICHEN EINER NEUEN ZEIT: Bridgeman Art Library: 142; bpk: 143, 146, 156; SMB/bpk: 145; Niedersächsische Staats- und Universitätsbibliothek Göttingen/epd/picture-alliance/dpa: 148/149, 150; Jörg P. Anders/Kupferstichkabinett/SMB/bpk: 152, 153; Kharbine Tapabor: 155

DAS ENDE DER GEWISSHEIT: akg-images: 158; Erich Lessing/akg-images: 161, 168; Sammlung Rauch/Interfoto: 163; bpk: 164; DHM/Bridgeman Art Library: 167; Quint & Lox Limited/Photoshot: 170; Alinari/Interfoto: 171

KARL V. IMPERATOR MUNDI: Bayerische Staatsgemäldesammlungen/bpk: 172/173; Lewandowski/RMN/bpk: 175; Staatsgalerie Stuttgart/bpk: 176/177; Bridgeman Art Library: 178/179, 183; Album/akg-images: 180/181; Trustees of the Wallace Collection/bpk: 185

KARTEN: Stefanie Peters für GEO*EPOCHE*: 20, 21, 35, 69, 89, 141

Historiker haben den Bauernkrieg, in dem von 1524 an Zehntausende Landleute vor allem in Süddeutschland gegen ihre adeligen Herren für die Wiederherstellung alter Rechte und die Abschaffung der Leibeigenschaft kämpften, die erste Revolution auf deutschem Boden genannt.

Der Aufstand, befeuert von Martin Luthers Thesen über die „Freiheit eines Christenmenschen“, leitete ein blutiges Zeitalter ein. Denn die konfessionelle Spaltung, die die Kirchenkritik des Reformators gebracht hatte, eskalierte 1618 zu einer der brutalsten Auseinandersetzungen der deutschen Geschichte: dem Dreißigjährigen Krieg. Einheimische und fremde Söldnertruppen verheerten das Land, ganze Regionen verödeten, in manchen Gegenden war nach drei Jahrzehnten Krieg die bäuerliche Bevölkerung praktisch ausgestorben.

Und als 1648 dann endlich Friede war, regten sich schon bald immer wieder neue Kriegsherren – etwa die Osmanen, Friedrich der Große oder Napoleon –, und stets war auch Deutschland das Schlachtfeld. Der zweite Band über die Geschichte der Deutschen handelt von den drei bewegten Jahrhunderten zwischen dem Bauernkrieg und der Revolution von 1848 – einer Ära, die geprägt war von Glaubenszwisten, inneren Konflikten und Umwälzungen.